权威·前沿·原创

皮书系列为
"十二五""十三五"国家重点图书出版规划项目

泰国蓝皮书

BLUE BOOK OF THAILAND

泰国研究报告 (2018)

ANNUAL REPORT ON THE RESEARCH OF THAILAND (2018)

主 编／庄国土　林宏宇　刘文正

社会科学文献出版社
SOCIAL SCIENCES ACADEMIC PRESS（CHINA）

图书在版编目(CIP)数据

泰国研究报告.2018/庄国土,林宏宇,刘文正主编.--北京:社会科学文献出版社,2019.2
（泰国蓝皮书）
ISBN 978－7－5201－4236－6

Ⅰ.①泰… Ⅱ.①庄… ②林… ③刘… Ⅲ.①泰国-研究报告-2018 Ⅳ.①D733.6

中国版本图书馆 CIP 数据核字（2019）第 022504 号

泰国蓝皮书
泰国研究报告（2018）

主　　编 / 庄国土　林宏宇　刘文正

出 版 人 / 谢寿光
项目统筹 / 王　绯
责任编辑 / 张建中　刘　翠

出　　版 / 社会科学文献出版社・社会政法分社（010）59367156
　　　　　　地址：北京市北三环中路甲 29 号院华龙大厦　邮编：100029
　　　　　　网址：www.ssap.com.cn
发　　行 / 市场营销中心（010）59367081　59367083
印　　装 / 三河市东方印刷有限公司

规　　格 / 开　本：787mm × 1092mm　1/16
　　　　　　印　张：22.25　字　数：333 千字
版　　次 / 2019 年 2 月第 1 版　2019 年 2 月第 1 次印刷
书　　号 / ISBN 978－7－5201－4236－6
定　　价 / 118.00 元

皮书序列号 / PSN B－2016－556－1/1

本书如有印装质量问题，请与读者服务中心（010－59367028）联系

▲ 版权所有 翻印必究

泰国蓝皮书编委会

主　　　　编　　庄国土　林宏宇　刘文正

主要撰稿人名单　（以文序排列）

　　　　　　　　　张锡镇　林宏宇　张　帅　常　翔
　　　　　　　　　林建宇　王贞力　雷小华　唐　卉
　　　　　　　　　杜晓军　段立生　邓丽娜　冯志伟
　　　　　　　　　徐红罡　马银福　陈志瑞　朱振明
　　　　　　　　　王迎晖　杨保筠　宋清润　刘　倩
　　　　　　　　　赵姝岚　李仁良

主编单位简介

华侨大学泰国研究所暨诗琳通中泰关系研究中心简介

华侨大学与泰国皇室、中央政府、著名高校有很密切的交流与合作，取得了丰硕成果，在中泰两国人民友好交往中扮演着特殊的角色，发挥了独特的作用。2011年，华侨大学与泰国国家研究院共建成立了华侨大学泰国研究所，作为双方合作开展战略政策研究的机构。2012年至2018年，华侨大学与泰国国家研究院、泰中文化经济协会已连续举办了七届中泰战略研讨会。中泰战略研讨会作为两国学术交流的重要平台，受到中泰两国高度关注，2012年首届中泰战略研讨会在曼谷召开，诗琳通公主、时任泰国总理英拉亲切接见中方会议代表。2015年恰逢中泰建交40周年和诗琳通公主60岁华诞，华侨大学决定成立诗琳通中泰关系研究中心，与泰国研究所合署办公。华侨大学泰国研究所暨诗琳通中泰关系研究中心挂靠国际关系学院，2017年入选教育部国别与区域研究中心备案名单，现有国内外专职、兼职研究人员近30名，旨在通过科学研究、人才培养与学术交流，增进中泰两国之间的相互理解与信任，为中泰关系的长期友好发展贡献智慧和力量。

主编简介

庄国土 华侨大学讲座教授,厦门大学特聘教授,博士,博士生导师;教育部人文社科委员会委员兼综合研究学部召集人;国家"985"东南亚创新平台首席专家;国务院侨办专家咨询委员;中国东南亚学会会长。研究方向为东南亚地区问题与国别政治、华侨华人研究、中外关系史、国际关系理论与实践。

林宏宇 华侨大学国际关系学院/华侨华人研究院院长、特聘教授、博士生导师。北京大学国际政治学博士、中国现代国际关系研究院国际关系学博士。曾为美国斯坦福大学胡佛研究所高级访问学者,现为中国国际关系学会常务理事、中国太平洋学会理事、国务院侨办专家咨询委员、福建华侨历史学会副会长。主要研究国际关系与国家安全理论、美国政治与外交、中美关系、国际政治与经济关系、大国关系、国际安全博弈等。

刘文正 华侨大学国际关系学院副教授,法学博士,硕士生导师。现为华侨大学国际关系学院国际政治系主任,察哈尔学会研究员。研究方向为中国与东南亚关系、华侨华人问题。

摘　要

泰国是东盟的重要成员和第二大经济体。长期以来，泰国积极参与东盟和亚洲区域合作，是维护地区和平、发展、合作的重要力量。中国和泰国是亲密的近邻、彼此信赖的伙伴。建交43年来，中泰两国始终相互信任，两国关系走在中国与东盟国家关系的前列，发挥着重要的示范和引领作用。《泰国研究报告（2018）》由总报告、国内篇、对外关系篇及附录组成，其发布旨在增进社会各界对泰国的关注和研究，为中泰关系长期友好发展贡献智慧和力量。

总报告对泰国形势和中泰关系进行最新的跟踪和评估，指出：2017年，泰国的政治经济以及中泰关系都有显著的发展变化。在政治方面，巴育政府继续推行政治改革，彻底清除了他信家族势力；继续完成与宪法相关的各项子法的起草工作。然而，由于国会上议院议员甄选法和下议院议员选举法迟迟没有出台，全国大选一推再推，引起民众不满，爆发了多起要求大选的抗争。在经济方面，出现了巴育执政以来最好的发展势头，主要原因有三个方面：对外出口的增长，投资规模的扩大，旅游业收入的增加。在扩大投资方面，最值得关注的是政府推动的"东部经济走廊"中的几个重要基础设施项目。在中泰关系方面，除了介绍两国在经贸、人文、科技方面的交流合作及取得的进展以外，还特别关注了在"中泰一家亲"的友好关系的主流背后，仍存在的某种妨碍双边关系发展的消极潜流，那就是泰国民众对中国仍持有某些疑虑，对中国的信任度仍然有限。这必须引起中国方面的高度重视，并采取有效措施扭转这一局面。

国内篇重点探讨了泰国产业分工体系、政党政治、海洋战略、环境政策、文化产业及中文教育等议题。实证分析表明，尽管现阶段泰国各地区的

产业专业化指数不高，但初步建立了以曼谷为核心的产业分工体系，并出现了产业体系重构、各地分工加强的趋势，其标志就是制造业正持续从曼谷向泰国内陆地区扩散，但扩散力度明显受到地理因素制约。在产业由集聚走向分散的过程中，修建交通设施有助于削弱地理因素对产业扩散的阻碍，更有利于泰国不同地区之间的平衡发展。该论证结果说明，加强交通基础设施建设对泰国产业发展至关重要，也将为中泰合作创造广阔的空间。

在政党政治方面，2017年10月泰国颁布新政党法，提高政党注册门槛、规范党组织建设和限制政党政策范围，促进泰国建立能够代表各地区利益的全国性大型政党。但2017年新宪法和新政党法也是军人集团政治斗争的工具，通过增加上议院职权、修改国会下议院选举制度和总理选举制度，削弱政党政治权力和稳定性、压缩政党生存空间，降低政治家集团在政党代议制民主制度中的影响力。同时，新政党法的出台，也将有助于推动泰国进入新一轮国会下议院选举程序，回归民选文人政府执政。

在环境政策方面，1992年颁布的《国家环境质量促进和保护法》是泰国环境保护的根本大法。近年来，泰国自然资源和环境部出台多项规定，明确规定空气和噪声污染、水污染、土壤污染、废弃物和危险物质排放等标准，环境保护立法建制日趋完善，国民的环境保护意识也显著增强。但是，随着经济和工业的不断发展，泰国面临越来越大的环保压力。空气污染、水污染、固体废弃物管理等成为亟待解决的难题。"一带一路"绿色发展理念有助于包括泰国在内的沿线国家乃至世界各国共同应对环境挑战。

对外关系篇对巴育执政以来的对外交往进行评估分析，同时也对中泰关系、美泰关系、外来移民、华侨华人、昆曼通道等议题进行深入探讨。

巴育政府的对外关系准则可概括为：以国家利益为核心，以重振泰国为使命，以睦邻友好为前提，以经济合作为动力，以区域组织为依托，在外交方式上以首脑外交、经济外交和多边外交为主，针对不同的外交对象采取不同策略。巴育政府外交取得了一定的成绩，但受制于各种因素其成效并不突出。

在亚太秩序演变的不确定性态势下，中泰关系显示出强劲的互信和韧性,也面临新的机遇和挑战。中泰双方需要在"中泰一家亲"信念的指引下,全面理解和推进"一带一路"合作,在国际和地区多边机制中加强沟通和相互支持,加强民间交往中的危机风险管控,加强对中泰关系的研究,使中泰关系行稳致远,为本地区的稳定与繁荣而不断努力。

美泰关系在经历起伏后趋于稳定,但也缺乏进一步提升的动力和抓手。制约美泰关系的因素主要有泰国自身的外交传统、泰国国内政治、中国南海问题等。未来美泰同盟仍会继续维系,仍是美国同盟体系不可缺少的一环,但同时也难以恢复到冷战期间的紧密状态。

长期以来,泰国华人对居住国的认同感强,与居住国其他族群的融合程度较深。随着中国的快速发展与中泰两国关系的全面深化,泰国华社出现新的特点:其一,新生代华人与中国的联系进一步增多;其二,改革开放以来大量移居泰国的中国新移民成为泰国华社的新群体,其存在感和影响力逐渐加强。

附录部分为泰国投资促进委员会发布的《2018年泰国投资手册》节译,内容包括外国人申请工作许可、外国人经营活动、税收制度、劳工法律等。

关键词: 泰国 对外关系 中泰关系

目　录

Ⅰ 总报告

B.1 泰国政治经济发展与中泰关系 …………………… 张锡镇 / 001

Ⅱ 国内篇

B.2 泰国地区间的产业分工体系：现状与展望 …… 林宏宇　张　帅 / 046
B.3 泰国新政党法的出台与解读 ………………………… 常　翔 / 064
B.4 宗教对泰国政治文化的构建机制 ……………… 林建宇　王贞力 / 094
B.5 泰国海洋战略形成、内容与策略分析 ………… 雷小华　唐　卉 / 107
B.6 泰国的环境政策及"一带一路"视角下的中泰环境合作
　　　…………………………………………………………… 杜晓军 / 123
B.7 泰国文化和旅游产业的发展与现状 …………… 段立生　邓丽娜 / 137
B.8 泰国中文教育现状与发展需求 ………………… 冯志伟　徐红罡 / 152

Ⅲ 对外关系篇

B.9 巴育执政以来的泰国对外关系分析 ……………………… 马银福 / 169

B.10 亚太秩序演变与中泰关系 ………………………… 陈志瑞 / 194
B.11 新形势下的中泰军事交流与防卫合作 ……………… 朱振明 / 207
B.12 当前美泰安全关系：现状、挑战及前景 ……………… 王迎晖 / 219
B.13 泰国华社的新特征：变迁与发展 …………………… 杨保筠 / 236
B.14 泰国当前外来移民形势及其应对 …………… 宋清润　刘　倩 / 258
B.15 制约大湄公河次区域发展的因素分析
　　　——以昆曼通道为例 ………………………………… 赵姝岚 / 270

Ⅳ　附　录

B.16 《2018年泰国投资手册》（节译）………………… 李仁良 译 / 290

Abstract …………………………………………………………… / 320
Contents …………………………………………………………… / 325

皮书数据库阅读使用指南

总 报 告
General Report

B.1
泰国政治经济发展与中泰关系

张锡镇*

摘　要： 2017年，泰国的政治经济以及中泰关系都有显著的发展变化。本报告试图回顾和总结这些发展变化，进而分析原因及影响。在政治方面，巴育政府继续推行政治改革，彻底清除了他信家族势力；继续完成与宪法相关的各项子法的起草工作。然而，由于国会上议院议员甄选法和下议院议员选举法迟迟没有出台，全国大选一推再推，引起民众不满，爆发了多起要求大选的抗争。在经济方面，出现了巴育执政以来最好的发展势头，主要原因有三个方面：对外出口的增长，投资规模的扩大，旅游业收入的增加。在扩大投资方面，最值

---

* 张锡镇，华侨大学泰国研究所暨诗琳通中泰关系研究中心教授，泰国法政大学比里·帕侬荣国际学院教授。著有《当代东南亚政治》、《东南亚政府与政治》、《西哈努克家族》（政治传记）、《泰国民主政治论》等。

得关注的是政府推动的"东部经济走廊"中的几个重要基础设施项目。在中泰关系方面，除了介绍两国在经贸、人文、科技方面的交流合作及取得的进展以外，还特别关注了在"中泰一家亲"的友好关系的主流背后，仍存在的某种妨碍双边关系发展的消极潜流，那就是泰国民众对中国仍持有某些疑虑，对中国的信任度仍然有限。这必须引起中国方面的高度重视，并采取有效措施扭转这一局面。

关键词： 泰国　巴育政府　东部经济走廊　电子商务　中泰关系

泰国先王普密蓬·阿杜德火葬仪式于2017年10月26日深夜在皇家田广场举行，数十万泰国民众身着黑衣为普密蓬国王送行。27日，泰国王室举行了收骨灰等相关仪式，之后由新国王哇集拉隆功与公主诗琳通护送先王普密蓬的骨灰到曼谷的两座寺庙安放。30日结束了为期一年的举国哀悼，泰国人民也从悲伤的氛围中走了出来。从此，泰王国揭开了新的一页，进入了曼谷王朝第十世王——哇集拉隆功时代。

2017年，泰国政治、经济、社会、外交都经历了不同程度的发展变化。在政治方面，通过全民公投，由国王签署，颁布了泰国第20部宪法，之后，又颁布了该宪法的配套法律，如政党法、中央选举委员会法等。全国大选的准备工作又前进了一大步。在经济建设方面，随着泰国"二十年国家战略"、"第十二份国家发展规划"以及"泰国4.0"计划的相继出台，泰国政府正式启动了"东部经济走廊"重大区域工业化项目，目前已经初见成效。中泰经济合作也有了新的重大进展，由中泰两国合作建造的高铁项目首段（3.5公里）已经开工，中泰贸易、旅游和人文交流进入了新的阶段。

一 政治发展与政情分析

泰国的军事戒严早已取消,但禁止政治活动的命令仍然有效,整个泰国的政治、经济、社会仍然受到临时宪法第44条的管辖,该法条授予巴育政府无限权力。在巴育政府的主导下,泰国进行了一系列法律、制度、行政改革,但由于大选日期一延再延,政府面临要求选举的压力越来越大,整个政治气氛日趋紧张。泰国政治的复杂性和不稳定性从下述几个方面可见一斑。

(一)英拉大米典押案的审判

大米典押案来源于英拉执政时期的一项惠民政策。政府在执行该政策的过程中出现了各种贪污丑闻,并且因对农民大米收购价过高,政府财政严重亏空。巴育执政后,英拉被指控在此事件中犯有严重渎职和纵容贪污罪。2015年2月,最高人民法院开始受理针对英拉的大米典押案。此案审理达两年多之久,直到2017年7月21日,英拉最后一次出庭听证。最高人民法院前后共听取了本案原告方15名证人的证词,10次庭审;听取被告方30名证人的证词,16次庭审。[①]

在庭审过程中,检方一直认为,英拉政府在实施大米典押过程中,存在大量舞弊行为,作为国家大米政策委员会主席的英拉,犯有渎职罪。但英拉坚持,由她主导的大米政策委员会从一开始就制定了防范贪污舞弊的措施,在收到各方提醒后也改进了大米典押原则,从法律和规则上看不存在贪污问题,出问题的环节是执行层面,不是政策层面。对此,法庭同意英拉的辩驳意见,因此判定英拉在大米典押政策层面并无过错,然而,仍然属于监督不力的渎职行为。

8月25日,法庭对该案进行宣判,但作为主要被告的英拉以"身体不

---

① 《英拉稻米案 最高院8月25日宣判》,泰国《世界日报》2017年7月21日。

适"为由未出庭，因而法庭决定对英拉的判决推迟到 27 日，此次宣判只是对其他被告作了判决：前商业部助理部长乃普有期徒刑 36 年，前商业部部长汶嵩有期徒刑 42 年，此外还有其他涉刑官员。

然而，26 日传出消息英拉已于 23 日离开了泰国。法院于 27 日对英拉做出缺席判决，认定大米渎职罪成立，监禁 5 年，随即发出通缉令。后来据英拉律师透露，英拉被没收的财产超过 30 项，包括在曼谷市的住宅、曼谷及外府数十块土地、公寓、十多个银行账户的数百万存款。①

人民民主联盟（黄衫军）认为，政府一再宣称"军方密切关注英拉的行踪，包括照相、在任何时间和地点近距离关注和报告英拉的行踪等，但还是这么轻易地让英拉潜逃"②实在令人生疑，他们怀疑政府中有人协助。该组织要求政府对协助英拉出逃的人进行追查。然而，巴育总理则否认政府故意"放走"前总理英拉。他还强调，泰国政府并未在所谓英拉"外逃"一事上与之事先达成任何协议。③

但事情很快就有了眉目，经调查，发现是 3 名警官协助英拉于 8 月 23 日夜里出逃的，还有 1 名已经退休的警上将的大人物牵涉其中，另外还有超过 10 人参与协助英拉。④

协助在审的嫌犯出逃，理当严惩，然而却免于刑事追究，理由是"英拉出走时还没有背负逮捕令，所以这 3 名警官的行为只是违纪，不涉及刑事犯罪，目前只是做调职处理"。⑤

据悉，英拉是从泰国象岛取道柬埔寨和新加坡，到达其兄长他信居住的迪拜。之后，泰国政府向世界 100 多个国家发出对英拉的通缉令，但至今仍没有将其逮捕归案。

---

① 《英拉财产遭没收含上亿豪宅》，泰国《世界日报》2018 年 1 月 31 日。
② 《英拉外逃，黄衫军促政府负责》，泰国《世界日报》2017 年 8 月 26 日。
③ 《泰总理巴育否认政府"放走"前总理英拉》，中国新闻网，2017 年 8 月 29 日，http://www.xinhuanet.com/thailand/2017-08/29/c_129691322.htm。
④ 《英拉出逃退役警上将涉协助》，泰国《世界日报》2017 年 9 月 23 日。
⑤ 《3 警供认助英拉潜逃但证据不足》，泰国《世界日报》2017 年 10 月 10 日。

英拉大米典押案的审判算是落幕了，但产生的潜在政治影响远没有结束。此案从一开始就充满争议。巴育上台后，宣称推行政治改革，作为改革的重要组成部分，就是要清除他信势力，包括将他信家族成员驱逐出泰国。因此，大米典押案自然成了最有威力的重型炮弹。外界普遍认为对英拉的诉讼主要是出于政治目的。① 朱拉隆功大学政治科学教授提蒂南（Thitinan Pongsudhirak）在接受《今日东盟》记者采访时表示，军方政府希望通过大米补贴案，让英拉彻底离开泰国政坛，终结他信时代。②

然而，据路透社报道，英拉的支持者们认为，法院的裁定有明显的政治清算色彩，目的是削弱以英拉为首的为泰党势力，进而摧毁英拉、他信所在的西那瓦家族在泰国的影响力。③

最后，英拉神秘出走，更像是有人导演的圆满大结局。经过两年多的审判，军政府显然不可能宣判英拉无罪，这有违当局的政治初衷。另外，英拉在国内有强大的社会支持，在最后庭审期间，有数千支持者在法庭外力挺。一旦宣判英拉有罪，便会立即掀起抗议示威运动，政治局面有可能失控。因此，让她神秘出走，大概最能达到两全其美的效果。然而，3名警官可能成为替罪羊，但还是找到了适当理由，放他们一马。一名法官解释说，英拉25日被宣判有罪，而协助英拉出逃是在25日之前，"因此这3名警官的行为不视为违反刑法"。④

虽然英拉家族离开了泰国，削弱了该家族在政治上的影响力，但亲他信势力仍在，更何况他信兄妹同亲信的联系不可能中断。他信家族转移到国外的万贯家财仍是其发挥政治影响的资本。

---

① 《泰国政府要没收英拉1600万美元 因"大米渎职"还是清除异己?》，界面网，2015年10月14日，http：//www.jiemian.com/article/403514.html?_t=t。
② 《被大米压垮的泰国前总理英拉会步哥哥他信的后尘吗?》，新浪网，2017年7月19日，http：//news.sina.com.cn/w/2017-07-19/doc-ifyihmmm7581405.shtml。
③ 《被大米压垮的泰国前总理英拉会步哥哥他信的后尘吗?》，新浪网，2017年7月19日，http：//news.sina.com.cn/w/2017-07-19/doc-ifyihmmm7581405.shtml。
④ 《3警助英拉潜逃法院：不违反刑法》，泰国《世界日报》2017年9月24日。

（二）选期拖延和选举诉求

泰国奉行民主政治。2014年5月巴育上台执政，宣称希望15个月内举行大选，还政于民，并"预期大选会在（2015年）9月举行"。① 但随着政府的修宪、新宪法公投以及一系列政治改革，大选被一推再推。根据泰国政府2016年提出的政治改革路线图，大选将于2017年底举行。2017年1月巴育政府委任的国民立法大会议员索姆杰将军说，大选须推迟至2018年，以便国会有更多时间通过所需的法律。此后，副总理威沙努又宣布大选延期到2018年2月举行。到了2017年10月10日，巴育总理在回答记者问题时强调，压根儿就不想拖延全国民代选举时间，政府大约会在明年（2018年）6月公布具体的大选时间，预估会在明年（2018年）11月举行大选。② 到了2018年2月27日，巴育总理又说，下届全国大选举办时间不会晚于2019年2月，还说，大选能否顺利进行也要视国内形势发展。③ 到了2018年6月25日，副总理威沙努又表示，大选最迟会在2019年5月5日举行，这意味着原定于2019年2月举行的选举可能会再度延后。④ 巴育还讲过，选举能否举行，还要看当时的政治形势是否稳定，这就给大选的日期带来更大的不确定性。

关于大选，泰国社会曾有不同的看法，或者说人们的态度发生过微妙变化。巴育政府上台的最初两年，人们似乎并不急于选举，以民选政府取代军政府，因为人们厌倦了民选政府的乱象，渴望政治稳定和社会安定。巴育政府严厉的军事管制使社会出现长期稳定，有利于经济发展，因此这种政治状态特别受商界欢迎。这种社会愿望从一项民调中可见一斑。2017年2月，

---

① 《泰国军政府"还政于民"难 称大选不会早于明年9月》，中国新闻网，2015年5月28日，http://news.china.com.cn/world/2015-05/28/content_35679888.htm。
② 《巴育：并不想拖延时间，明年11月举行全国大选》，中国东盟博览杂志，2017年10月11日，http://wemedia.ifeng.com/32837134/wemedia.shtml。
③ 《巴育重申：明年2月前举行大选》，泰国《世界日报》2018年2月27日。
④ 《泰国大选一再延期，军政府副总理：最迟5月5日》，阿波罗新闻网，2018年6月26日，http://www.aboluowang.com/2018/0626/1134904.html。

泰国国家发展行政学院（NIDA）的民调报告显示，71.28%的受访者赞同再度推迟大选，认为巴育政府确有诚意推动"创建和解进程"，只有21.68%的人表示反对。另外，"超级投票"（SUPER POLL）民调结果也显示，多数民众希望巴育总理能继续执政。当问及选举之后社会是否会再度陷入混乱时，54.32%的受访者认为会再度陷入混乱，25.76%的人认为会有所避免，19.92%的人表示难以判定。① 这反映，人们对未来的选举和选举产生的新政府尚无信心。

随着时间的推移，特别是当选举一延再延的时候，人们对选举的态度悄悄发生了逆转。到了2017年9月，"超级投票"民调机构在全国范围内进行抽样调查，55.1%的受访者希望明年可以举行大选。与此同时，萱律实大学社会民调机构的民调显示，60.5%的受访者希望以选举的方式恢复民主制度，81.88%的受访者关注举行全国大选的具体日期。②

进入2018年，国会修改选举法，可能会导致选举再次推迟，于是人们对选举愈加关切。这首先从某些政党的言论中表现出来。2018年1月，泰国发展党领导人尼功表示，希望能在年底前举行全国大选，如果依照维和委员会此前制定的改革步骤，全国大选有可能在2018年11月或12月举行，但从维和委员会颁布的新法令来看，全国大选有可能再度推迟到2019年初举行。他对此表示忧虑。③ 为泰党资深领袖乍都隆也谴责政府的拖延战术。他说，"他们在争取时间做准备，以确保在大选后再掌权"。④

从2月开始，泰国各地开始出现零星抗议政府拖延选举的集会和示威活动。18日"恢复民主组织"的成员决定在东北部的呵叻府举行抗议活动，然后到首都曼谷示威。他们也计划在5月的每个星期六举行抗议活动，并且从5月19日起，展开为期四天的大型集会，以纪念5月22日泰国军方接管

---

① 《若再推迟全国大选国民多认可》，泰国《世界日报》2017年2月19日。
② 《民众多关注大选　55%盼明年举行》，泰国《世界日报》2017年9月17日。
③ 《泰国发展党：大选怎样都会推迟》，泰国《世界日报》2018年1月5日。
④ 《国会通过新选举法案，泰国大选延迟至2019年》，星洲网新闻，2018年1月27日，http://www.sinchew.com.my/node/1722967。

政权四周年。①

2018年3月29日，几十个政党聚集在曼谷一个会展中心，聆听选举委员会解说选举的基本规则。会上多个政党要求巴育政府放宽集会限制，让政党享有竞选自由。各政党也希望大选日期敲定后不再更改，选举过程保持透明公正，不偏向与军方有联系的候选人。②

5月22日军方接管政权四周年前夕，各地要求大选的活动分子结成了一个联盟"争大选人"，准备在当天举行声势浩大的游行示威，以表达其诉求。该组织领导人兰实蒙表示，他们要在22日发动围堵并占据国务院的行动，不理会警方禁止他们在法政大学之外举行集会的要求，他们会在上午7时到国务院前举行抗议集会，并要求政府按照此前的承诺在2018年底前举行大选，确定具体的选举日期。如果得不到政府的正面回应，则升级集会规模并做好强行闯入国务院的准备，因此事态是否升级完全取决于政府和维和委员会的态度。③

为应对这一事态，政府采取了措施，首先宣布国务院及其周围区域为"管制区"，其次派遣足够的警力和军力驻守并采取防范措施。预计示威者有2000余人，政府在国务院内派驻200名警力，派4个中队警力维护集会场地秩序，另调2个步兵团来协助。5月22日，示威者在法政大学集结，之后冲出学校大门。参加示威的民众不足500人，他们在5位示威领导人（阿暖、冲提差、伊卡猜、纳塔和楚猜）的带领下，到了玛卡汪兰讪桥与3000名警察发生对峙。示威领导人面对国家警察总长节贴警上将，宣读声明。声明指责维和委忽视民众声音，过去4年实行独裁执政，破坏司法和人权，利用临时宪法第44条，设立可以滥用权力的机制。因此，要求选举组织吁请维和委于2018年11月举行大选，并且在大选后废除各份命令，仅留

---

① 《泰国民主组织举行示威要求政府不要推迟大选》，新闻及时事节目，2018年2月17日，https://www.channel8news.sg/news8/world/20180217-wld-thai-protest/3961412.html。
② 《东南亚新闻：泰国多个政党吁军政府放宽政治集会限制》，联合早报网，2018年3月30日，http://www.80sd.org/guoji/2018/03/30/29605.html。
③ 《民团促大选，估计2000人堵国务院》，泰国《世界日报》2018年5月21日。

下看守政府的地位。读完声明后，5位领导人举起3指，走向警察的囚车，周围民众高喊民主。这次和平示威一直持续到下午3时20分，警方共逮捕了14名成员，未发生流血冲突。

这一事件的发生标志着人们对巴育政府长期垄断权力，无限期推迟大选已经难以接受。但从政府方面看，推迟大选也不无道理。启动选举之前，必须制定新的选举法，这一过程艰难而曲折，首先受制于新宪法的出台，其次选举法作为宪法的子法开始被考虑制定，新宪法的起草经历了一个反复过程，再次通过公投、国王御准，最后才于2017年4月6日正式生效。在这之后，还有多部子法，包括上议院议员遴选法和下议院议员选举法需要制定。这两部子法至今仍没有出笼。2018年6月，选举法草案已由起草宪法委员会提交给巴育总理，但尚无下文。

选举法迟迟不能公布遭到一些政党和民主派的谴责，他们认为巴育政府一定要保证在选举之后，仍能保持对政府的控制。

（三）新政党法和政党的备选活动

新宪法规定"泰国公民拥有依据君主立宪制体制和法律规定组建政党的权利"，2017年10月7日，新政党法正式颁布。

新政党法是在对过去泰国政党和政党制度反思的基础上制定的。20世纪90年代，鉴于中小政党林立的弊端，1997年宪法极大地推动了大党的形成，结果又导致了"一党独裁"的局面。此次政党法修改试图提高政党建设的水平，完善整个政党制度。通过提高建党门槛、健全政党组织机构、强化党员的政党意识等措施，推动泰国建立能够代表各地区利益的全国性大型政党。但另外，新政党法又作为军人集团抑制政党势力的政治斗争工具，通过强化对违规政党的惩罚力度、加强司法和独立机构的权力等，降低了政党的政治地位和影响力，挤压了政党的活动空间，抑制了一党独大局面的形成，从而保障了传统权力集团与政党势力的政治权力平衡。

新政党法最主要的内容有如下几点。

一是扩大政党申请人资格审查范围。新政党法在建党申请人年龄、申

请人背景和登记注册制度方面进行了修改，收紧了建党申请人的资格。新政党法提高了政党申请人年龄，由2007年的18岁，提升为20岁。并禁止有4类背景的公民成为政党申请人：为现任宪法法院法官和独立机构工作的人员；违犯政治家相关法规的人员；违犯公务员相关法规的人员；违犯普通法律及规定的人员。新政党法特别明确对曾经存在违法行为的政治家和退休公务员加以限制，使其难以参与新政党申请，同时难以加入政治家集团。

二是增加建立政党的限制条件。相对于2007年政党法，新政党法对政党注册的限制更多，包括政党注册资金、政党党员最低人数和党支部数量等。新政党法增加了政党申请人的数量，由2007年的不少于15人，提升至不少于500人。与此同时，新政党法首次提出政党启动资金和党员党费标准，提高了政党申请资金的难度。新政党法规定，政党申请人必须共同承担100万泰铢的政党启动资金，与此同时党员必须缴纳每年100铢或终身一次性2000铢以上的党费。

三是新政党法对党组织建设的要求进一步提高，通过提高政党最低党员人数标准，减少中小型政党数量；通过强制规定政党党支部数量和党支部党员人数，压缩地区性政党生存空间；通过在各地建立党支部和府党委，促使泰国形成全国性大型政党；通过赋予中央选举委员会对政党政策监管的权力，保证政党政策与国家长远发展规划的一致性。

四是对违犯政党法的处罚更加严厉。新政党法赋予中央选举委员会在大选中处罚政党党委的权力，中选会有权解散政党；关于解散政党的规定更加严厉。通过过渡期条款要求现有政党重新登记党员，这一规定最终导致现有政党党员人数大幅减少。

由此可见，新政党法的宗旨如下。

第一，提高政党的政治素质，优化政党政治。首先，通过建立健全从中央到基层的党组织，改变以往许多政党只有中央党部，没有基层支部的空中楼阁局面，从而强化党的组织性，加强党的群众基础，摆脱泰国政党的利益集团性质。其次，通过建立缴纳党费制度强化党员的政党信念、责任意识和政治忠诚；同时也保证了政党的纯洁性。这有利于提高政党的政治素质。再次，要求政党的纲领必须服务于国家的长远发展战略，从而避免政党为了一党私利，推行不顾国家长远利益的民粹政策，滥用职权，收买人心。最后，通过严格的建党程序和严厉的惩罚制度，使政党的政治活动更加规范、有序、合法，从而使泰国的政党制度更加完善和成熟。应该说，所有这些规定和限制都是积极的、合理的、进步的、符合泰国民主政治发展要求的，因此，应当给予肯定。

第二，新政党法既推动建立全国性大党，又避免出现一党独大局面，达到一箭双雕之目的。泰国以往政党都具有明显的地域性，没有真正的全国性政党。区域性政党往往在政策导向上有明显的地区偏向，导致地区发展的不平衡，增加社会矛盾。为此，新政党法规定政党要在每个地区建立党支部且超过百名党员的府要建立府党委，这样有利于政党减弱地区性，增强全国性，消除地方性政党的弊端。但同时，现政权在推动全国性大党形成的过程中，又担心出现他信时代的一党独大局面，因此，在政党建立方面又有一系列的限制性措施，如党员缴纳党费的要求、党员登记程序的严格监管、党名制选举的新规则以及普遍建立党的基层组织的新要求等，都大大制约了超大型政党的出现。

第三，新政党法降低和弱化政党在政治中的地位和作用。泰国一直存在以各政党为一方的政治家阵营和以王室、军人及高级官僚为另一方的传统权贵阵营。这两个阵营的政治权力之争，是泰国政治局势动荡的根源之一。随着政治民主化的发展，政党的作用和政党政治越发成为泰国政治发展的主导力量。当传统权贵阵营无法在现有政治体制内制衡政治家阵营时，前者就会通过军事政变重新建立两者之间的政治权力平衡。2014年巴育上台后所采取的一系列政治改革，包括新宪法和新政党法等在内，都是为了制衡政党阵营的权力和影响力。例如，取消了政党对总理候选人提名的垄断权，新增选举委员会对违规政党宣布解散的权力，以及对违法政党和政党中央执委惩处的加强都体现了传统权贵阶层权力的强化及政党地位和影响的弱化。新政党法实际上是削弱政党权力和降低政党影响力的工具。

第四，强化独立机构对政党的制约，更多维护传统权力阶层的利益。新政党法关于进一步降低取消政党资格和解散政党的门槛，从另一个角度反映了司法机构和独立机构权力的强化。新政党法在取消政党方面采取了更多的方式，导致政党稳定性进一步减弱。泰国长期以来缺乏稳定的政党生存环境，宪法法院曾多次解散政党。新政党法更加强化司法机构和独立机构的权力，这将导致本来已经缺乏稳定性和稳定发展环境的政党更加脆弱，这一点也与新政党法提出建立全国性大型政党的思想相背离。新政党法赋予中央选举委员会解散政党中央执委和取消政党资格的权力，使得中央选举委员会和宪法法院完全掌握政党的前途命运。独立机构在缺乏司法机构调查和审判的情况下即可决定是否解散政党，反映传统权贵阶层对政党势力的制衡作用。这一方面有利于规范政党的行为，改善泰国的政党制度，但另一方面又有可能激化传统权贵阶层同政党势力的矛盾，不利于泰国民主政治的良性发展。

新政党法颁布后，面临的首要问题就是解除党禁，开放政党活动。在新选举法颁布前，政党不得进行政治活动的禁令不能取消，为了新党组建和旧党重新登记，需要采取一些松绑措施，于是巴育利用临时宪法第44条赋予的特权发布了53/2660号法令，宣布将分四个阶段过渡到完全废除党禁和一切限制政党的法令。第一阶段为2017年12月22日至2018年3月1日；第二阶段为3月1日至4月1日；第三阶段为4月1日后；第四阶段为解除政党禁令，同时撤销维和委员会所有阻碍选举自由的命令或公告。在解除党禁前，会先采取一些放宽措施，尤其是新成立的政党将获得额外一个月时间进行征集党员、注册准备等工作，可以从3月1日起执行党务。而旧政党则从4月1日起执行，但除政党大会以外，其他须等到党禁解除后才可举行。[①]各政党必须在2018年4月1~30日，向中选会提交党员名册及党员合法身份文件。

根据上述安排，3月新建政党可以进行与建党有关的活动，在本月内向

---

① 《政党备选延时分四阶段执行》，泰国《世界日报》2017年12月22日。

中央选举委员会上交申报材料并获准注册。而老政党则要在4月的30天内进行党员的重新登记，而且新老政党要在本月向中选会提交党员名册及党员的身份证件。从4月1日起180天内，各政党中央执委必须缴纳每党100万铢的启动资金。之后，各政党要召开党员大会，以讨论和修订各政党的章程条文、政党理念、愿景以及党的中央领导成员等事项，最后将形成的报告上报中选会。①

这种安排引起了一些政党的不满，他们认为应该完全解除党禁，让政党有更多的自由。泰国发展党领导人颂萨表示，应该真正解除党禁，要让国家恢复民主和平等气氛，而不是有条件地解除党禁。② 民主党副党魁尼披也说，有289万名党员的民主党无法在这么短的时间内完成党员资格确认，最多只有10万名党员获得资格确认，其他200多万名民主党党员将全部失去资格，此规定显然很不公正。③ 该法令也引起为泰党的批评，为泰党多位领导人联合举行新闻发布会，表示对该法令的抗议。为泰党领导人初萨在宣读该党声明时指出：要求政党在30天内完成党员重新登记和认证是不可能的，这会导致党员不能行使权利，以及无法拥有合法的党员身份，让党员出示证明文件，与招收新党员的程序无异，等于把大量党员化为乌有；法令规定政党活动都必须先向维和委申请，就等于把政党绑死了；法令给新建政党更加优惠和宽松的条件，是对老政党的不公平。为泰党认为，该法令明显违反新宪法的规定，侵犯党员自由权，还为部分准备成立政党的团体提供机会，目的是为维和委员会继续掌权铺路，是借机给支持维和委员会的团体成立政党，再通过参加大选帮助维和委员会主席继续掌权。为泰党另一位领袖乍都隆也表示，该法令的内容和颁行程序都违反宪法规定，因宪法第267项条款规定，修改宪法下辖法律必须由立法议会执行，但现在反而是维和委员会下令修改，也没有让宪法法庭、草宪委员会和立法议会审议。在内容方面，由维和委员会代替中央选举委员会安排大选程序，更是明

---

① 《明年3月起政党活动部分解禁》，泰国《世界日报》2017年12月22日。
② 《颂萨呼吁维和会全面解除党禁》，泰国《星暹日报》2017年12月25日。
③ 《民主党：200万党员来不及资格认证》，泰国《世界日报》2017年12月23日。

显违反宪法规定。①

然而，任何反对意见都无济于事，各政党只能按规定履行既定程序。2018年4月2日是开放新政党登记注册的第一天，一大早就有一批新政党成员来到中选会办事处，有的是从前一天晚上就来等候的，仅一天就有42个新政党到场登记，现场气氛热烈。

新党登记和旧党重新注册工作结束后，泰国54个现有合法政党提交党员重新注册报告，党员总数为137479人，而原来登记的党员人数为4000000人，可见原先党员数量有很大水分。其中拥有党员最多的仍是老牌政党民主党，确认党员97755人（原来为2898747人）；排在第二位的是为泰党，确认党员9705人（原来为134748人）；第三位是国家发展党，确认党员5583人（原为19563人）；春府力量党确认党员3391人（原为1806人）；泰国发展党确认党员2886人（原为26022人）；新希望党确认党员2168人（原为13295人）；泰国地方力量党确认党员1426人；泰自豪党确认党员934人；其余各政党确认党员人数均为3位数，有6个政党党员人数挂零。此次登记过程中，有106个团体申请成立新政党，其中有67个获准，开始进入组建政党程序。②

30天内中选会将完成材料的审核，之后将通知审核通过的团体筹备组建政党，各政党必须征集到至少500名成员，筹集建党资金不少于100万铢。所有工作必须在接获通知后180天内完成。

新建政党中，有一个党特别值得注意，那就是"泰民族协力党"。该党由法政大学政治学教授阿内博士发起，此人曾担任前国会议长顾问、前财政部助理部长顾问、前内政部部长顾问，并担任过民主党副党魁，巴育总理上台后，被任命为国家改革议会议员，担任政治改革委员会主席，直至新宪法颁行后该委员会解散。该党由于素贴的加盟更凸显其影响力。素贴是泰国著名政治家，曾任民主党副党魁和民主党议员，后因领导反英拉政府运动，退

---

① 《维稳53号法令为泰党发声反对》，泰国《世界日报》2017年12月27日。
② 《党员大幅缩水 民主党员仍最多》，泰国《世界日报》2018年6月1日。

出了民主党和国会,成为领导10万人反英拉政府的"完善改革泰国人民委员会"主席。他领导的示威运动最终推翻了英拉政府。之后素贴削发为僧,承诺不再参与政治。2018年6月3日,在泰国民族协力党成立大会上,素贴正式表示,以"全民改革泰国基金会主席"的名义参与组建泰民族协力党,其最高理想是看到泰国有至臻完善的君主立宪制的民主体制,使泰国成为所有宗教信仰者的和谐国度,人人忠君爱国,使泰国政界真正属于全民。同时,他也承认没有兑现"不再从政"的诺言。由于素贴的加入,民族协力党被认为是"素贴党"。

民族协力党的出现可能对泰国政治产生两个重大影响。

一是该党很可能成为一个亲军队的政党。早在反英拉政府时,素贴便暗中支持军队,英拉政府垮台,实际上是素贴和军队密切合作的结果;在过去4年军队执政期间,素贴称赞总理巴育上将执政4年改革国家的工作并没有白费,尤其是改革警察结构。他愿意支持巴育继续改革。[1] 此外,素贴多次宣称支持巴育继续执政。素贴表态说将组建新政党,并全力支持巴育上将出任下一届总理。[2] 可以预见,一旦进入政党提名总理候选人环节,该党有可能推举巴育为其总理候选人。

二是老牌政党民主党的势力有可能因民族协力党的建立而削弱。素贴曾为民主党的副党魁,在党内有一定影响,民族协力党的建立很可能吸引部分民主党成员转投民族协力党,尽管素贴宣称不会挖他人的墙脚。有人估计,未来泰国政坛上会形成三个阵营:代表中下层民众的为泰党、代表中产阶级的民主党,以及代表军方和上层精英的民族协力党。

为平息政党在选举问题上对政府的不满和质疑,政府于6月25日在陆军俱乐部举行了一次与政党的对话会。会议由副总理兼国防部部长巴逸上将主持,参加对话的政党代表有198人,来自73个政党。会议围绕两个中心问题:一是政党要求政府取消党禁,恢复自由活动;二是要求确定大选的日

---

[1] 《素贴:巴育四年改革没有失败》,泰国《星暹日报》2018年5月16日。
[2] 《素贴将建党 阿披实:不影响民主党》,泰国《世界日报》2018年2月21日。

期。根据副总理巴逸的说明，从2018年6月算起，可能还需要11个月才能完成选举前的所有程序。这意味着，选举和解除党禁可能在2019年5月进行。未来发展前景尚难预测。

二 经济增长与新兴发展领域

2017年中期以来，泰国总的经济形势向好，增长率走出了低度徘徊的困境，2015年实现恢复性增长，2017年开始稳健上升。有研究显示，2018年的GDP将比2017年增长4.2%。本节除了讨论经济增长外，还关注一个新兴的经济领域——电子商务的发展状况。最后还要考察一下"泰国4.0"战略的旗舰项目——东部经济走廊的最新发展。

（一）泰国经济增长强劲

泰国经济经历了因为政治动荡而发展滞后的困局后，2015年开始出现缓慢的恢复性增长。2015年，经济同比增长了3.0%，2016年同比增长了3.3%，2017年则增长了3.9%。进入2018年，泰国的经济形势日渐向好。第一季度经济（GDP）增长率达到了4.8%，创下巴育上台以来最大增幅的纪录。[1] 财政部预计2018年泰国国内生产总值将增长4.2%。泰国军队银行（TMB）经济研究中心报告也称，2018年泰国经济将呈现"旺、旺、旺"的涨势，增幅达4.2%。[2]

这一增长主要来源于三大驱动力。

第一个是出口拉动。据报道，泰国2017年全年出口累计增长9.9%，总计2360亿美元的出口额也创下了历史新高。[3] 全球经济与贸易合作伙伴国经济复苏，推动对泰国商品的需求增加，进一步刺激泰国农产品和工业产

---

[1] 《头季经济增长近5% 总理喜出望外》，泰国《星暹日报》2018年5月27日。
[2] 《TMB报告：2018狗年泰国经济"旺、旺、旺"》，泰国《星暹日报》2018年1月9日。
[3] 《泰国公布2017年出口资料同比增9.9%的同时总额创历史新高》，泰国《中华日报》2018年1月22日。

品出口持续增长。其中工业产品出口额为1881.48亿美元，增长9.4%；农产品出口额为349.5亿美元，增长14.4%，其中大米出口攀升17.2%，出口总量为1162.8万吨，同样是最高纪录；橡胶出口增长35.7%、食品出口增长12.4%、砂糖出口增长7.3%等。①

大米是泰国出口的主要的大宗商品，在对外出口中占有突出位置。商业部2018年1月10日宣布，2017年泰国大米出口量达到1148万吨，比上年增加15.88%，创历史最高纪录，总价值约51亿美元。② 2018年1月1日到4月17日，泰国出口大米约331万吨，是世界第一大稻米出口国，高出印度的320万吨、越南的160万吨。③

2018年，出口持续增长，在前4个月，泰国出口额同比增长12.34%，即189.4亿美元，实现连续14个月的增长。在农产品出口中，榴梿最为显著。泰国出口了12万吨榴梿，同比增长135%，价值估计为2.2亿美元，同比增长了207%。其中，56000吨运往中国，激增700%。2018年前4个月的出口总额为817.7亿美元，增长11.53%；进口额为811.0亿美元，增长17.18%。泰国2018年前4个月的贸易顺差为6.73亿美元。④ 出口的大幅增长有力地推动了经济的增长。

第二个是投资。巴育政府上台以后十分重视在经济上的投入。2014年上任至2017年首季，落实投资额总值达1.7兆铢。这1.7兆铢的投资额可分为2014年6000亿铢、2015年5000亿铢、2016年4900亿铢及2017年首季800亿铢。预测未来1~3年落实的投资额总值将不低于1兆铢。⑤

泰国军队银行一项报告指出，经过一两年的准备及推动，2017年将是泰国政府投资真正落实的年份，其中包括捷运轻轨项目、双轨铁路项目、高

---

① 《去年出口"泰"惊艳创历史新高》，泰国《世界日报》2018年1月22日。
② 《泰米去年出口创新高全球第二》，泰国《世界日报》2018年1月10日。此数字与上述数字略有出入，主要参考财政部数据。
③ 《泰国重返大米出口第一宝座》，泰国《星暹日报》2018年5月7日。
④ 《对华榴梿销量大涨700%》，泰国《星暹日报》2018年5月23日。
⑤ 《巴育上任以来落实投资1.7兆》，泰国《世界日报》2017年5月11日。

速公路升级等，预计在这些基建项目上的投资不低于2000亿铢。①

根据泰国投资促进委员会（BOI）2017年促进投资项目的申请，总值共计6419.8亿铢，高出原定6000亿铢的目标值。其中约388个项目将落户在东部经济走廊地区（EEC），涉及投资额约2968.89亿铢，占申请总值的46%。开泰农业银行研究中心认为，2018年政府和民间投资总体上将增长4.3%。②

投资主要集中在基础设施建设领域。国家经济与社会发展委员会（NESDB）报告说，截至2018年5月8日，价值7240亿铢所有18个项目都在建设中，这将促进2018年的投资增长。在这些项目中，14个项目的累计价值为7050亿铢，是2016年创建的20个项目基础设施计划（1.38兆铢）的一部分，余下的4个项目价值185亿铢，是2017年36个项目基础设施计划的一部分，该计划的投资总额为8957.5亿铢。国家经济与社会发展委员会副秘书长威察亚育说，已经向内阁提议13个项目总价值6965.4亿铢。其中有一条2245.4亿铢的高速铁路，连接廊曼机场、素万那普机场和邬达抛机场，以及双轨铁路第二阶段工程，帕南孚—登猜—清迈—清孔（Pak Nam Pho—Den Chai—Chiang Mai—Chiang Khong），吉拉（呵叻府）—乌汶府［Jira（Nakhon Ratchasima）—Ubon Ratchathani］，孔敬府—廊开府（Khon Kaen—Nong Khai），春蓬府—素叻他尼府—宋卡府（Chumphon—Surat Thani—Songkhla），登猜—班派—佛统府（Den Chai—Ban Phai—Nakhon Phanom），以及合艾—巴东勿刹（Hat Yai—Padang Besar）。交通建设项目还包括了达林苍—萨拉亚（Taling chan—Salaya）、达林苍—西利腊（Taling chan—Siriraj）、朗实—塔玛萨（Rangsit—Thammasat）和第三段高速公路的北线。仍在公开拍卖阶段的项目包括淘蓬—拉布拉纳（Tao Pun—Rat Burana）和拉玛三—道卡侬（Rama lll—Dao Khanong）第三段高速公路。威察亚育说，这些项目的合计价值为1655.1亿铢。到2018年5月，共有12

---

① 《2017年4大趋势将引领泰国经济增长》，中华人民共和国商务部网站，2017年1月3日，http：//www.mofcom.gov.cn/article/i/jyjl/j/201701/20170102494677.shtml。
② 《去年促投申请总值6419亿铢》，泰国《世界日报》2018年1月24日。

个项目（总值5429亿铢）向公私伙伴关系委员会（PPP）提出。这些项目包括曼谷—华欣高速铁路、佛统府—察庵（Nakhon Pathom—Cha-am）高速公路、合艾—马来西亚（Hat Yai—Malaysia）边境高速公路、卡拉图—八通（Kratu—Patong）高速公路、达林苍—泰国文化中心（Taling Chan—Thailand Cultural Centre）、兰察邦港口第三阶段工程、邬达抛维护检修中心。威察亚育说，基础设施建设预计将在2018年促进私人投资发展。国家经济与社会发展委员会发布报告称，2018年第一季度私人投资同比增长3.1%，较2017年下半年增长2.5%，较2017年上半年增长0.9%。该机构预测2018年私人投资将增长3.9%，与工业产能的增长相一致。该机构报告说，21个制造业部门中有7个的产能为80%。在2018年第一季度，工业产能为72.4%，为5年来最高水平，相比之下，2017年第一季度为69.6%，2017年第四季度为67.4%。国家经济与社会发展委员会还报告了投资申请的增加。2017年投资申请总额为6420亿铢，比2016年同期增长22.4%。2018年第一季度的申请总额为2036亿铢，比2017年同期增长了228.5%。威察亚育表示，截至3月31日，国家支出3485.7亿铢，占2018财政年度总投资预算的54.8%，同比增长44%。政府投资预计2018年将增长8.6%。[1]

在投资方面，民间资本也起了不小作用。投资促进委员会表示，2018年1~3月的私人投资申请比2017年同期增长了3倍多，达到了2050亿铢，主要流入东部工业项目。[2] 据开泰农业银行研究中心预计，2018年国内投资将增长4.3%，其中民间投资增长3%，公共投资增长8%。[3]

民间私人投资增长，从新增法人的数字也可见一斑。2014年后，人们担心政治形势恶化，对经济环境缺少信心，所以一度出现新增法人减少，原有商业厂家登记减少的现象。但从2015年起，情况就有了好转。2015年新增法人共计6.0147万家，与2014年比较增加679家或1%；2016年新增法

---

[1]《交通项目将振兴今年投资增长》，泰国《星暹日报》2015年5月29日。
[2]《一季度私人投资申请增加超三倍》，泰国《星暹日报》2018年5月10日。
[3]《泰国的经济发展现转如何？2018年泰国经济预测》，泰国《星暹日报》2018年1月6日。

人达6.4288万家，同比增加4141家或7%。2017年头4个月累计新增法人约2.3585万家，与前1年同期的2.1510万家比较，增加2075家或10%。相应地，撤销企业登记的数量也在急剧下降。2016年撤销登记的法人约20938家，与前1年比较减少1638家或7%。2017年前4个月累计撤销登记的法人有3859家，与2016年同期的4471家比较，减少612家或降低14%。民间企业的增加，也推动了整个国家投资的扩大。

2018年5月，投资促进委员会秘书长敦佳告诉记者，泰国和外国公司在第一季度共提交了366个项目，总额为2050亿铢（约合64亿美元），比2017年同期的591亿铢上涨了247%。[1] 足见投资增速之强劲，这必然对经济增长产生驱动作用。

第三个是旅游业。2014年5月前后，泰国的旅游业受到重创。但形势稳定下来之后，旅游业很快得到复苏。世界旅游协会称2016年泰国旅游业增长11%，增长速度名列全球第10。2016年全球旅游业增长约6.5%。2016年泰国旅游业为GDP贡献2.9万亿铢，占GDP的20.6%，旅游业的就业占总体就业数量的15%，共创造570万个就业岗位。[2]

2017年，到泰国的游客人数创下最高纪录。泰国旅游和体育部2018年1月16日公布的数据显示，2017年赴泰旅游的外国游客总数超过3500万人次。据泰国开泰银行研究中心预测，2018年泰国游客数量及其所创收入都将持续增长，预计全年外国游客量突破3700万人次，将为泰国旅游业创收约2万亿泰铢（约合4028亿元人民币）。[3]

来自泰国旅游部门的数据显示，2018年1~4月泰国旅游人数达到1370.1411万人次，比2017年同期增加了3.35%。在这期间，泰国国家旅游业创收突破1兆铢，同比攀升16%。其中外籍游客贡献7310亿铢，增长

---

[1] 《一季度私人投资申请增加超三倍》，泰国《星暹日报》2018年5月10日。
[2] 《泰国旅游业发展速度世界名列第十》，中华人民共和国商务部网站，2017年3月21日，http://www.mofcom.gov.cn/article/i/jyjl/j/201703/20170302538130.shtml。
[3] 《2017年泰国旅游业持续增长 中国游客贡献最大》，新华网，2018年1月16日，http://www.xinhuanet.com/world/2018-01/16/c_1122268452.htm。

17.5%，泰国游客带来 2670 亿铢，增长 12%。2018 年前 4 个月，普吉国际机场到访旅客人数最多的五个国家依次是中国、俄罗斯、德国、瑞典和澳大利亚。

泰国在东亚市场的吸引力上升了 14.46%，来自欧洲的游客达 50.8 万人次。来自南亚的有 15.3 万人次，同比增长 12.60%。仅 1~4 月中国赴泰国的游客便达 416.13 万人次，同比增长 30.56%。2018 年以来月均赴泰超过 100 万人次，1~4 月单月赴泰人数均创下同期赴泰新高，中国赴泰国人数已连续 12 个月同比持续增长。① 2018 年 1~5 月，赴泰旅游的外国游客总数为 1646 万人次，比 2017 年同期上涨 12.62%；创收约 8674 亿泰铢（约人民币 1740 亿元），比 2017 年同期增加 16.11%。②

尽管泰国旅游业近年来出现了一些问题，如旅游设施跟不上需求增长速度、安全措施有待加强等，但旅游作为泰国主要支柱产业之一仍然对泰国经济增长发挥着重要作用。

（二）方兴未艾的电子商务

近年来，电子商务在全球商业领域成为重要的交易手段，它的便捷、省时、省力和低成本对传统零售商务构成了越来越大的挑战。电子商务在西方和中国发展迅猛，人们正在走向无现金交易的时代。

电子商务在泰国起步较晚，发展规模有限，但在最近两年也成为值得关注的商业领域，对泰国经济发展产生了重大影响。

近年来，泰国电子商务发展迅速，电子消费方式获得普遍关注。泰国电子交易发展署（Electronic Transactions Development Agency）2015 年开始对电商发展进行调查。2013 年的电子商务市场总值为 7680.14 亿铢，而 2014 年市场总值达到 20334.93 亿铢，比上一年大幅升高了 164.77%。

---

① 《看数据：2018 年泰国旅游业创收突破千亿铢》，新浪微博，2018 年 6 月 4 日，https：//www.weibo.com/ttarticle/p/show? id=2309404247199277039953。
② 《泰国旅游业迅猛发展成创收利器 可市场问题也来了》，界面网，2018 年 7 月 6 日，https：//m.jiemian.com/article/2289604.html。

其中以B2B（商家对商家）模式为主，总值为12342.26亿铢，约占整个电商市场的60.69%；B2C（商家对顾客）模式和B2G（商家对政府）模式总值分别为4117.15亿铢和3875.52亿铢，所占比例分别为20.24%和19.06%。从行业来看，泰国酒店服务业占首位，总值为6301.59亿铢，其次为制造业和信息及电信业，市值分别为4406.15亿铢和2648.64亿铢。第四至第八位依次是零售及批发业、运输业、艺术及娱乐业、其他服务业和保险业。

2015年泰国电子商务市场总值为22451.47亿铢，同比提高10.41%。B2B模式总值13348.09亿铢，B2C模式为5099.98亿铢，B2G模式总值为4003.39亿铢，同比分别增长8.15%、23.87%和3.30%。

2015年电商市场中酒店服务业同比下降11.18%，但仍以总值5596.98亿铢居首位；零售及批发业大幅提升112.46%至5367.25亿铢，从2014年的第四位跃升至第二位；制造业出现2.70%降幅，以总值4287.36亿铢排名第三位。排名第四至第八位的依次是信息及电信业、运输业、其他服务业、艺术及娱乐业和保险业。从东盟地区来看，2015年泰国在电商市场总值方面名列榜首，以B2C为例，泰国的市值为156.9亿美元，而同期排名第二的菲律宾只有41.6亿美元，新加坡以35.9亿美元名列第三。

2017年11月27日，泰商务部称，2016年泰国电子商务总值高达2.5万亿铢，同比增长14.3%。预计2017年泰国电子商务总值将达2.8万亿铢（约合人民币5668亿元），同比增长9.86%。同年12月，泰国官员称，泰国政府即将编制完成相关发展规划。根据这份规划方案，到2021年，泰国电子商务市场总规模将在2016年2.5万亿泰铢的基础上翻一番，达到5万亿泰铢。

泰国电子商务发展迅速主要有三方面的因素。

一是人们可以直接使用智能手机接触互联网和社交平台。泰国拥有6886万人口，互联网用户近5000万，渗透率为73%。2016年，泰国智能手机销量约2200万台，普及率超过60%，移动互联网用户超过66%，4G

用户超1000万,并且还在快速增长。① 根据2017年1月泰国国家统计局发布的数据,超过90%的泰国网民使用智能手机上网,智能手机比其他设备更受欢迎。在泰国首都曼谷,超过70%的人使用智能手机。②

二是外国电商企业和外国资本进入泰国电商领域。自2013年起,有几家国外购物网站开始在泰国运营,其中包括世界最大的电商阿里巴巴。该电商公司与泰国第四大银行开泰农业银行联手,支持泰国中小企业进入中国电商市场。后来陆续进入泰国的有中国台湾"网路家庭",它同泰金宝合资成立新公司,进军泰国电子商务市场,合资设立的新公司资本额为1亿泰铢,台湾网路家庭持股65%,泰金宝持股35%。泰金宝是泰国第一大电子出口厂商。Wear You Want 是泰国的时尚电商,后来获得了新加坡风险公司 Digital Media Partners 和日本电子销售公司 OPT SEA 等外商的融资,Wear You Want 主要销售男女装和童装,拥有450多个品牌的将近1.25万件商品。2015年4月,中国支付宝与泰国开泰农业银行和王权集团签订三方合作协议,这标志着支付宝在泰国的网上收单业务正式启动。中国近3亿支付宝客户从此可以在泰国网上商户直接进行消费,每年超过500万名赴泰国的中国游客也将能通过支付宝预订泰国的机票、酒店。2016年4月,阿里巴巴以10亿美元的价格,获得总部位于泰国的东南亚最大电商平台 Lazada 的控股权。2017年6月,阿里巴巴再次注资10亿美元,将其在 Lazada 的股权份额提升至83%。此外,中国国内另一大电商巨头京东据称也计划与泰国最大零售集团"中央集团"成立合资公司。外国电商的引进和合作大大促进了泰国电子商务的发展。

三是泰国政府的扶持。近年来,为了促进泰国电子商务的发展,政府制定出台了一系列扶持政策和措施。首先,每年举办"泰国电子商务周",以提高民众对电商的认识。提供交流的平台,让更多泰国中小企业学习如何通

---

① 《泰国商机:泰国互联网市场分析报告》,知乎网站,2018年4月23日,https://zhuanlan.zhihu.com/p/36017851。
② 《eMarketer:超过90%的网民使用智能手机上网》,199IT网,2017年2月20日,http://www.199it.com/archives/563961.html。

过电商模式扩展业务。其次，制订"发展人才计划"，即对中小企业进行专业培训。泰国政府与阿里巴巴在 2017 年底发起了一项名为"人才培养计划"的倡议，旨在培训 30000 家与阿里巴巴有关的泰国中小企业，促进数万人在数字化方面的发展。[①]

目前，在泰国运营的主要有如下十大电商公司。

一是 Lazada，是泰国电商领跑者，为零售商销售产品提供线上平台，目前在印度尼西亚、菲律宾、新加坡、马来西亚和越南设有分支机构。2016 年被中国电商巨头阿里巴巴收购并控股，2018 年 3 月更增资 20 亿美元进一步加持。

二是 Shopee，是非常重要的电商平台。Shopee 不仅是一个移动的、多元化的网上商店，而且也是网络购物体验平台。作为东南亚主要的电商平台之一，Shopee 在新加坡、菲律宾、马来西亚、印度尼西亚、越南和中国台湾均设有分支机构。

三是 11street，为零售商在线销售产品提供平台。泰国的 11street 由韩国 11street 拥有者 SK Planet 于 2016 年推出上线。

四是 JIB 电脑集团，是泰国一家专门销售电脑和 IT 产品的公司。JIB 开发了自己的电子商务网站，已经成为泰国领先的技术产品及小工具在线销售平台之一。

五是 Tarad，成立于 1999 年，是泰国最早的电子商务网站，是一个在线 C2C 和 B2C 电子商务平台。Tarad 的目标是成为"泰国中小企业和大型企业的一站式服务解决方案供应商"。

六是 HomePro，成立于 1995 年，是泰国领先的家居装饰零售连锁店。HomePro 将其网站开发成电子商务平台后，在线销售各类家居产品、工具及配件。

七是 Se-ed，最初是一家图书和杂志出版公司，后来创建了自家的电子

[①] 《泰国拟 5 年内将电子商务规模提升至 5 万亿泰铢》，中国新闻网，2017 年 12 月 3 日，http://www.chinanews.com/gj/2017/12－03/8391471.shtml。

商务网站，成为泰国在线图书销售的领导者，同时还销售其他相关产品，种类多样。

八是 Advice，是智能手机和 IT 产品的零售和批发分销商，在泰国和老挝拥有 350 家分支机构。作为泰国领先的 IT 产品在线分销商，Advice 也是泰国最受欢迎的电子商务网站之一。

九是 Central，是泰国领先的连锁商贸中心，Central 推出了自家的电子商务网站，与各在线平台展开竞争，主要经营时尚产品、美妆产品、家居产品和服装产品等。

十是 Munkong Gadget，是泰国专门销售音频设备及相关配件的连锁店。凭借自有的电子商务平台，成为泰国音频设备在线销售的领导者。

除上述电商之外，还有 Wish、Chilindo、eBay 和 AliExpress 等。

尽管，泰国的电子商务有了很大的发展，但同电商发达的国家相比仍然相当落后。2017 年，线上零售总额约占泰国零售总额的 1%。相比之下，亚太地区网上零售额在零售总额中所占比例为 12.4%，而全球平均水平为 8.6%[1]，泰国还远低于全球平均水平。很显然，这里仍有很多制约因素。

首先是泰国大众文化和消费偏好。泰国民众不喜欢在家里烹调和用餐，要么买食品带回家，要么在街上和商贸中心就餐。泰国人尤其喜欢和家人或朋友在外面聚餐。泰国有较大规模的商贸中心，如 Central 和 Lotus 星罗棋布，一般都设有较大规模的餐厅，非常便利，而且环境卫生、优雅，服务也很周到，所以泰国人习惯合家到商场购物和用餐。商场有时举办促销和展销活动，这对泰国人有很大的吸引力。逛商场实际上是泰国人的一种消遣方式，而大多数人仍保持这种消遣偏好。

其次是经营电商的人才匮乏。经营电商与传统商业不同，需要精通网络操作技能、具备网上经营知识，以及网络管理方面的经验。如果变传统

---

[1] 《2017 年泰国电子商务市场交易额将达 839 亿美元》，民族报网站，2017 年 9 月 29 日，https://www.baijingapp.com/article/12872。

经营模式为电商模式,就需要大量的人才,需要投入更多的资金,最终会加大经营成本,所以大部分商家仍依赖传统营销模式,而不愿意开设网络销售平台。

再次是消费者对网络消费存有疑虑。据调查,有32%的受访者表示,在过去12个月内遇到过欺诈行为,主要涉及ATM、电子商务和移动商务。只有17%的人认为,商店会对电子商务和移动商务的数据进行保密。还有不少人认为网上购物更容易买到假货。

最后是在泰国物流业中,快递服务网络还不完善,主要集中在大城市,代理网点不正规,效率低下。

(三)东部经济走廊建设新进展

巴育政府上台后,为了明确国家的长远发展目标,从2015年开始制定国家长期发展战略——二十年发展战略。2016年12月又正式颁布第十二份国家发展规划(2017~2021年)。为落实这两个发展战略与规划,又提出了"泰国4.0"战略目标,作为实现"泰国4.0"的具体举措,巴育政府提出了一个雄心勃勃的工业化振兴项目,即"东部经济走廊"计划。2016年10月4日,《东部经济走廊法(草案)》①正式获准通过。2017年1月17日,巴育总理动用泰国2014年临时宪法(即第44条)赋予国家维和委员会主席的特权,批准东部经济走廊发展规划。2018年5月14日,《东部经济走廊法》正式颁布。②

泰国东部经济走廊实际上是泰国国家级经济特区,是东西经济走廊和南北经济走廊的联通点。特区规划区域包括泰国北柳、春武里和罗勇三府,连接印度洋、太平洋、柬埔寨、老挝、缅甸、越南和中国南部,通过大力发展基础设施及实行一系列投资优惠政策吸引高新技术产业,将泰国东部打造成一个集海陆空三维交通系统于一体的国际交通枢纽,成为东南

---

① *Business News*, Feburary 8, 2018.
② พระราชบัญญัติ เขตพัฒนาพิเศษภาคตะวันออก.พ.ศ. ๒๕๖๑.ราชกิจจานุเบกษา.เล่ม ๑๓๕ ตอนที่ ๓๔ ก.๑๔ พฤษภาคม ๒๕๖๑.

亚新的经济中心。

2017~2021年，东部经济走廊政府规划包括三个发展阶段。

2016~2017年为第一阶段，在主要建设东部经济走廊交通运输基础设施方面，对政府投资项目进行环境评估，共投入2174.1亿铢。其中主要项目包括：芭提雅—马达普港高速公路项目、北柳—空西诰—甘阔铁路标准轨复线项目、林查班港口码头基础设施升级改造项目。

2018~2020年为第二阶段，在加强东部经济走廊交通基础设施建设的同时，启动城市基础设施建设和重点项目，共计投入4143.6亿铢，主要包括：曼谷—罗勇高铁项目，芭提雅轻轨项目，林查班港口三期工程，马达普港口三期工程，乌达抛机场升级改造和飞机修理中心，城市水电道路基础设施、城际公路建设项目。

2021年以后为第三阶段，主要完成重大建设项目，共投入3571.7亿铢，包括乌达抛机场、林查班港口第三期工程、马达普港口第三期工程、铁路、城市基础设施等。

东部经济走廊共有168个项目。其中90个是关于道路网络的，价值为2146.4亿铢；9个铁路项目，价值3985.9亿铢；19个海洋网络项目，价值1606.1亿铢；20个航空和物流项目，价值1738.4亿铢；12个电力系统开发项目，总值404.6亿铢；18个自来水系统开发项目，价值8063.6亿铢。在计划的9889.5亿铢基础设施投资中，59%的资金将来自公私合作伙伴关系计划，30%来自国家预算，10%来自国有企业的投资预算，1%来自泰国皇家海军的周转金。[①]

东部经济走廊的重点发展项目包括五个。一是扩建乌达抛机场，政府将在5年内投入2000亿泰铢，将目前乌达抛机场300万人次/年的客运量，提升至1500万人次/年。此后，将在15年时间内，进一步扩建乌达抛机场，最终达到6000万人次/年的客运量。二是建设曼谷—罗勇高铁线路，政府将投入2245亿泰铢，建设连接廊曼机场、素万那普机

---

① 《168个基建项目支持东部经济走廊发展》，泰国《星暹日报》2018年1月21日。

场和乌达抛机场的高铁线路。三是林查邦港口第三期建设项目，政府将投入880亿泰铢，将林查班码头从700万标准集装箱/年吞吐量，提升至1800万标准集装箱/年吞吐量。四是建设连接3处港口的复线铁路，政府将投资643亿泰铢，将林查邦港口、马达普港口、萨达西港口连接起来。五是在春武里、罗勇和北柳府建设新城市，为经济和工业发展提供配套设施。①

目前，该项目已经进入第二阶段。2018年1月11日，泰国工业园管理局局长乌伊拉蓬表示，本年该局划拨预算逾130亿铢，用于投资罗勇府马达普工业园的两个大型项目，分别是：智能公园开发项目，占地面积1500.97莱，预算为20.9700亿铢；第三期马达普码头开发项目，预算为110亿铢，其中智能公园开发项目是响应政府发展新产业的政策，例如数字、机器人、清洁能源产业，目前该项目正处于可行性研究和基础设施设计阶段，包括制定环境影响评估报告，预计将于2020年建设完成。工业园管理局2018年将准备2.4万莱土地，支持投资东部经济走廊，还将增加征地大约1.6万莱，用于东部经济特区工业园管理局建设，以及增加征地大约1万莱，建设工业园和工业区等。②

2018年2月26日上午，总理巴育上将主持东部经济走廊委员会会议，本次会议批准了与东部经济走廊相关的建设项目，总值约6000亿铢，计划2018~2021年落实，其中主要是建造连接廊曼、素万那普和乌达抛等3处国际机场的高铁项目，全线226公里，投资总值2143.08亿铢，并将扩建廉差班深水码头和扩展乌达抛机场，以及设立飞机维修中心。③

本项目的招商引资工作也在稳步进行。2018年5月20日，泰国促进投资委员会官员称，截至2018年第一季度末促投委员会累计受理审批促投申请366份，投资总额2051.40亿泰铢，申请项目数同比新增27%，投资总额

---

① 《泰国的转折点 泰国4.0吸引投资东部经济走廊规划》，泰叻报网站，2017年1月13日，http://www.thairath.co.th/content/881941。
② 《工业园局拨130亿铢发展EEC两大项目》，泰国《世界日报》2018年1月11日。
③ 《EEC委员会批准建连接三机场的高铁》，泰国《星暹日报》2018年2月26日。

同比新增247%。2017年同期申请促投项目288个，金额591.10亿泰铢。照此进展，促进投资委员会年初设定的全年引资7200亿泰铢的目标将不存在问题。其中东部经济走廊的全年促投金额将不低于3000亿泰铢。截至2018年第一季度，面向东部经济走廊的促投申请项目共有66个，投资金额1600亿泰铢，占到第一季度促投总金额的81%。由此可见，东部经济走廊投资热点基本形成，而围绕经济走廊的投资也将从2017年的2900亿泰铢增加到2018年的3000亿泰铢。[①]

到了6月4日，东部经济走廊政策委员会宣布，在本年内推动五大项目招标，面向中国、日本、韩国及欧盟招商引资，预计5年内吸引430亿美元的投资。

巴育总理在东部经济走廊政策委员会会议上宣布，成立东部经济走廊管理运营项目委员会，2018年的目标是完成五大项目招标，包括：乌达抛机场及东部航空城项目；乌达抛机场航空维修中心项目；三大机场"三点一线高铁"项目；廉差邦深水码头第三期建设项目；马达普工业码头第三期开发项目。以上五个项目总投资金额不少于6000亿铢，2018年底之前将陆续完成招标，部分项目开始建设。其中连接三大机场的"三点一线高铁"项目已于5月30日正式公布招标规格文件。

巴育总理在会上还指示，让"三点一线高铁"与乌达抛机场的航运服务系统相协调，能准时完成陆空联运，并系统规划高铁沿线的城市开发建设。乌达抛机场周边将建成东部航空产业新城，目前正在进行细节规划，总面积为6500莱（约10.4平方公里），预计6月将完成具体规划，并在2018年第四季度开始招商引资。

此外，乌达抛机场航空维修中心项目在2018年7月开始招标，该项目占地面积570莱（91.2万平方米），泰航空公司宣布使用其中的210莱（33.6万平方米），剩下的区域将由其他民企参与投资开发，目前有四五家

---

① 《泰国EEC招商引资工作稳步有升，投资热点基本形成》，海投家，2018年5月11日，http://www.haitoujia.com/news/9250.html。

企业表示有意参与投资，主要来自中国、美国等国家，亚洲航空公司也表示有意参与投资。①

目前，泰国政府正在大力推动东部经济走廊建设。该项目的实施有赖于国内外的巨额投资，尤其是国外的资金，这将为西方发达国家，包括日本、韩国提供机遇。这一特区建设项目在很大程度上属于基础设施建设，同中国的"一带一路"倡议十分契合，中国应该抓住时机参与到东部经济走廊的建设中去。

三 中泰各领域合作交流与泰国民众的中国观

2018年以来，"中泰一家亲"的友好合作关系继续发展，两国高层互访不断，政治互信日益深化，经贸关系不断加强，人文交流更加密切。中国连续五年成为泰国最大贸易伙伴，是泰国第三大投资来源国，泰国是中国在东盟的第三大贸易伙伴。这是中泰关系的大局。不过，在战略伙伴关系日益加深的同时，我们也应正视双边关系中的某些消极因素，防微杜渐，以防损害友好关系大局。

（一）经贸人文各领域的合作与交流

贸易关系是衡量双边经济关系的首要指标。2010年以后，中泰双边贸易关系一直保持稳步上升的态势，最近两年同样如此。2017年泰国与中国双边货物进出口额为741.4亿美元，比2016年增长12.6%。其中，泰国对中国出口294.1亿美元，增长24.7%，占泰国出口总额的12.5%；自中国进口447.3亿美元，增长5.9%，占泰国进口总额的19.9%。泰方贸易逆差153.2亿美元，下降17.9%。② 2018年1~4月，泰国与中国双边货物进出

---

① 《东部经济走廊五大项目年内上马》，泰国《世界日报》2018年6月4日。
② 《2017年泰国与中国双边货物进出口额为741.4亿美元 比上年增长12.6%》，中华人民共和国商务部网站，2018年6月1日，https://www.yidaiyilu.gov.cn/jcsj/ggsj/sbmy/56878.htm。

口额为 255.8 亿美元，同比增长 12.5%。其中，泰国对中国出口 97.5 亿美元，增长 4.8%，占泰国出口总额的 11.9%；自中国进口 158.3 亿美元，增长 17.8%，占泰国进口总额的 19.2%。泰方贸易逆差 60.8 亿美元，增长 46.9%。中国已经连续多年为泰国第一大出口市场和第一大进口来源地，是泰国的第一大贸易伙伴。[①]

在投资领域，中国也日益成为泰国重要的资本来源国。2016 年中国成为继日本、新加坡之后泰国第三大投资来源国。2018 年 1~3 月，中国成为泰国第二大投资来源国。[②] 同期，泰国投资委员会批准的来自中国的直接投资（FDI）使用金额同比跃升近 1500% 至 140 亿泰铢。该机构 2018 年有望实现其 FDI 使用金额增长 13% 至 7200 亿泰铢的年度目标。[③]

在防务贸易和国防工业合作方面，2017 年以来，双方进行了多项合作。首先，泰国军方同中国谈成了两笔武器装备生意。一是泰方向中方采购 34 辆 ZBL09 式步兵装甲车和 1 万多发弹药，总额约为 5900 万美元（约合 20 亿铢），预计中国将于 2020 年交付。[④] 二是向中方购买一艘 S26T 潜水艇，总价值 135 亿铢，将分 7 年付款。[⑤] 其次，双方还同意在国防工业方面展开合作，例如，准备设立中泰两国国防部联合工作小组，共同研究在泰国设立武器维修工厂、发展国防工业等事宜。目前在中方协助下建立武器维修中心的事项初步确定，并同意设立针对在泰国陆军服役的 VT-4 坦克、VN-1 和 T-85 履带装甲车的重要零件仓库，中国国防部已经同意此方案并愿意提供支持。此项合作将由双方共同出资，泰方持股 51%，

---

① 《2018 年 4 月泰国贸易简讯》，中华人民共和国商务部网站，https://countryreport.mofcom.gov.cn/new/view110209.asp?news_id=59898
② 《截至 2018 年 4 月中泰经贸数据》，中华人民共和国驻泰王国大使馆经济商务参赞处网站，2018 年 6 月 11 日，http://www.mofcom.gov.cn/article/tongjiziliao/fuwzn/ckqita/201806/20180602754344.shtml。
③ 《中国投资急速飙升》，联合早报网，2018 年 6 月 13 日，https://www.zaobao.com.sg/finance/china/story20180613-866842。
④ 《泰从中国购买 34 辆雪豹战车》，泰国《世界日报》2017 年 4 月 17 日。
⑤ 《泰中潜艇协议签就分期付款 7 年》，泰国《世界日报》。

中方持股49%。预计坦克维修中心和零件仓库在2019年内完工。2022~2026年，设立武器维修中心，按中泰合作投资协议，中方向泰方转让维修技术。①

电子商务领域的合作是中泰经济合作的崭新领域。如前所述，泰国的电子商务还是个新兴的经济领域，在资金、技术、人才方面均存在严重不足，这在很大程度上制约了这个领域的发展。而中国的电子商务发展相对成熟，尤其在技术和资金方面有优势。这为中泰两国在电子商务方面的合作准备了条件。近年来，"泰国4.0"计划和中国"一带一路"倡议的高度契合又为双方的合作带来了良好契机。

早在2016年1月，中国的龙头电商阿里巴巴就同泰国官方有了接触，泰方希望阿里巴巴帮助泰国的中小企业把产品推向电子商务平台。阿里巴巴当即表示愿意帮助泰方优化电商平台，同时，还将和泰国商贸理事会以及泰国工业院合作，帮助培训电子商务人才，传授电子商务方面的知识。②

2018年4月19日，阿里巴巴董事局主席马云访问泰国，在同巴育总理与其他政府官员会见后，同有关方面签署了4份合作备忘录。根据这些文件，阿里巴巴将在泰国投资建设智慧数字中心，以打造泰国产品面向全球出口的基础设施；阿里巴巴集团还将与泰国商会、商务联合会、工业联合会共同发展，提升泰国企业在数字经济方面的能力；泰国政府部门还将与阿里巴巴集团紧密合作，培养数字经济人才；泰国的观光旅游业也将通过阿里巴巴的平台发展。③ 除了阿里巴巴参与泰国电子商务的合作以外，其他中国电商企业也纷纷加入。据《星暹日报》报道，阿里巴巴将向东部经济走廊的第一阶段注入110亿铢，该集团正准备迎战即将到来的中国

---

① 《泰国将同中国合作生产装甲战车零部件》，泰国《星暹日报》2018年1月2日。
② 《泰商业部联合阿里巴巴助泰国发展电子商务》，中华人民共和国驻泰王国大使馆经济商务参赞处网站，2016年1月25日，http://th.mofcom.gov.cn/article/jmxw/201601/20160101241669.shtml。
③ 《泰国总理巴育接见马云：你是真心关心我们泰国千千万万草根民众》，IT时代网，2018年4月19日，http://www.ittime.com.cn/news/news_20598.shtml。

竞争对手京东和腾讯，以及泰国本地实力电商企业，如 Tarad。① 这既是竞争又是合作，泰国的电子商务将在合作竞争中发展。

旅游、教育、科技合作与交流在中泰关系发展中起着举足轻重的作用。旅游业是泰国的支柱产业，对其国内生产总值的贡献超过 9%。20 世纪 80 年代后期中国人出国旅游热兴起以来，泰国一直是中国游客的热点旅游目的地之一。但随着中国游客的猛增，中国黑导游现象泛滥，关于中国游客负面形象的议论也不时见诸报端，泰国旅游市场一度出现混乱。为整顿旅游市场，2016 年泰国政府展开大规模的"旅游大洗牌"行动，清查"零团费"问题，多家旅游巨头被清查，波及了不少中资背景的企业，造成同年泰国跟团游价格大幅上涨，赴泰游客数量下滑。尽管泰国旅游业一度受挫，但长远看有利于泰国旅游业的健康发展。

事实上，泰国旅游市场很快就出现了高涨。2018 年 1 月泰国旅游和体育部公布，2017 年赴泰国旅游的外国游客总数超过 3500 万人次，较 2016 年增长 8.77%，为泰国旅游业创收超过 1.82 万亿泰铢（约合 3660 亿元人民币），较 2016 年增长 11.66%。其中中国游客超过 980 万人次，占外国游客总数的 28%。② 为当地带去超过 5200 亿泰铢（约合 1047 亿元人民币）的收入。

到了 2018 年 2 月，中国游客更是急剧增加，因为春节长假，整个 2 月中国游客创了最新纪录，单月达到 120 万人次。据泰国旅游部门预计 2018 年将接待超过 3700 万人次的游客，其中来自中国的游客将达到 1000 万人次。③ 泰国政府正在扩建和完善旅游设施，以吸引更多的中国游客。

教育方面的交流与合作主要表现在双方学生交流和语言培训方面。赴华留学的泰国学生逐年上升，在各国在华留学生数量排名中，2015 年、2016

---

① 《阿里巴巴与泰方签 4 份合约》，泰国《星暹日报》2018 年 4 月 19 日。
② 《2017 年泰国旅游业持续增长 中国游客贡献最大》，新华网，2018 年 1 月 16 日，http://www.xinhuanet.com/world/2018-01/16/c_1122268452.htm。
③ 《泰国旅游部：预计 2018 年中国赴泰游客超 1000 万》，2018 年 3 月 23 日，https://www.ifanr.com/1000292。

年一直排在韩国、美国之后，位居第三，而2017年上升到第二位，仅次于韩国。目前，有超过2.7万泰国学生在中国留学。泰国也成为越来越多中国学生留学的目的国，目前有3.7万名中国学生在泰国学习。[①] 这些学成回国的年轻人将成为两国世代友好的桥梁和纽带。

近些年来，泰国的汉语热持续升温，这是中泰教育和文化合作交流的亮点。截至2017年，泰国已开办15所孔子学院，18个孔子课堂。泰国学习汉语的人数已近百万，其中将近半数为孔子学院学员。泰国孔子学院学员众多，各孔子学院的学员除以大学生为主外，还包括各大学、职业院校及中小学等不同教学层次的本土汉语教师，企事业单位及其他各行业的汉语爱好者，甚至普通民众也可以来孔子学院或者孔子课堂学习汉语。在孔子学院除了学习汉语，还能感受中国文化，更多的泰国人认识和了解了中国。在孔子学院开展的各种汉语培训中，特别值得一提的是泰国农业大学近年来开办的一个项目。此项目由泰国国会（上下两院）与中国人大常委会及政协全国委员会共同倡导，由泰国上议院秘书处负责协调，由泰国农业大学孔子学院具体承办。项目宗旨是为泰国国会议员及上议院秘书处工作人员编写汉语会话教材及教学辅助数据，并进行语言培训，以便促进泰国国会与中国人大、政协进行更好的交流与合作。[②] 相信这一项目的落实将对中泰双方在教育和文化上的交流发挥重大的推动作用。除了孔子学院和孔子课堂，泰国的各大中小学还普遍开设中文课程，社会上还有成千上万的汉语补习班。为了满足泰国对汉语教师的需求，中国汉办每年派出大批志愿人员，充实各大中小学师资力量。汉语已经成为泰国学校教育中仅次于英文的第二大外语科目。据估计，泰国目前学习汉语的人数将近百万。

中泰在科技方面的合作起步较晚，以往的科技合作是在"中国－东盟科技伙伴计划"框架下进行的。自2012年9月中国科技部启动中国－东盟

---

① 吕健：《弘扬中泰传统友好关系　打造新型国际关系典范》，中华人民共和国外交部网站，2018年7月4日，http://www.fmprc.gov.cn/web/dszlsjt_673036/t1573846.shtml。
② 《农大孔院携立法议会开展汉语培训》，新华社曼谷1月24日电，http://www.udnbkk.com/article-237955-1.html。

科技伙伴计划以来，泰国科技部积极参与有关合作。2013年10月，中泰双方签署了《中泰科技部关于开展四个合作项目的协议》，正式启动共建中泰高铁联合研究中心、共建中泰遥感卫星数据共享与服务平台、共建中泰技术转移中心、中泰青年科学家交流四个项目的合作。[①] 根据协议，中国科技部和泰国科技部成立联委会。2017年12月8日，中泰科技合作出现了里程碑式的标志，中国科学院曼谷创新合作中心成立，中国驻泰国大使吕健和巴育总理的代表科技部部长素威等泰国政府官员共同见证了该中心的揭牌仪式。该中心是以促进科技合作和科研成果转移转化为目的非营利性海外代表机构、首个深度融入东盟经济体的创新合作平台，曼谷创新合作中心将有效带动中国创新型企业走进东南亚，推动中国-东盟创新共同体建设。[②] 2018年是"中国-东盟创新年"，中心将有力地推动中泰以及中国-东盟的科技合作。

（二）中泰高铁项目合作

高铁项目是近些年来中泰两国最大的基建工程合作项目，从英拉政府时期以大米换高铁的中泰备忘录签署到2017年底以前，这一项目一直未能启动。2017年9月4日，中泰双方在厦门正式签署中泰高铁合作项目，此时双方已历经了20轮谈判，耗时近3年。此后双方又在2017年11月22~24日及2018年2月7~9日，针对中泰铁路线路设计、培训和运营等多方面内容举行2轮谈判。由于泰国决策层意见不一、相关法律限制和巴育政府缺乏前期准备，谈判过程曲折多变，进展缓慢，主要反映在高铁项目规划、高铁线路、合作模式、融资方式等方面。

高铁线路多次变更。泰国交通运输部缺乏高铁全局规划，最初只是将原来标准轨铁路规划中的部分线路修改为高铁线路，此后对高铁线路

---

① 《中泰达成多项科技合作共识》，中国科技网，2017年5月19日，http://www.xinhuanet.com/thailand/2017-05/19/c_129608923.htm。
② 《驻泰国大使吕健出席中国科学院曼谷创新合作中心揭牌仪式》，泰国《世界日报》2017年12月8日。

数次更改。直到2017年8月的谈判，在中方的要求下，泰方才同意确定最终的高铁线路。因此影响了中方在线路勘测、规划和可行性调查报告方面的进度。

合作模式的变换。原先，泰方提出项目采用工程总包（EPC）合作模式，中国负责项目的总体施工。但后来，泰方又主张将合同一分为三，分别为高铁详细设计合同（2.1合同），高铁施工监理咨询合同（2.2合同）和高铁铁轨系统、电力和机械系统合同（2.3合同）。同时，泰方又要求工程所需材料必须使用泰国本土产品。对于泰国不能生产的螺纹钢全套技术材料，须由泰国企业进行采购。

项目资金来源的变更。原来泰方主张由中国向泰方提供政府贷款或商业贷款。中国也承诺将向泰国提供政府贷款或商业贷款。在中方表示已经提供最优惠贷款的情况下，泰方仍认为中方贷款利息高于日本所提供的贷款利息。在后来的谈判中，泰方又提出由中泰两国共同建立高铁合资公司负责中泰高铁的开发，中方出资60%，泰方出资40%。在2016年3月23日的非专项谈判会议上又要求中方降低项目造价，并提出泰国将负责中泰高铁的所有资金。①

开工日期的变更。巴育政府急于项目上马，但对工程项目准备不足，又受到各种因素制约，导致仓促举行开工仪式，有仪式而无开工。2015年12月，在曼谷举行了中泰高铁的奠基仪式，并声称将于2016年5月开工。然而，开工日期一拖再拖。

泰方高层在决策过程中困难重重，有时巴育总理不得不行使临时宪法赋予政府的特权强行扫除障碍，比如不承认中国工程师资质等一些法律障碍。经过漫长的谈判，中泰铁路合作项目一期工程开工仪式最终于2017年12月21日于呵叻府巴冲县举行。根据泰方计划，该项目分为两期工程：一期工程为曼谷至呵叻，全长约253公里；二期工程则是从呵叻至廊开，全长约

---

① 《完成了！巴育创造了历史！没有讨好中国，高铁全部自己投资》，泰国《民意报》2016年3月23日，https://www.matichon.co.th/news/81395。

355公里。一期工程又分4段逐步开工,分别长3.5公里、11公里、119.5公里和119公里。此次开工的只是首段长3.5公里的线路。为何选择3.5公里这样一个长度?泰国交通部部长阿空曾表示,这一段无须拆迁,简单可行。可见,以后的工程还有许多未知数。

回顾中泰高铁项目的曲折发展进程我们发现,导致这一项目一波三折的深层次原因有如下几个方面。

一是泰国政府缺乏统筹规划和统一意志。泰国缺乏既定的全国总体铁路和高铁的长远规划,因此在中泰高铁项目谈判过程中,常常是朝令夕改,计划和方案不断变化。同时,缺乏一个能够协调各方面跨部门的权威指挥机构,而是委派权力有限的交通部进行操作,导致在谈判中遇到的各种问题无法解决。

二是泰国法律程序方面的障碍。根据泰国2007年宪法,所有国家重大工程项目都要经过国会讨论通过,但巴育执政后颁布的2014年临时宪法不包括这一规定。所以巴育原想在临时宪法的有效期内,通过并上马这一项目,但他的这一计划落空了,因为这一项目还没敲定,新宪法就于2017年4月6日正式生效了,而这部宪法又重新增加了重大项目必须由国会讨论通过的规定。这就意味着,高铁项目必须经过新国会的同意,但至今大选还遥遥无期,这就使该项目面临合法性问题。不过,巴育仍然可以行使临时宪法第44条赋予的特权,然而,这一特权的频繁使用已经引起了社会的不满。

三是来自环保评估的障碍。根据泰国法律规定,任何大型国家建设项目都必须事先通过环境评估,这是合理的。但中泰高铁项目的评估报告迟迟拿不出来。2017年5月举行的第18次谈判中,泰方表示将尽快推动举行环境影响评估(EIA)听证会,2017年9月20~21日举行的第21次谈判中,中方再次要求"泰方应该尽最大努力在2017年10月内通过高铁环境评估报告"。① 但2017年10月6日,泰国交通运输政策和规划委员会宣布,中泰高铁3.5公里首段项目环境影响评估未通过。实际上,泰国高层在高铁项目

---

① 《第二十一次泰-中双方高铁合作委员会会议纪要》,泰国交通运输部,2017年9月22日。

上存有分歧，反对者在没有正式理由阻止这一项目时，只能在环保评估上设置障碍。尽管巴育政府下达多个行政命令，简化和取消某些评估的法律限制，环保评估仍无法通过。最后，环保评估是在泰国副总理巴逸·翁素万作为会议主席的国家环境委员会的会议上通过的，将评估报告作为临时议程加了进去，多少带点强行味道。

四是泰国朝野主观认识上的障碍，主要表现为以下几种观念。

第一种观念认为中国所提供的优惠不如日本，比较倾向与日本合作。巴育政府对中泰高铁合作项目存在不同的态度，有人比较倾向于选择日本。巴育的政策是两边下注，一方面做出同日方合作的姿态，另一方面又同中方谈判，试图迫使中国在高铁谈判中给予泰国更优厚的条件。中泰高铁项目谈判中，虽然中方在谈判中就已经表明，中方贷款将参考泰国金融市场成本、同等条件下铁路项目投资等各方面因素，给予泰国最优惠的贷款利率，但在泰国的一再要求下，中方再次承诺向泰国提供低于市场贷款利率的最优惠利率。然而，泰国仍然认为中国给予的贷款利率较高，并要求中国由此前的人民币贷款变更为美元贷款，后中国同意用美元贷款。中国驻泰大使宁赋魁在2015年就已经向泰国强调，中方提供的2.5%美元贷款利率，到期后仅相当于日元贷款利率的0.4%，中方克服成本压力为泰方提供低利率的美元贷款，充分体现了中方的诚意。[1] 然而，泰方仍有人认为不如日本。这种观点在泰国学界非常流行。这种社会舆论必然投射到政府决策层。

第二种观念是泰国学界对"适足经济理念"的误解，导致社会舆论怀疑建设高铁项目的必要性。适足经济理念是泰国九世王普密蓬·阿杜德提出的国家发展理论。适足经济理念的核心在于鼓励民众减少对资本的依赖，因地制宜凭借自身知识、努力逐步实现发展，强调适度发展和可持续发展理念。但目前泰国社会对适足经济理念的理解出现了偏差。部分舆论认为，提

---

[1] 《宁赋魁大使出席"灿烂未来：21世纪海上丝绸之路"论坛》，中华人民共和国驻泰王国大使馆网站，2015年11月16日，http：//www.chinaembassy.or.th/chn/gdxw/t1318639.htm。

倡适足经济理念就应该重视农业发展、发展自给自足经济，减少政府在其他产业方面的投资，特别是减少大规模地从国外引进资本。在这种思想的影响下，投资较大的中泰高铁项目自然遭到反对。

第三种观念是巴育政府在高铁项目中屡屡动用特权，导致民众对该项目的反感。为了铲除社会顽疾和政治积弊，巴育多次行使临时宪法第44条赋予的特权。例如利用第44条特权免除不作为的曼谷市市长的职务，解决了佛教危机等问题。但随着巴育总理频繁利用第44条特权，泰国社会对第44条特权产生怀疑。在推动中泰高铁项目中，他同样行使了这一特权，其中包括取消多部现行法律对泰国铁路总局在铁路项目合作中的限制，以及取消泰国《工程师法（1999年）》和《建筑师法（2000）》对中国工程师、建筑师的限制，使其能够获得泰国职业资质认证从而参与项目设计工作。巴育这样做虽然使中泰高铁项目能够避免泰国修改相关法律的等待时间，迅速推进各项工作，但也引起泰国社会舆论和学术界的不满与担忧，认为新政府不尊重法律和破坏现行制度。

第四种是部分人对中国的"一带一路"倡议抱有疑虑，担心中泰高铁项目危及泰国的利益。泰国一媒体报道引述泰国交通部部长的话说，泰方要求中方追加泰中铁路的投资，而中方提出条件：要求享有铁路沿线土地的开发权，尤其是沿途车站的开发权。于是，该报道说，如果答应这个条件就等于泰国"失去了自己的领土"。尽管中国驻泰大使宁赋魁说"中方从未提出要持有铁路沿线一公里范围的开发权，在项目建设上，中方企业不会同泰方争利"①，但仍有人心中存疑。有的人认为，泰中高铁会把泰中两国经济连接得更紧密，而这种紧密关系可能对泰国经济独立和安全造成危害。② 有的人认为，泰中高铁主要是对中国有利，而对泰国利益不大。中泰高铁项目是在"一带一路"框架下诞生的，而有些泰国人仍对"一带一路"心存疑虑。笔者在泰国接受两位年轻学者的邀请，指导他们的研究课题。这两个课题均

---

① 《宁赋魁大使出席"灿烂未来：21世纪海上丝绸之路论坛"》，中华人民共和国驻泰王国大使馆网站，2015年11月16日，http://www.chinaembassy.or.th/chn/gdxw/t1318639.htm。
② 此为笔者在一个学术会议上听到的言论。

集中在对"一带一路"的疑虑方面。一个题目是"中国的'一带一路'与泰国的安全",另一个题目是"在'一带一路'背景下,泰国国内就业所面临的挑战"。无疑,这两位年轻学者的研究在学术界和舆论界都有一定的代表性。在泰国社会存在着的对中泰高铁项目的消极看法和态度都会对政府形成强大的压力和阻力。尽管,巴育政府享有统治权,但泰国在一定程度上已经形成了多元民主的政治文化,政府在决策过程中不可能不受到来自多方面的影响和掣肘。他们通过法律程序、环境评估、消极抵制等手段阻挠或拖延此合作项目的实施。

(三)泰国民众的中国观

在考察国际关系时一定要把握两点:一是既要关注官方的言论和态度,又要注意民间的舆论和反应;二是既看到双边关系的主流,又要注意某种支流和潜流。考察中泰关系,也要遵照这两个原则。

两年前笔者发表了一篇关于中泰关系的论文《中泰关系近况与厌华情绪》。文中指出,"中泰一家亲"是对中泰两国关系亲密程度的最准确定位,这在中国同东南亚所有国家的关系中是绝无仅有的,这种特殊关系已经从双方的政治互信、经济合作、文化交流等各方面得到证明。这是中泰关系的主流,今天仍然如此。但是我们也不能忽视,中泰关系中尤其在民间这一层面出现了一股消极的潜流,即所谓的"厌华情绪",文章曾列举了一些言论和现象。[①] 这篇文章使读者和官方有关方面产生了某种警觉。泰国对中国或中国人的负面议论导致了中国游客的减少,于是泰官方和旅游部门又做出"欢迎中国游客"的积极反应。

为进一步了解泰国民众对中国的看法,2016年,我们接受中国驻泰大使馆委托专门进行了一次社会调查,观察泰国各社会阶层的中国观。本次调查选择了影响力比较大的社会职业阶层,包括政治家、媒体人士、大学老师、中学老师、商人、军人等。由研究人员分别到上述各个机构去进行问卷

---

① 参见张锡镇《中泰关系近况与厌华情绪》,《东南亚研究》2016年第3期。

调查。最终，得到782份样本。其中，各类从业人员286人，占36.57%；大学生496人，占63.43%。

根据调查结果，总的来看，泰国人对近年来中国的国力增长印象深刻，看好中国的发展前景，非常重视与中国的双边关系，认为近年来中国对泰国的政策基本上是成功的，收到了良好的效果，表现为泰国各界普遍对中国持有良好的印象、比较信任中国、对中国政府的评价也比较高。调查显示，相较于美国，泰国人更希望与中国继续保持更紧密的联系、发展更良好的关系。可以说，"中泰一家亲"的说法在泰国有民意基础，在很大程度上反映了中泰关系的现状。

但是，本次调查也发现了中泰关系中的一些潜在问题，主要表现在两个方面。首先，不同的社会群体或阶层在对中国的评价上存在一些差异。政治家和商人对中国较有好感，对进一步发展中泰关系抱有更高的期待。而普通民众尤其是知识阶层（媒体人士、大学教师、大学生）则并没有那么高的热度，对中国的印象和评价较为负面，认为中国对泰国经济的影响主要是好的和认为主要是坏的比例差别不大，可见，泰国人既看到了中国经济发展带来的机遇，也意识到或者感受到中国经济发展对泰国经济的冲击。在政治家类别中，认为好的影响为主的占47.83%，认为坏的影响为主的占30.43%。在学生群体中，认为好的影响为主的占32.17%，认为坏的影响为主的占29.51%。政治家群体似乎对中国经济的影响持更乐观的态度，认为"影响是好的"不管在哪个群体都没有超过半数。

在回答"中国商品可靠性"的问题时，54.90%的受访者认为不可靠，35.82%的受访者说不好不坏，只有9.28%的人说可靠。问到日本商品和美国商品的可靠性时，对于日本商品，87.42%的人认为可靠，只有2.95%的人认为不可靠。对于美国商品，结果同日本类似，87.78%的人认为可靠，只有3.22%的人认为不可靠。对中国商品的评价和对日美商品的评价形成明显的反差。

在回答"是否欢迎更多的中国游客到泰国来"的问题时，只有53.28%的受访者表示欢迎，表示维持目前水平的占25.87%，表示希望再减少一些的占14.29%，有6.56%的人回答不知道。可见，不欢迎更多中国游客的人超过了40%。进一步的统计分析表明，大学教师和媒体人员相对而言反对有更多的中国游客，而商人、军人和政治家则比较欢迎中国游客。

在回答"是否欢迎更多的中国商人到泰国来"的问题时，33.20%的受访者表示目前这么多就够了，18.66%的人认为要再少一些，12.10%的人表示不知道，而表示欢迎更多一些的只有30.04%。这表明多数泰国人担心泰国经济受到中国的冲击。具体来看，在政治家群体中，"希望更多中国商人去"的占39.13%，与总体持平，认为"现在这么多就够了"的占40.58%，"希望比现在更少一点"的占18.84%，后二者都超过了总体的水平。而对学生来说，"希望有更多中国商人来"的占34.34%，认为"现在这么多就够了"的占33.33%，"希望比现在更少一点"的占16.57%，基本上与总体持平。更具体的分析表明，与对中国游客的态度类似，大学教师和媒体从业人员不欢迎有更多的中国商人去泰国，而泰国商人则欢迎有更多的中国商人去泰国。这大概是因为，更多的中国商人去泰国对泰国商人意味着更多的合作机会，更有可能搭上中国经济的快车。

在对待高铁合作项目的态度上，绝大多数受访者更希望跟日本合作来修建高速铁路，占受访者的68.48%；而支持跟中国合作修建高速铁路的只占16.34%。这与泰国人高度信任日本产品有关，并且涉及日本在泰国的良好形象和软实力，同时，也反映出对中国技术和信誉的怀疑。具体来看，在政治家类别中，支持跟中国合作的占23.53%，支持跟日本合作的占66.18%。而在大学生群体中，支持跟中国合作的占13.79%，支持跟日本合作的占70.59%。另外，媒体人士也压倒性地倾向于日本。更具体的分析表明，商人群体非常支持由中国来修建高铁，这大概与泰国商界主体为华裔有关。

另一个泰国人关心并涉及"一带一路"倡议的是湄公河上游的水电站建设。泰国人对中国在湄公河上游帮助有关国家修建水电站表现出相当程度的担心。表示不太担心的只有8.4%，表示有点儿担心的占43.28%，表示非常担心的占 29.84，表示担心的合计达到 73.12%。这表明泰国人对中泰在湄公河的合作问题上极不信任。具体来看，在政治家群体中，表示不太担心的占 4.29%，表示有点儿担心的占 45.71%，表示很担心的占 48.57%，担心的比例超过了 94%。而在大学生群体中，表示不太担心的占 8.91%，表示有点儿担心的占 45.75%，表示很担心的占 23.28%。

这些问题，虽然表现在民间，但它可以形成社会舆论，一旦达到一定规模，必然由利益集团反映到政府的决策层，中泰高铁项目的难产就是明显一例。

上述调查结果显示，泰国民众对中国的亲近感不够强，对中国商人和游客并非十分欢迎，对中国的产品和国家整体信任度仍然有限。原因有如下几点。一是，部分中国游客素质较差。二是，少数赴泰的中国中小商人形象不佳，投机取巧、唯利是图，在中泰商品和服务贸易中打擦边球，仿冒泰国品牌、虚假合资公司、垄断货源客源等不法手段扰乱了泰国的市场秩序。三是，中国产品的质量问题，增添了泰国民众对中国产品的不信任。所以，泰国较少进口中国的食品、饮品和药品，相反，日本、韩国的食品专柜随处可见。四是，泰国社会受西方影响较大，尤其在媒体和舆论界有关中国的新闻报道多来源于西方，人们很难直接听到中国声音。

为了从根本上消除或化解中泰关系中的问题，中国必须从自身做起，采取切实可行的措施，认真改善自己的形象。

四 对泰国各方面发展的综合评价

2018 年 5 月 22 日，巴育政府整整走过了 4 年，人们对军政府的政绩褒贬不一。巴育上将本人支持者居多，在多次民调中，巴育的支持者都在 60%～80%，他曾以 58.6% 的支持比例当选为泰国的"大众情人"，以 63.86% 的得票率当选为"最受欢迎的政治家"，以 80.69% 的高票当选为"年度最佳人物"。赢得支持的主要原因是他恢复并维护了社会稳定，整治了社会环境，清除了一些持续多年的政治顽疾。但是，对以巴育为首的军政府的评价就没有那么高了，而且多有诟病。泰国的两大政党为泰党和民主党都认为军政府政绩"不及格"。军政府当初的政治目标，一是政治改革，二是实现民族和谐。实际上，民族和解问题并没有解决；政治改革，按照当局的目标，可以说成功了大半，以英拉出走为标志，彻底清除了他信势力，但整个政治制度变革并未完成。

政治改革的进展缓慢，尤其是大选的一再推延，已经引起社会的不满，这种拖延被认为是执政当局为了自己在未来长期控制权力而在做法律和制度上的准备。要求选举的声音愈来愈强，加之巴育频繁使用第44条发布政令，社会的忍耐程度已接近临界点。

新的政党法有利于泰国政党的建设，也有利于政党制度的健康发展与成熟，但也给许多政党的成长壮大设置了更高的门槛，客观上削弱了政党的力量，尤其是在国会中很难形成一党独大的局面，这就为传统精英阶层利用上议院发挥调控作用提供了空间，最终达到政党势力与传统精英阶层分享权力的目的。

最近两年，泰国的经济形势明显向好，经济增长率达到巴育上台以来最好时期，主要是国际市场的复苏，刺激了出口。另外，巴育政府制定了20年长远规划和"泰国4.0"的发展战略，作为这一战略的重大战略举措，又推出了"东部经济走廊"宏大经济特区的建设项目。这一项目的启动，带动了一批基础设施投资项目。这种巨额投入自然拉动了经济的增长。外国游客逐年增加，使泰国的旅游产业不断壮大，巨额的旅游收入，也推动了经济增长。电子商务作为新兴经济领域尚不成气候，但未来会迅猛发展，必将成为泰国经济新的增长点。

中泰关系一直在平稳发展，"中泰一家亲"始终是双边关系发展的主流。在政府层面，中泰战略合作伙伴关系不断巩固和发展。中泰在政治、军事、经济、文化、教育、科技等方面的交流与合作都在蓬勃发展。我们不得不承认在民间层面确实存在某些负面倾向，主要表现为：对中国"一带一路"倡议存有疑虑；对中国经济在泰国的影响力越来越大表示担心；对中国、中国人、中国产品的国际形象认可程度和接受程度都还有限。这些都可能形成社会舆论，从而影响到政府的决策。中泰高铁项目一波三折就是很有力的例证。我们必须重视民间声音，冷静观察民情、民意动向，防微杜渐。为此，我们的决策者要吸取过往的教训，总结经验，制定切实可行的措施，完善自身，增强软实力，让自身形象赢得一切。

国内篇
Domestic Issues Reports

B.2 泰国地区间的产业分工体系：现状与展望

林宏宇 张 帅*

摘 要： 实证分析表明，尽管现阶段泰国各地区的产业专业化指数不高，但初步建立了以曼谷为核心的产业分工体系，并出现了产业体系重构、各地分工加强的趋势，其标志就是制造业正持续从曼谷向泰国内陆地区扩散，虽然扩散力度明显受到地理因素制约。在产业由集聚走向分散的过程中，修建交通设施，有助于削弱地理因素对产业扩散的阻碍，更有利于泰国不同地区之间的平衡发展。研究表明，泰国各地发展状况与该地融入全国分工体系的程度有关，2017年12月开工修建的中泰铁路可谓恰逢其时。运输业"网络经济"与"密度经济"的特点，又决

---

* 林宏宇，华侨大学国际关系学院院长、教授、博士生导师；张帅，北京交通大学博士研究生。

定了中泰铁路只有与中老铁路相连，乃至并入泛亚铁路才能最大限度发挥自身优势。中泰两国现在都处在国内经济转型的重要阶段，完全可以依托"一带一路"倡议，以中泰铁路为切入点，将经济合作推向新高度。

关键词： 产业专业化　中泰铁路　"一带一路"

一　引言

2013年9月和10月，中国国家主席习近平在出访中亚和东南亚国家期间，先后提出共建"丝绸之路经济带"和"21世纪海上丝绸之路"的重大倡议，随着各项工作的跟进，"一带一路"逐渐从倡议走向实践，与相关国家的合作项目也开始逐步落实。2017年12月21日，中泰铁路一期工程开工建设，中泰铁路二期工程预计2018年底开工，中泰铁路全线计划2021年底至2022年实现通车。中泰铁路对中泰双方，对"一带一路"都具有重要意义。正如李克强总理指出的"中泰铁路合作项目是双方共建'一带一路'、开展产能合作的旗舰项目，体现了共商、共建、共享的精神，是互利双赢，将有效提升泰国和本地区的基础设施建设和互联互通水平，促进泰国经济可持续发展，带动地区发展繁荣和民生改善"。[1]

中泰铁路具有很重要的示范效应，其影响甚至超出了"一带一路"倡议本身。近年来，中泰两国都在进行国内经济结构调整[2]，历史为两国深化

---

[1] 《李克强总理致信祝贺中泰铁路合作项目》，中华人民共和国中央人民政府网，2017年12月21日，http://www.gov.cn/xinwen/2017-12/21/content_5249225.htm。

[2] 参见《习近平主持召开中央财经领导小组第十一次会议》，新华网，2015年11月10日，http://www.xinhuanet.com/politics/2015-11/10/c_1117099915.htm；THE TWELFTH NATIONAL ECONOMIC AND SOCIAL DEVEOPMENT PLAN (2017-2021)。

经济合作创造了难得的机遇。中泰两国完全可以中泰铁路为切入点，以"一带一路"倡议为平台，全面深化经济合作。因此，出于为中泰铁路"保驾护航"，深化两国经济合作的需要，中国学界有必要加强对泰国经济现状的研究。

二 文献综述

中国国内对泰国经济的研究，按照内容不同可大致分为三个类别：一是对泰国宏观经济形势和发展走势的判断；二是对泰国某一具体产业部门的研究；三是对泰国国内不同地区之间经济关系的研究。

魏春荣和张宇霖就借助对泰国宏观经济数据样本的分析，研究泰国经济结构的现状与发展趋势。安彩利针对泰国政府推出的"泰国4.0"，对泰国的整体产业结构、问题与发展方向进行研判，但该文篇幅较短，实证性不强，与之类似的还有刘素兰对泰国经济整体走势的展望。常翔等尽管同样是对泰国整体发展的研究，但用实证方法分析了泰国"二十年国家战略"和第十二个国家发展规划对其发展的影响。

国内对泰国产业部门的学术研究有以下几个特点：数量多、门类全、硕博论文比重大。爱丽博士以泰国旅游业作为自己毕业论文的研究主题。林智慧博士则重点研究泰国制造业的发展。王超、骆克任从泰国社会融合的角度研究泰国旅游产业。郑国富分析了泰国不同农产品的竞争力与外贸发展。张美慧博士以全球农产品市场竞争愈发激烈为背景，对泰国农业的国际竞争力发展问题进行了实证研究。

对泰国地区经济发展的研究主要集中在城市经济方面。周方冶从泰国城市经济发展不平衡的角度论述泰国经济不平衡与泰国政局发展的关系，强调了正是泰国城乡之间的经济发展差距才导致了2006年后泰国政局和社会的持续动荡。普恩尽管是泰国人，但其有关泰国城市轨道交通研究的文章，是中文文献中少有的从技术层面阐释泰国城市经济发展的研究成果。

前两类研究在研究数量和方法上都强于第三类，但中泰铁路从泰国东北部穿过直达曼谷，会对泰国地区经济关系产生直接影响。无论从知识积累角度出发，还是服务实践的需要，我们对泰国国内地区经济状况的研究都有必要突破"城市"的视角。更为重要的是，一国国内地区经济的变化，难以摆脱该国整体经济形式和产业结构变化的影响，"地区产业分工"则通过将地区、整体经济形势与产业状况等要素连接起来的方式，提供了一个恰当的切入点。本报告即是从地区产业分工视角，思考泰国的整体产业结构调整情况，并对中泰经济合作的前景进行展望。

三 产业数据与分工测度

（一）产业数据

笔者以泰国统计局提供的2007年、2011年与2015年泰国七个大区①，即东北部地区、北部地区、南部地区、东部地区、西部地区、中部地区与大曼谷区的农业，采矿业，制造业，电力、燃气及水的生产和供应，批发、零售和汽电维修，住宿与餐饮，交通、仓储与通信，房地产与租赁，金融，公共管理、国防与社会保障，教育，卫生暨生活工作，居民服务和其他社会服务，私人家庭经济等行业的产值数据为基础，尝试分析泰国不同地区间产业分工状况与发展趋势，并在此基础上提出相应建议。研究中若无特殊说明，所有产业产值均依据2015年泰铢币值计量。同时为呈现方便，在文中对相

---

① 泰国有77个省级行政单位，其中有76个府和1个直辖市曼谷，但由于泰国除曼谷之外的其他府或城市规模普遍有限，因此在研究过程中采用泰国统计局（NSO）对泰国地方不同产业产值进行统计时的划分习惯，将整个泰国划分为七个大区，由于研究目的的不同，即使在泰国内部对"大区"的划分方式也不完全一致。本报告中的"大曼谷区"的泰国官方英文表述为"BANGKOK AND VICINITIES"，包括了曼谷市以及周边几个府，为表述方便，在本报告中直接翻译为"大曼谷区"，许多国际和国内学者对曼谷的研究，实际为对"大曼谷区"的研究。

关数据的计算结果进行展示时一律对小数点两位以后的数值进行"四舍五入"处理。

（二）分工测度

1. 产业专业化指数

采用产业专业化指数，对泰国国内不同地区产业专业化程度进行测度。定义 S_{ij} 是产业 j 在地区 i 中所占的产值比重，即 $S_{ij}=\frac{L_{ij}}{L_i}$（其中 L_{ij} 表示地区 i 产业 j 的产值，L_i 表示地区 i 的总产值），S_j 是产业 j 在泰国所占的产业比重。地区产业专业化指数表示为：

$$SS_i = \frac{1}{2}\sum_i |SS_{ij} - S_j| \tag{1}$$

式（1）中 SS_i 的取值范围为 $[0,1]$，SS_i 越大，地区产业化水平越高；SS_i 越小，地区产业专业化水平越低，即多样化水平越高。

2. 区位熵灰色关联分析法

传统度量不同地区产业结构异同的方法主要有相似系数法和区位熵法，这些方法皆存在一定的缺陷。相似系数只能从总体上判别两地区产业结构的相似程度，并不能反映产业内部的具体结构。区位熵法能够测度出任意两地产业内部的具体结构，却不能定量地从总体上度量两地区产业结构的相似程度。区位熵的灰色关联分析法综合了相似系数和区位熵的优点，以区位熵值为基础计算得出，用于测度不同地区产业结构的相似度，且能够更加有效地挖掘地区产业结构的更多的信息。因此，本报告采用区位熵的灰色关联度分析法对泰国七个大区的产业结构进行测度和分析，步骤如下。

第一，计算某地区各个产业的区位熵。

$$LQ_{ij} = \frac{L_{ij}/L_i}{L_j/L} \tag{2}$$

区位熵，又称专业化率，最早由 P. Haggett 提出并运用到区位分析中。区位熵主要用于衡量某一区域要素的空间分布情况，反映某一产业的专业化程度以及某一区域在高层次区域的位置和作用。① 当 $LQ_{ij} > 1$ 时，表明 j 行业在 i 地区的专业化程度超过区域平均水平，该行业具有对外"输出"功能，反之则表明 i 地区需要"输入" j 产品或服务。若 $LQ_{ij} = 1$ 则表明 i 地区 j 产业的专业化发展水平相当于区域同类产业的平均水平，其产能刚好满足地区需求。

第二，确定比较序列和参考序列的绝对差。

以泰国总体产业结构为参考序列，记为 $x_0(j)$，各大区的相应产业结构则为比较序列，记为 $x_i(j)$，求出参考序列与比较序列的绝对差 Δ：

$$\Delta_i = |x_0(j) - x_i(j)| \tag{3}$$

第三，求出两级最小差和两级最大差。

$\min_j \Delta_i$ 为一级最小差，$\min_i \min_j \Delta_i$ 为两级最小差，同理两级最大差为 $\max_i \max_j \Delta_i$。

第四，计算灰色关联系数，得到灰色关联系数矩阵。

$$\xi_i(j) = \frac{\min_i \min_j |x_0(j) - x_i(j)| + \sigma \max_i \max_j |x_0(j) - x_i(j)|}{|x_0(j) - x_i(j)| + \sigma \max_i \max_j |x_0(j) - x_i(j)|} \tag{4}$$

式（4）中：σ 为分辨系数，用来削弱两级最大差过大而使关联系数失真的影响，人为引入这个系数是为了提高关联系数之间的差异显著性，依照经验一般取 $\sigma = 0.5$。依式（4）得到 2007 年、2012 年、2017 年泰国七大区产业关联系数矩阵。

第五，计算各地区的灰色关联度。

$$r_i = \frac{1}{m} \sum_{j=1}^{m} \xi_i(j) \tag{5}$$

灰色关联度的取值范围在 0 至 1 之间，根据定义，一个地区的产业结构灰色关联度越大，该地区的总体产业结构与全国整体差异越小；反之，则意味着该地区总体产业结构与全国整体差异较大。

---

① 关伟、刘勇凤：《辽宁沿海经济带经济与环境协调发展度的时空演变》，《地理研究》2012 年第 11 期，第 2044~2054 页。

四 泰国地区间产业分工体系现状分析

(一) 产业专业化程度及其变化

以泰国为参照系,从各地区角度进行比较:泰国各地区的产业专业化值比较接近。2015年,仅东部地区和中部地区的产业专业化值在0.3以上,大曼谷区整体的产业专业化指数为0.19,其他地区的产业专业化值均为0.2~0.3。从发展趋势和变化幅度出发,2007~2011年、2011~2015年泰国各地区产业专业化值均呈现增加趋势的仅有中部地区,在研究期间内,其产业专业化值提升程度也最高,达25%。东北部地区、北部地区、南部地区、东部地区和西部地区的产业专业化值呈现先下降后上升的趋势。而北部地区、南部地区和东部地区的产业化值在研究期间,出现小幅下降。西部地区则略有改善。大曼谷区产业专业化值呈现"先升后降"态势,地区产业专业化值总体改善4%。

从排名变化看,中部地区排名变化最大,由2007年的第四名上升为2015年的第一名。东北部地区、西部地区、大曼谷区的产业专业化排名则没有变化,分别维持在第五位、第六位和第七位。北部地区、南部地区和东部地区的产业专业化排名各下降一位,变为第四位、第三位和第二位(见表1)。

总体而言,泰国地区产业专业化程度较低。尽管在研究期间泰国大部分地区产业专业化值都有一定程度改善,但除中部地区外,泰国其他地区产业专业化值变化程度不大。

表1 泰国"五区一市"产业专业化值及变化

年份	2007	2011	2015	2007~2011	2011~2015	2007~2015
东北部地区	0.25	0.25	0.26	-0.01	0.01	0.00
北部地区	0.27	0.26	0.27	-0.01	0.01	0.00
南部地区	0.29	0.28	0.29	-0.01	0.01	0.00
东部地区	0.33	0.30	0.32	-0.03	0.01	-0.02
西部地区	0.20	0.16	0.21	-0.04	0.04	0.01
中部地区	0.26	0.28	0.32	0.03	0.04	0.06
大曼谷区	0.18	0.20	0.19	0.02	-0.01	0.01

注:2015年东部和中部产业专业化值四舍五入后皆为0.32,实际数值中部大于东部。

（二）基于区位熵的分析

表2、表3、表4分别展示了2007年、2011年和2015年泰国不同大区各产业区位熵的计算结果，下文若无特别说明，均为对该行业在研究期间的整体分析。

2007年，东北部地区、北部地区、南部地区和西部地区农业的区位熵值均在1.5以上，南部地区和北部地区的农业区位熵值更在2.47~3.56，远高于全国平均水平，2015年以上4个地区的农业区位熵更是达到2以上。这与上述地区作为泰国主要农产品生产区的地位相符，这些地区同时也是泰国经济最为落后的地区，2015年4地的人均GDP均在15000泰铢以下，低于泰国全国203356泰铢的平均水平。这些地区的教育、建筑和卫生行业的区位熵也都在1以上，这与泰国政府对这些地区的社会投入，以及当地的城市化有关。

表2 2007年泰国"七大区"各产业的区位熵

产业名称	东北部地区	北部地区	南部地区	东部地区	西部地区	中部地区	大曼谷区
农业	1.99	2.47	3.56	0.72	2.19	0.73	0.10
采矿业	0.43	1.50	0.73	3.84	0.66	0.51	0.01
制造业	0.59	0.50	0.42	1.73	0.81	1.81	0.89
电燃水	0.62	0.72	0.87	1.72	3.03	1.19	0.66
建筑	1.73	1.83	1.16	0.54	1.10	0.62	0.92
批零、维修	0.74	0.73	0.81	0.62	0.67	0.74	1.35
住餐饮	0.40	0.67	1.94	0.41	0.79	0.16	1.34
交仓通	0.46	0.49	0.83	0.48	0.71	0.49	1.52
金融	1.02	0.97	0.67	0.25	0.68	0.40	1.48
房地产与租赁	1.03	0.82	0.59	0.30	0.63	0.65	1.47
公共	1.51	1.41	0.90	0.35	1.12	0.71	1.15
教育	3.52	2.40	1.47	0.31	1.38	0.77	0.48
卫生	1.62	1.94	1.04	0.40	1.34	0.72	0.98
居民服务	0.85	0.61	0.63	0.14	0.47	0.28	1.66
私人家庭经济	1.27	1.58	0.57	0.30	1.25	0.46	1.28

注：为节约空间，行业名称采用简写形式，下同。

由于受到自然资源空间分布的限制，泰国采矿业呈现高度集中的态势。东部地区采矿业的区位熵值维持在 3.5 以上，北部地区的采矿业区位熵值也维持在 1 以上，但 2015 年南部地区采矿业的区位熵值达到 1.48 超过北部地区的 1.36，在采矿业区位熵值上居泰国第二位。这与泰国矿产资源分布状况和开发程度相关，泰国北部清迈、南奔、达、帕和程逸府一带集中了泰国 80% 的煤炭资源[1]，而甘烹碧府则拥有泰国国内最大的陆上油田 Sirkit。东部的庄他武里府和北碧府则是泰国重要的宝石生产基地，同时东部沿海地区也有丰富的天然气矿藏。泰国南部则是锡矿的重要产区，同时也有一定的煤矿资源。

表3 2011年泰国"七大区"各产业的区位熵

产业名称	东北部地区	北部地区	南部地区	东部地区	西部地区	中部地区	大曼谷区
农业	1.94	2.45	3.05	0.79	1.74	0.67	0.08
采矿业	0.31	1.47	0.95	3.87	0.55	0.46	0.02
制造业	0.68	0.57	0.44	1.61	1.00	1.93	0.92
电燃水	0.59	0.69	0.75	1.92	3.03	1.35	0.61
建筑	1.83	1.50	1.17	0.62	1.10	0.63	0.87
批零、维修	0.72	0.75	0.77	0.64	0.61	0.68	1.39
住餐饮	0.34	0.49	1.83	0.42	0.65	0.15	1.43
交仓通	0.44	0.40	0.89	0.55	0.70	0.51	1.55
金融	0.88	0.84	0.59	0.25	0.61	0.37	1.58
房地产与租赁	0.91	0.74	0.51	0.45	0.58	0.57	1.51
公共	1.18	1.13	0.92	0.40	1.03	0.73	1.23
教育	3.34	2.06	1.34	0.32	1.37	0.74	0.46
卫生	1.48	1.72	0.99	0.42	1.17	0.74	1.02
居民服务	0.77	0.57	0.57	0.17	0.50	0.30	1.72
私人家庭经济	1.72	1.87	0.46	0.26	1.26	0.52	1.15

制造业领域，泰国的中部和东部在研究期间表现出明显优势，其产业区位熵值均高于 1.5，尤其是中部地区的制造业区位熵值持续增长，2015 年更

---

[1] 《泰国经济概况（2015版）》，中华人民共和国驻泰王国大使馆经济商务参赞处网站，2016年8月5日，http://th.mofcom.gov.cn/article/ddgk/zwjingji/201608/20160801373878.shtml。

是达到2.14,增幅达17.88%,这与泰国的发展战略和阶段密不可分。早在1982年实施的第五个国家经济与社会发展计划中,出于缓解曼谷拥堵等因素,泰国政府就决定大力推动东部地区的制造业发展。① 东部地区的罗勇府和春武里府已经成为泰国的工业重镇,前者更是泰国汽车制造业的中心,同时也是泰国人均GDP最高的府。中部地区地理上的区位优势,使其可以就近参与东部、曼谷及其附近地区的制造业分工和疏散。

西部和东部地区的电力、燃气及水的生产和供应产业的区位熵在1.5以上,明显高于其他地区,东部地区在这一行业拥有优势主要得益于自身庞大的人口与制造业需求,而西部地区则有服务邻近发达地区的意味。

大曼谷区的服务业,如批发零售、维修,住宿与餐饮,交通、仓储与通信,金融,房地产与房屋租赁,公共服务,居民服务等产业的区位熵在1以上,生产性服务业的区位熵在1.5左右,远超其他地区,这得益于大曼谷区聚集了大量人口。南部地区住宿餐饮行业的产业区位熵值在1.5以上,2015年升至2.67,这与其拥有普吉岛等泰国优质旅游资源有关。

表4 2015年泰国"七大区"各产业的区位熵

产业名称	东北部地区	北部地区	南部地区	东部地区	西部地区	中部地区	大曼谷区
农业	2.38	2.99	2.73	0.80	2.11	0.64	0.09
采矿业	0.36	1.36	1.48	3.79	0.93	0.39	0.01
制造业	0.67	0.50	0.38	1.73	0.81	2.14	0.87
电燃水	0.67	0.76	0.82	1.99	3.70	1.21	0.54
建筑	1.67	1.62	1.27	0.70	1.40	0.57	0.84
批零、维修	0.81	0.84	0.71	0.64	0.70	0.68	1.32
住餐饮	0.27	0.55	2.67	0.39	0.69	0.12	1.28
交仓通	0.40	0.43	1.19	0.53	0.69	0.50	1.45
金融	0.95	0.88	0.68	0.28	0.63	0.37	1.47
房地产与租赁	0.66	0.66	0.53	0.54	0.52	0.53	1.48
公共	0.98	0.96	0.91	0.40	0.93	0.64	1.30

① The Fifth National Economic and Social Deveopment Plan (1982 - 1986), p.64.

续表

产业名称	东北部地区	北部地区	南部地区	东部地区	西部地区	中部地区	大曼谷区
教育	3.41	2.20	1.55	0.34	1.37	0.63	0.46
卫生	1.63	1.83	1.20	0.43	1.23	0.74	0.92
居民服务	0.79	0.62	0.56	0.19	0.54	0.30	1.62
私人家庭经济	1.79	1.52	0.50	0.28	1.59	0.49	1.13

（三）基于灰色关联度的分析

以泰国为参照系，计算其各地区产业结构灰色关联度，2007年、2011年和2015年分别在0.78~0.86、0.81~0.88、0.82~0.87，各地的产业结构灰色关联度数值非常接近，极值差还在缩小，总体上升的趋势更显示了各地区的产结构与泰国总体产业结构的同构性在不断上升（见图1）。由2015年各地区的产业结构灰色关联度可以看出，各地区与泰国总体产业结构相似性由大到小的排序是大曼谷区、西部地区、北部地区、东北部地区、南部地区、中部地区与东部地区。这样的情况不利于泰国各地区之间建立高效的分工体系，尤其是大曼谷区作为泰国的经济中心，与泰国总体产业结构的产业同构性过高会削弱其对泰国其他地区经济发展的带动作用。

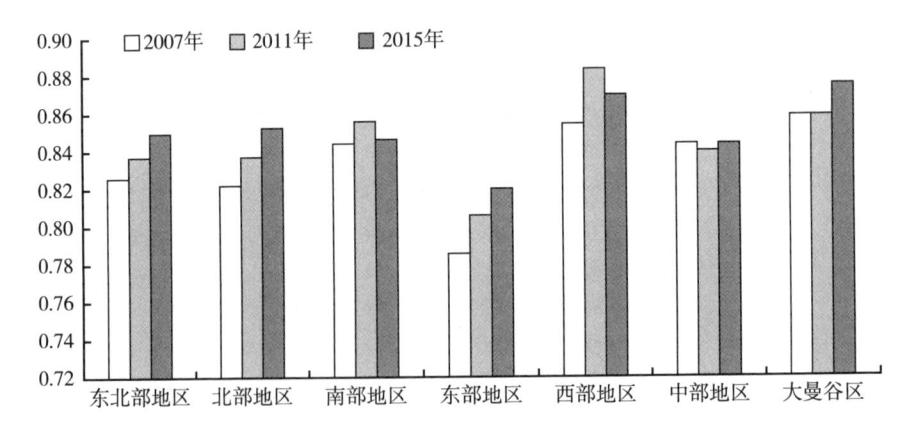

图1 2007年、2011年、2015年泰国各地区产业结构灰色关联度

五 泰国地区产业分工演化展望

（一）泰国地区产业分工现状与发展趋势

结合泰国不同地区的人均 GDP 和产业结构特征可知，泰国已经形成了具有明显经济梯度特征的分工体系。

第一经济梯度包括大曼谷区（410617 泰铢）以及东部地区（432712 泰铢），大致分布在曼谷湾附近，集中了泰国最具竞争力的制造业和生产性服务业，成为泰国的"发展俱乐部"和经济驱动机，而大曼谷区则是核心。因此，泰国产业分工体系在一定程度上可称作"曼谷分工体系"。

大曼谷区集中了泰国 20% 的人口和接近一半的 GDP，但也饱受交通拥堵等城市病的困扰。[1] 这提升了当地人力与空间成本，对制造业的发展产生了一定的负面影响，成为大曼谷区制造业区位熵不断下降的重要原因。亚洲开发银行等国际组织预测，未来一段时间曼谷人口会保持每年 1% 的增长率。[2] 因此，大曼谷区的制造业区位熵在可预见的将来应该会进一步下降。但服务业生产和消费的同时性、对创新和信息的依赖，导致其倾向于选择中心城市作为自己的集聚区。[3] 大曼谷区的经济发展会愈发依赖服务业，尤其是生产性服务业，该地区已经成为泰国的生产性服务业中心。大曼谷区的发展趋势，与北京、东京、纽约等大都市在本国的发展经历相似。但仅从制造业产值出发，在研究期间，大曼谷区依然雄踞泰国之首，占到泰国制造业总产值的 40% 左右。泰国东部地区，则因为地理上的便利性，在 20 世纪 80 年代首先承接了来自大曼谷区的制造业，与大曼谷区

---

[1] "Thailand: Bangkok Mass Rapid Transit South Purple Line Project," Asian Development Bank, 1 Mar., 2018, https://www.adb.org/projects/51048-002/main#project-pds.

[2] "Thailand: Bangkok Mass Rapid Transit South Purple Line Project," Asian Development Bank, 1 Mar., 2018, https://www.adb.org/projects/51048-002/main#project-pds.

[3] Coffey W. J., Polese, M., "Intrafirm Trade in Business Services: Implication for the Location of Office Based Activities," *Regional Science Association*, 23 (1987): 13-25.

同属第一经济梯度。

中部地区（251392泰铢）则属泰国第二经济梯度，承接了从曼谷湾转移的部分制造业，这也是在研究期间中部地区制造业集聚程度得以大幅度提升的重要原因。泰国中部地区更借助承接泰国国内制造业转移的方式参与了"曼谷分工体系"，拓展了自身经济发展空间。

西部地区（135262泰铢）属于第三经济梯度，其优势产业主要是电力、燃气及水等，考虑到西部地区相对较低的发展水平，其产业布局应以服务第一和第二经济梯度地区为主，并借此参与"曼谷分工体系"，成为泰国经济发达地区基本生产和生活资料的供应者。因此，尽管西部地区处于泰国产业链的底端，但人均GDP等指标仍略高于第四经济梯度。

南部地区（130978泰铢）、北部地区（93058泰铢）、东北部地区（70906泰铢）则属于泰国的第四经济梯度。落后的产业结构对这些地区的发展造成了严重制约。如上文所述，主要是农业、采矿业、住宿与餐饮、教育、建筑业和卫生行业，这些产业既难以为当地提供充足的就业，也难以为从业人员提供相对稳定的收入来源。更为重要的是这些行业的共同特点是具有明显的地域性，对外辐射功能有限，导致这些地区难以借助自身优势产业参与"曼谷分工体系"。

泰国的分工体系与经济梯度，表现出以曼谷为中心的"同心圆"形态。不同地区在泰国国内的经济地位，在相当大程度是上由其能够在多大程度参与"曼谷分工体系"决定的，而大曼谷区对泰国不同地区的经济辐射强度随着地理空间延展则表现出明显减弱的趋势。与大曼谷区在经济上的互动程度，成为决定泰国不同地区发展的重要因素。

综上所述，泰国的产业结构出现了由"集聚"走向"分散"的迹象，尤其是制造业正在从曼谷湾向泰国内陆地区缓慢扩散，不同地区之间正在形成新的产业分工模式，但地理空间在其中的阻碍因素也十分明显。

（二）完善"曼谷分工体系"

新经济地理学家认为在经济起飞阶段，发达地区受益于产业和人口集聚带来的前向关联与后向关联优势，交通等基础设施的改善不仅不利于落后地区的发展，反而会强化发达地区的相对优势，造成落后地区的产业空心化与农业化。但产业向发达地区的集中最终会诱发人力、空间等要素成本上升，只有成本上升幅度大于产业集聚对生产效率的提升幅度时，交通基础设施的修建才有可能推动产业从经济发达地区向落后地区转移，促进地区分工体系的完善，推动"核心"与"边缘"地区之间平衡发展。

产业分工是区域经济发展的重要途径，实现产业结构合理化、高度化是区域经济发展的前提。[1] 国内分工体系的完善，可以大大拓展地区经济发展空间，还能有效挖掘国家的经济规模优势，提升自身的国际竞争力。对泰国政府而言，借完善国内分工体系之际，克服不同地区经济发展的不平衡，已是关乎国家政治和社会稳定的重大问题。泰国南部宗教极端分子的恐怖活动，以及北部和东北部农民对他信集团的支持，尽管成因复杂多样，但地区经济发展不平衡导致当地民众对曼谷中央政府的不满是重要方面。

泰国在"第十二个国家经济与社会发展计划"中明确提出，将缩小地区差异作为重要的计划目标。[2] 克服地理空间的限制，完善"曼谷分工体系"，将更多的地区纳入这一体系中来，充分发挥大曼谷区在泰国经济体系中的辐射作用，成为泰国促进地区平衡发展的关键。

泰国政府一直试图通过修建交通设施，促进地区发展，进而维护国家稳定。在20世纪60年代推出了"南方公路修筑计划"，但因为面临"推力"与"拉力"不足的双重制约，始终难以达到预期效果。[3] "推力"即国家推动基础设施尤其是交通基础设施建设，进而为产业结构重构创造物质支持的能力；"拉力"即国家在经济相对落后地区进行具有现代企业性质的产业布局，为产业结构重构创造经济吸引力的能力。泰国若要

---

[1] 尹征、卢明华：《京津冀地区城市间产业分工变化研究》，《经济地理》2015年第10期。
[2] The Twelfth National Economic and Social Deveopment Plan (2017–2021), p.207.
[3] 何平：《泰国马来穆斯林问题的由来与发展》，《世界民族》2006年第1期。

顺利甚至加速完成此次分工体系的重构，需要加强"推力"与"拉力"的共同作用。

（三）中泰合作的新契机

"一带一路"倡议恰好在上述两个层面创造了中泰两国的利益契合点，为两国进一步深化合作创造了可能。首先，与东道国在交通等基础设施修建领域进行合作是"一带一路"倡议中的重要内容。2017年，中国企业在"一带一路"沿线的61个国家新签对外承包工程项目合同7217份，新签合同额1443.2亿美元，占中国对外承包工程新签合同额的54.4%，同比增长14.5%，完成营业额855.3亿美元，占同期总额的50.7%，同比增长12.6%。① 除了建设能力外，在长期的对外经济合作过程中，中国建立了相对完备的融资体系。② 其次，随着"一带一路"建设的持续推进，中国对"一带一路"沿线国家的投资力度将会显著加大，合作前景将更加广阔，制造业走出去是其中的重要内容，且泰国是"一带一路"沿线的重要投资东道国。③ 中国的投资和大量制造业的到来，恰好可以加强泰国产业结构的调整力度，助推泰国形成更为合理的产业分工布局，进而为泰国交通体系升级提供市场层面的支撑。

以中泰铁路为例。尽管泰国决定最后单独完成项目工程融资，但中国在基建领域的优势，确保了这一重大工程的顺利进行，预计2020年中泰铁路将全线通车。完工后的中泰铁路从泰国东北部地区的廊开府出发，直达曼谷。铁路大运量、廉价、准时等优点，有助于在泰国经济最发达与最落后的地区之间建立一条高效的经济走廊，可以有效缩短两地的时间距离，促进地

---

① 《2017年我对"一带一路"沿线国家投资合作情况》，中华人民共和国商务部对外投资和经济合作司，2018年1月16日，http://hzs.mofcom.gov.cn/article/date/201801/20180102699459.shtml。
② 参见卓丽洪、郑联盛、胡滨《"一带一路"战略下政策性金融机构支持企业"走出去"研究》，《经济纵横》2016年第4期；王允贵、林艳红《中国企业"走出去"金融支持研究》，《经济研究参考》2017年第39期。
③ 《中国对外投资合作发展报告2017》，中华人民共和国商务部网站，2018年1月16日，http://www.mofcom.gov.cn/article/gzyb/。

区之间的产业分工。运输业本身具有"网络经济"和"密度经济"的特征①，这决定了中泰铁路只有依托更大的铁路网络才能充分挖掘自身潜力，届时中泰铁路将借助中老铁路接入中国。

中泰紧密的经贸关系，将成为中泰铁路巨大的市场需求。中国是泰国最大的贸易伙伴，2016年双方进出口贸易额高达658亿美元，占到泰国同期贸易额的16.06%。虽然同期中国仅向泰国投资3.32亿美元，仅为泰国最大投资国日本的9.2%，但这也表明，中泰两国关系在"一带一路"框架下依然存在较大的发展空间。②旅游业是泰国重要的经济支柱，中泰铁路对两国旅游业的刺激作用不言而喻。从2012年起，中国便超过马来西亚成为泰国第一大国际游客来源地，截至2016年，中国共有8757646人次前往泰国旅游，占泰国国际游客的26.92%③，泰国更是中国游客赴东盟旅游的第一大目的地。中泰铁路一旦完工，昆明到曼谷将实现"朝发夕至"。④中泰之间紧密的经济联系，以及中国的经济体量，足以为中泰铁路提供足够的市场支撑。

随着中国产业结构的升级，越来越多的中国高科技企业走出国门，如阿里巴巴已经受邀参加泰国"东部经济走廊"建设。⑤中泰两国的经济进步与发展，本身也在拓展彼此的合作领域。

中国的"走出去"战略已不再是单纯的"物质走出去"，与之相伴的是"制度走出去"。从建立一系列自贸区到成立亚投行，中国在对外经济合作中愈发注重制度环境的建设，未来中老泰三国甚至可以依托沿

---

① 荣朝和：《关于运输业规模经济和范围经济问题的探讨》，《中国铁道科学》2001年第4期。
② 参见东盟数据库，http://www.aseanstats.org/publication/trade-in-goods-imts/?portfolio Cats=58。
③ 数据参见泰国统计局，http://statbbi.nso.go.th/staticreport/Page/sector/EN/report/sector_17_3_EN_.mht。
④ 《中泰铁路12月下旬开工　昆明到曼谷将朝发夕至》，新华网，2017年12月7日，http://www.xinhuanet.com/video/2017-12/07/c_129758603.htm。
⑤ 《泰国东部经济走廊计划吸引阿里华为投资》，中国国际贸易促进委员会驻泰国代表处，2018年3月30日，http://www.ccpit.org/Contents/Channel_4204/2018/0330/983073/content_983073.htm。

线铁路建立"地缘经济区"。① 相较于物质层面的合作,中泰两国以中泰铁路为契机,依托"一带一路"进行制度共建,更具深远意义。良好的制度框架有助于稳定各方的合作关系,避免政局变动对双方合作可能产生的冲击。② 只有如此,"一带一路"才能成为构建人类命运共同体的文明之路。③

六 结语

习近平2018年5月15日主持召开中央外事工作委员会第一次会议并发表重要讲话,他在讲话中强调指出,"一带一路"建设是我们推动构建人类命运共同体的重要实践平台,要抓好首届"一带一路"国际合作高峰论坛成果的落实,凝聚各方共识,规划合作愿景,扩大对外开放,加强同各国的沟通、协商、合作,推动"一带一路"建设走深走实、行稳致远,更好造福各国人民。④ 2018年是"一带一路"倡议提出5周年,推动"一带一路"建设向更深层次发展,尤其是推动我国与周边国家及地区的合作,是"一带一路"建设的重点。泰国作为"一带一路"沿线重要的合作国家,在东南亚地区有一定的示范作用,加强对泰国各地区产业分布与结构的调研,有助于我们更有针对性地加强"一带一路"项目的对接与避险,从而让"一带一路"行稳致远。

---

① 陈才:《图们江地缘经济区发展对策研究》,《东北亚论坛》2002年第3期。
② 2018年5月,92岁的马哈蒂尔再次当选马来西亚总理,随后以"债务""涉嫌腐败"等问题为由,宣布暂停由中国承建的、马来西亚联通新加坡的高铁项目。参见"Malaysia Scraps Multibillion-Dollar High-Speed Rail Project to Singapore," Bloomberg, May 28, 2018, https://www.bloomberg.com/news/articles/2018-05-28/mahathir-to-scrap-malaysia-singapore-high-speed-rail-project。
③ 《推进一带一路建设 构建人类命运共同体——深入学习〈习近平谈治国理政〉第二卷关于一带一路建设的重要论述》,人民网,2018年1月29日,http://opinion.people.com.cn/n1/2018/0129/c1003-29791403.html。
④ 《习近平主持召开中央外事工作委员会第一次会议》,新华网,2018年5月15日,http://www.xinhuanet.com/2018-05/15/c_1122836964.htm。

参考文献

魏春蓉、张宇霖：《当前泰国宏观经济及实证分析》，《成都大学学报》（社会科学版）2014 年第 1 期。

安彩利：《浅谈泰国三大产业经济结构发展演进分析》，《科技经济市场》2017 年第 5 期。

刘素兰：《2015 年泰国经济形势分析与 2016 年展望》，《农业发展与金融》2016 年第 1 期。

常翔、王维、冯志伟：《泰国国家发展规划的发展历程与解读》，《东南亚纵横》2017 年第 5 期。

爱丽：《论泰国旅游业发展及其对泰国经济的影响》，吉林大学博士学位论文，2014。

林智慧：《当前未完成工业化背景下泰国制造业发展的影响因素研究》，对外经济贸易大学博士学位论文，2016。

王超、骆克任：《包容性增长视角下泰国旅游经济发展模式研究》，《东南亚纵横》2013 年第 5 期。

郑国富：《泰国农产品贸易发展的特征、问题与建议——以 2001～2016 年数据为例》，《东南亚纵横》2017 年第 5 期。

张美慧：《泰国农产品国际竞争力实证研究》，对外经济贸易大学博士学位论文，2016。

周方冶：《泰国政治格局转型中的利益冲突与城乡分化》，《亚非纵横》2008 年第 6 期。

普恩：《PPP 模式在泰国城市轨道交通发展过程中的存在机会和挑战》，《城市轨道交通》2017 年第 3 期。

B.3
泰国新政党法的出台与解读

常翔*

摘　要： 泰国政府于2017年4月6日正式颁布泰王国宪法，并由宪法起草委员会、国家立法议会继续起草和审议宪法附属法律。2017年10月7日，泰王国宪法附属法律政党法正式颁布，成为泰国1932年实行君主立宪制国家体制以来颁布的第7部政党法。新政党法对泰国1997年宪法以来政党发展中存在的问题进行了修正，通过提高政党注册条件、规范党组织建设和限制政党政策范围，促进泰国建立能够代表各地区利益的全国性大型政党。但新宪法和政党法也是政治斗争的工具，通过增加上议院职权、修改国会下议院选举制度和总理选举制度，削弱政党政治权力和稳定性、压缩政党生存空间，降低政治家集团在政党代议制民主制度中的影响力。同时，新政党法的出台，也将有助于推动泰国进入新一轮国会下议院选举程序，回归民选文人政府执政。

关键词： 泰国　新政党法　政党制度

一　泰国新政党法出台的历史背景

1997年宪法颁行之前，泰国政坛一直呈现小党林立的政治格局，地方

---

* 常翔，泰国国家研究院泰中战略研究中心研究员，西北大学丝绸之路研究中心兼职研究员。

性政党之间争权夺利，使20世纪90年代的泰国联合政府无一例外地提前解散。中小政党的相互掣肘，不仅影响到国家长期规划的稳定性，而且也直接导致联合政府在面临诸多社会发展难题时无所作为，这在1997年金融危机中体现得尤为明显。①

1997年宪法建立了稳定的执政联盟，鼓励大型政党发展，因此也被称为民主宪法。1997年宪法出台后，泰国政党进入高速发展时期，地区性大型政党通过民粹政策迅速崛起，获得国会下议院多数席位。但地区性大型政党在执政中严重依赖民粹政策，致使国家财政赤字增加、腐败加剧、地区发展不平衡，最终引发2006年军事政变。

2007年宪法开始对地区性大型政党存在的问题进行修正，通过修改选举制度、加强独立机构监督职能和增加修改宪法难度等途径，限制地区性大型政党的权力。但2007年宪法和政党法，并没有达到预期效果，他信派的人民力量党和为泰党再度执政。为泰党在2011年选举中赢得超过半数的下议院席位，这也标志着地区性大型政党首次获得全面执政的机会。

但此后，为泰党在执政中也将地区性大型政党的缺陷暴露无遗。为泰党利用绝对优势的国会下议院席位数量，强行通过民粹政策，强势推动"特赦法"，谋求推动"宪法修正案"等，造成泰国财政赤字飙升，经济遭受重创，社会和政治矛盾升级，司法公正遭受挑战，政党和政治家集团利益凌驾于国家利益之上。地区性大型政党的出现，也导致国会下议院协商协调的机能失效，最终引发2013年人民民主改革委员会的街头政治运动，以及2014年5月22日的政变。因此巴育及其支持者在2017年宪法和2017年政党法中，通过多种方式削弱政党政治权力并限制地区性大型政党发展。

（一）泰国政党的发展和新政党法出台的背景

1997年宪法被泰国人民誉为"民主宪法"，1997年宪法极大地促进了

---

① 周方冶：《泰国〈2007年宪法〉对政治转型的影响》，载《亚太地区发展报告 No. 8 (2008)》，社会科学文献出版社，2008。

泰国大中型政党的发展。首先，1997年宪法确立公民建立政党的权利，使公民能够自由组建政党。其次，1997年宪法规定政府向政党提供资金援助，促进了中、小型政党的发展壮大。再次，1997年宪法规定下议员必须是政党党员，确立了政党的政治地位。最后，1997年宪法放宽解散政党的条件，规定政党不派出候选人参加大选或在大选中未获得下议院席位不必解散政党，为政党连续性发展提供土壤，从而促进泰国大型政党的产生。

根据泰国政治学学者立奇·提拉未庭提出的政治恶性循环理论，泰国政党在1997年宪法到2017年宪法颁布的30年期间高速发展，但与此同时地区性大型政党的恶性发展已经导致泰国陷入多次政治恶性循环。泰爱泰党、人民力量党和为泰党，利用民粹政策吸引选票，通过大选成为国会多数党。为泰党也是泰国历史上唯一获得国会下议院半数以上席位的政党。但地区性大型政党执政后，往往为了履行在竞选时对选民的承诺，出台民粹政策和区域性的发展政策，导致政府财政赤字增加、地区发展不平衡，难以推动实施国家中长期发展规划。

泰爱泰党执政期间，利用国会多数席位优势，强势通过民粹政策议案。他信政府时期提出的"三十铢医疗政策"和"农村100万基金政策"，因为缺乏监管导致贪污腐败和经营管理不善问题，最终导致财政赤字。同时他信还利用泰爱泰党修改《泰国电信法》，为西那瓦集团与淡马锡集团间的股权交易避税。他信政府最终遭到人民民主联盟（黄衫军）的强力反对，并爆发街头政治运动，人民民主联盟占据泰国曼谷机场并冲击东盟峰会，导致泰国旅游业遭到重创，国际形象受损。

在阿披实政府执政期间，他信政治集团利用反独裁民主联盟发动全国性的集会示威活动，并在曼谷以冲击政府部门和封锁交通的方式逼迫阿披实政府下台。集会示威中爆发了武装冲突，造成军人和示威民众死伤，最终导致2010年5月19日的"叻巴颂路口惨案"。阿披实政府出动军队强力清场，军队在叻巴颂路口——红衫军最后聚集点射杀数十名集会民众，而多名领导示威游行的"反独裁民主联盟"领袖，最终在为泰党赢得大选后加入英拉政府内阁。

英拉政府时期，推出"大米典押"的民粹政策，最终导致泰国大米出口遭到重创，财政赤字严重。英拉政府通过为泰党在下议院的多数席位，强势推动以赦免他信为目的的"特赦法"议案，为扩大内阁权力推动"宪法第190条修改议案"和"上议员甄选法议案"，最终导致国会停摆。英拉政府非法调动国家安全委员会秘书长塔云·边席的案件，也最终导致宪法法院判决英拉及9名内阁成员解职。2013年在人民民主改革委员会的组织下，泰国爆发全面性反对英拉政府的集会，最终导致曼谷多个街区被占领，数百名参与示威集会的民众受伤，泰国旅游业受到重创，社会矛盾剧增。[1]

可以看到，在1997年宪法和2007年宪法下发展起来的3个地区性大型政党，虽然通过民主制度获得政权，却没有为泰国带来健康、有序、稳定的民主政治。地区性大型政党执政期间，泰国政治矛盾引发广泛的社会冲突，政党贿选、政府职能机构腐败，最终导致泰国国家发展缓慢。泰国社会也对长期政治动荡和街头政治感到恐惧和反感，因此希望国家能够拥有长期稳定的政府。

地区性大型政党恶性发展问题，已经成为泰国国家民主制度建设、国家发展、政治稳定和社会稳定的主要障碍。为长期掌控政权和建立受控制的全国性大型政党，将"消除政治家"思想引入2017年宪法中。一方面，通过增加上议员职权范围、更改下议员选举制度、更改总理选举制度，削弱政党在国家政治中的权力。另一方面，通过宪法附属法律政党法中的政党注册、政党管理和解散政党的相关规定，削弱现有地区性大型政党的影响力，并推出由可控制的全国性大型政党或多个小政党组成的政党联盟。

结合大背景来看，2017年宪法实际上是公务员集团削弱和限制政治家集团政治权力的一个工具，公务员集团的最终目的是获得更多政治权力，并让政党、政治家处于公务员集团的控制中。

---

[1] 史国栋、李仁良、刘琪、陈松松、常翔：《泰国政治体制与政治现状》，苏州大学出版社，2016，第118~150页。

（二）泰国2007年政党法终止与新政党法的颁布

2014年5月22日，泰国陆军总司令巴育成立国家最高权力机构"国家维持和平秩序委员会"（以下简称"维和会"），并于2014年5月26日发布"维和会第11/2557号命令"，宣布解散政府看守内阁和废除泰王国2007年宪法（以下简称"2007年宪法"）除第二章以外的所有内容。[①] 这意味着作为2007年宪法9部附属法律之一的泰王国2007年宪法附属法律政党法（以下简称"2007年政党法"）也同时被废除，标志着泰国政党的政治权力已经不受宪法和法律保护。

此后，维和会于2014年6月5日发布"维和会7/2557号公告"[②]，宣布依据1914年《戒严法》第11条和第8条，禁止民众进行任何5人以上的政治集会，如果违反将处以1年以下有期徒刑和2万铢罚款。维和会7/2557号公告，标志着泰国政党政治权力遭到进一步限制，政党无法参与任何政治活动。废除2007年宪法，也导致新政府掌握政权缺乏合法性。因此2014年6月12日，维和会发布57/2557公告，宣布2007年宪法的附属法律——泰王国2007年宪法附属法律选举法继续使用直到新的法律颁布。但同时规定，禁止已经注册登记的政党进行任何政治活动，暂时禁止政党建立和政党注册，暂停向政党发放发展基金。[③]

2017年宪法起草的过程中，政治家集团在宪法内容和审议程序上与军人集团进行博弈。宪法内容方面，政治家集团强烈反对宪法起草委员会提出的"上议员在总理选举中的提名权和投票权""上议员由维和会任命""政党可以提名非下议员身份总理候选人"等内容。审议程序方面，政治家集

---

① การสิ้นสุดของรัฐธรรมนูญแห่งราชอาณาจักรไทย๑๑ ประกาศคณะรักษาความสงบแห่งชาติ ฉบับที่๑๑/๒๕๕๗ เล่ม ๒๕๕๗ พฤษภาคม ๒๖.๑ ๘๔ ตอนพิเศษ ๑๓๑ , http://library2.parliament.go.th/giventake/content_ncpo/ncpo-annouce11-2557.pdf.

② ห้ามชุมนุมทางการเมือง๗ ประกาศคณะรักษาความสงบแห่งชาติ ฉบับที่๗/๒๕๕๗ ร ๘๔ ตอนพิเศษ ๑๓๑ เล่ม ๒๕๕๗ พฤษภาคม ๒๖, http://library2.parliament.go.th/giventake/content_ncpo/ncpo-annouce7-2557.pdf.

③ ให้พระราชบัญญัติประกอบรัฐธรรมนูญบางฉบับมีผลบังคับใช้ต่อไป ประกาศคณะรักษาความสงบแห่งชาติ ฉบับที่๕๗/๒๕๕๗มิถุนายน ๑๒.๑ ๑๐๕ ตอนพิเศษ ๑๓๑ เล่ม๒๕๕๗, http://library2.parliament.go.th/giventake/content_ncpo/ncpo-annouce57-2557.pdf.

团提出宪法必须通过全民公投,全民公投前必须向民众说明宪法草案方面的要求。军人集团与政治家集团的不断妥协,使得军人集团对2014年宪法进行多次修改,导致在新宪法草案起草过程中,泰国立法机构设置、宪法草案审议流程和宪法草案最终审批权力的规定不断变化。

2016年8月7日,泰国举行宪法全民公投,全国拥有选举权的选民共50071589人,参与投票的选民共29740677人,投票率达到59.40%。8月10日,中央选举委员会公布宪法公投结果,宪法草案全文和宪法附加问题都获得超过半数选民的支持。①

2017年4月6日,玛哈·哇集拉隆功国王签署2017年宪法,并通过政府公告正式颁布。2017年宪法颁布后,宪法起草委员会工作根据2017年宪法,继续修订宪法附属法律。宪法附属法律是宪法相关规定的实施细则,包括依据宪法建立相关组织机构、组织机构管理、组织机构解散的内容。2017年宪法共有10部附属法律,其中下议院议员选举法、上议院议员甄选法、中央选举委员会法和政党法的内容和颁布时间,直接决定新一轮大选的选举制度、选举时间。根据2017年宪法的内容,实际上只有在宪法附属法律出台后,泰国才能正式进入国会下议院选举程序。

2017年9月20日玛哈·哇集拉隆功国王正式签署2017年政党法,并在2017年10月7日正式公布,全称为泰王国2017年宪法附属法律政党法。

二 2017年宪法对泰国政党的影响

2017年宪法是泰国政治的一个重要转折点。2017年宪法的宗旨,一方面是继续修正1997年宪法以来,政党高速发展对泰国政治、经济、社会的负面影响;另一方面是通过威权主义民主,建立以公务员制度为核心的政权,确保泰国政治局势长期稳定,为泰国政党制度的确立和政党发展方向提供指引。

---

① ประกาศคณะกรรมการเลือกตั้ง เรื่อง ผลการออกเสียง เล่ม ๑๓๓ ตอนที่ ๖๙ ก ๑๑ สิงหาคม ๒๕๕๙.

2017年宪法通过改变下议院议员选举制度、扩大上议院议员职权范围和修改总理选举方式等多种途径，压缩地区性大型政党的生存空间，削弱政党在国会中的权力，减弱政党在政治中的影响力。最终弱化政党在政治活动中的作用，以达到通过公务员系统掌握国家政权，保证国家政治稳定的目的。

首先，2017年宪法通过国会下议院选举规则限制区域性大型政党发展。2017年政党法改变了2007宪法的国会下议院选举制度，将2007年宪法中原本独立选举的分区选举制选举和政党名单制选举联动，政党在分区选举制中获得的选票越多，最终获得的政党名单制选举下议院席位越少。这意味着大型政党不能够再凭借某一地区选民人数的优势，在政党名单制选举中获得更多的下议院席位。当前以为泰党、民主党为代表的区域性大型政党，在未来的选举中将不再占据绝对优势，单个政党难以在国会下议院中获得半数以上的席位。

2017年宪法规定，国会下议院500个席位中，350个席位通过分区选举制选举产生，150个席位通过政党名单制选举产生。国会下议院议员选举中，改变了2007年宪法中分区选举制选举和政党名单制选举采用两张选票分别选举的方式，2017年宪法规定将采用"一票制"的方式，即分区选举制选举和政党名单制选举共用一张选票。

伴随着"一票制"更改的是选举规则。2017年宪法规定，政党名单制选举并不单独举行，选举结果由分区选举制选举获得票数通过公式计算产生。一是全国分区选举制选举总选票数量除以500（下议院席位总数），所得之商，为单位席位所对应的选票。二是用某一政党在分区选举制中所获得的总票数除以单位下议院席位对应的选票，所得之商，为该政党获得的下议院总席位数。三是用该政党应得的下议院总席位数减去该政党在分区选举制选举中获得的席位数，所得之差，为该政党在下议院政党名单制选举中获得的下议院席位数（见表1）。①

---

① 常翔、张锡镇：《新宪法出台与泰国政治走向分析》，《东南亚研究》2017年第3期。

表1 2007年宪法和2017年宪法中关于国会下议院议员选举的规定

	2007年宪法	2017年宪法
选票	2张选票 分区选举制选票，政党名单制选票	1张选票 分区选举制选票
分区选举制	投票。全国375个选区，民众只能给1名候选人投票，得票最高的候选人成为该选区下议院议员	投票。全国350个选区，民众只能给1名候选人投票，得票最高的候选人成为该选区下议院议员
政党名单制	投票。选民通过政党名单制选举，给政党投票，按照得票数量和总票数比例，给政党分配125个政党名单制选举下议院席位	公式计算。政党总席位减去分区选举制选举的席位数，分配150个政党名单制下议院席位 政党在分区选举制选举中所获的下议院席位多于政党名单制选举中获得的席位，无权再获得政党名单制选举席位
最终席位	政党分区选举制选举与政党名单制选举中所获得的席位相加	中央选举委员会用政党候选人获得的分区选举制选票数量除以选举中单位下议院席位对应的票数，所得的商为政党总席位

资料来源：根据2007年宪法第93条、94条、95条、96条、97条、98条和2017年宪法第83条、85条、86条、87条、91条整理。

综合来看，2017年宪法通过改变选举规则，限制地区性大型政党通过控制部分地区选票成为国会最大党，占据国会下议院超过半数席位，获得国会下议院控制权。

2017年政党法要求政党必须在各地区建立党支部，在没有党支部的府成立府党委，并规定如果在规定时间内党支部和府党委数量未达到规定，或党支部党员人数未达到规定，都将解散政党。由此可见，2017年宪法和政党法分别从政党选举制度和政党管理制度方面对以往仅注重部分地区的政党进行限制，希望产生稳定、规范和长期执政的全国性政党。

其次，2017年宪法通过扩大上议院职权范围，削弱政党在国会总理选举中的权力。相对于1997年和2007宪法，新宪法扩大了上议院的职权范围。以往，总理选举中总理候选人的提名权和选举权只属于下议院，上议院并不拥有相关权力。而新宪法起草阶段，宪法起草委员会便试图赋予上议院提名和选举总理的权力，因遭到政治家集团的激烈反对，军人集团最终妥协，取消上议院议员在总理选举中的提名权，但利用宪法草案全民公投的方式，确立了上议院议员在总理选举中的选举权。

在宪法全民公投中，国家立法议会提出了附属问题："您是否同意，为了保证国家根据'国家战略'进行改革，应该在过渡期条款中规定，在国会根据本部宪法第一次会议起的5年内，共同举行会议选举总理？"最终附属问题以58.07%的支持率获得通过，附属问题将作为宪法起草委员会修改宪法的指导和方向，这也意味着上议院在5年过渡期内将获得总理选举权。新宪法赋予上议院和下议院享有同等的选举权后，总理候选人只有获得两院的多数支持票数，才能当选。而1997年宪法和2007年宪法规定，推选总理候选人和投票选举总理均是下议院的权力。

宪法起草委员会根据全民公投修改宪法草案后，正式颁布的2017年宪法过渡期条款第272条规定，在根据2017年宪法举行的首个国会下议院选举中，选举总理的权力由国会上议院和下议院共同行使。

5年过渡期内，上议院共250个席位，其中194席由维和会从上议院甄选委员会推荐的400名候选人中挑选；50席由维和会从中央选举委员会推荐的200个行业代表中挑选；6席由国家武装力量负责人担任，包括三军总司令、陆军总司令、空军总司令、海军总司令、警察总署署长和国防部次长。

根据2017年宪法的总理选举规则，总理候选人只有在获得半数以上票数时，选票才有效。国会下议院共有500个席位，上议院250个席位，在现有下议院选举规则下，单个政党根本无法获得超过半数的国会席位，这意味着上议院在总理选举中将发挥重要的作用，政党在国会中的政治权力遭到极大削弱。

最后，2017年宪法通过修改总理选举规则，降低政党在政治中的影响力。泰王国1974年宪法（以下简称"1974年宪法"），首次规定总理必须是下议院议员。1974年宪法第177条第2段规定："总理必须是下议院议员，不少于一半的内阁部长必须是上议院议员或下议院议员。"

1997年宪法则不仅规定总理和内阁部长必须是国会下议院议员，且规定国会下议院议员候选人必须隶属于政党。1997年宪法第201条规定："总理必须从国会下议院议员中任命，或根据宪法118条第（7）款规定在同一届国会任期内曾经担任国会下议院议员的候选人中任命。"宪法118条第（7）款规定："被任命为总理和内阁部长的国会下议院议员，终止下议院议员资格。"这也就意味着，总理必须从拥有下议院议员资格的候选人中选举。1997年宪法对国会下议院议员候选人资格进行明确规定，第107条第（4）款规定："（下议院议员候选人）必须是任意且唯一一个政党的党员，获得党籍时间从大选之日算起不少于90天。"

2007年宪法同样规定，下议院议员候选人必须隶属于政党，总理和内阁成员候选人必须是国会下议院议员。2007年宪法第101条第（3）款规定："（下议院议员候选人）必须是任意且唯一一个政党的党员，获得党籍时间从大选之日起不少于90天。如果是因为解散政党而进行的国会下议院选举，获得党籍的时间从大选之日算起不少于30天。"2007年宪法第171条规定"总理必须是经过第172条选举产生的国会下议院议员"。

可以看到，泰国政党从1997年宪法颁布后高速发展，泰爱泰党、泰自豪党、为泰党等一大批大中型政党崛起，主要是因为政党是各个政治势力获得国家立法权和行政权的唯一途径。民主选举也成为相对公平的获得政治权力的方式，因此各政治势力对政党的投入不断增加，政党进入高速发展时期。

2017年宪法保留了下议院议员必须隶属于政党的规定，2017年宪法第97条规定："（国会下议院议员候选人）从大选当日算起，成为任意一个政党党员时间不能少于90天。解散国会的情况中，规定的90天时间缩短为30天。"

但2017年宪法取消了2007年宪法中总理和内阁部长必须是下议院议员的规定，2017年宪法第158条规定："总理由国会下议院根据第159条批准的人士担任。"宪法第160条对于内阁部长的规定中，同样未规定内阁部长必须是国会下议院议员。

过渡期条款第272条同时规定，任何符合总理候选人资质的公民都可以被提名为总理候选人。这也意味着，该总理候选人不必隶属于任何政党，也不必是国会下议院议员。2017年宪法起草和公投后宪法最终修改阶段，泰国社会对宪法第272条存在较大争议，其中之一就是反对提名非下议院议员的总理候选人，认为按照宪法第272条有可能选出未参加国会下议院选举且不隶属于任何政党的人士担任总理，成为"非民选总理"。泰国政党和社会认为，这是1997年宪法以来泰国民主制度的倒退。

2017年宪法第272条同时规定了"非民选总理"的提名程序：①不少于1/2的全体国会议员（上议院议员和下议院议员）联名否决使用政党总理候选人名单；②不少于2/3的全体国会议员投票通过，同意否决政党总理候选人名单；③由不少于1/10的国会下议院联名提出新的总理候选人。

提名"非民选总理"候选人，看似是增加政党推选总理候选人的渠道，但实际上极大地削弱了政党的政治权力。历史上，泰国经济长期由军人政府统治，2014年后军人集团不仅控制国家政权，而且通过宪法赋予维和委的"第44条特权"，掌握泰国最高行政、立法和司法权力。在此背景下，2017年宪法过渡期条款对"非民选总理"的规定，实际上是削弱政党通过选举获得行政权力。

"非民选总理"的出现，最终也将影响泰国各政治势力在新一轮大选中的选举策略。从2017年宪法和政党法来看，在短时间内组建全国性大型政党，并使这一政党在各个区域获得广泛支持的可能性较低。目前泰国为泰党、民主党都具有强烈的地域性特征，即便选择转型也无法在短期内赢得选民的信任。军人集团通过民主党和为泰党控制下议院的可能性较低。因此，军人集团很可能通过拥有总理提名权的中小型政党，以"非民选总理"的方式跳过国会下议院选举，直接利用250名上议院议员的票数优势赢得总理选举。

实质上，在2017年宪法和政党法的规则下，巴育政府这样操作是符合法律和选举流程的，但应该看到，"非民选总理"的出现不仅架空了政党权力，而且是对泰国民主体制的深刻伤害。

三 2017年政党法重要的修改与变动

2017年政党法共分为10个章节和一个过渡期条款，共11章，152条。内容包括：建立政党，政党政治活动，选派大选候选人，政党财务和账户，政党收入，政党发展基金，政党财务支出，解散政党，合并政党，处罚，过渡期条款。2007年政党法共7个章节，150个条款。2017年政党法相对于2007年政党法，章节数量增加了，条款数量减少了，内容覆盖更加全面。

（一）修改政党建立规则，建立新政党难度大幅增加

政党建立方面，2017年政党法通过加大政党申请人资格限制，收紧原有政治集团参与组建政党的权利；通过开放公务员和地方自治组织政党申请人资格，推动公务员系统替代政治家系统。[①] 通过新增政党启动资金、强制党员缴纳党费、提升政党最低党员人数和提高政党党支部数量，增加政治家集团建立政党的难度。

首先，新政党申请人的资格审查更为严格。2017年政党法相对于2007年政党法，在建立政党的人数、申请人资格和登记注册制度方面进行了修改，进一步收紧政党申请人的资格，使得满足条件的政党申请人数量减少。

2017年政党法特别明确对曾经存在违法行为的政治家和退休公务员进行限制，使其难以参与新政党申请。而根据以往泰国政治家集团的规定，违反选举规则禁止参政5年的政治家在禁止参政期满后，或曾经因贪腐问题遭到调查的公务员在退休后，仍能够加入政党，并在各政党中占据一定比例。这一限制使得政治家集团规模缩减，曾经参加大选和执政的老政治家，以及即将退休仍有一定影响力的老公务员难以补充到政治家集团中（见表2）。

---

① พรรคข้าราชการ.ไทยรัฐ.16 ก.ย., 2557https：//www.thairath.co.th/content/450296.

表2　2007年和2017年政党法对政党申请人资格的规定

规定内容	2007年政党法	2017年政党法
年龄	年龄不低于18岁	年龄不低于20岁
现任或曾任职务	非宪法法院法官、中央选举委员会委员、国家监察委员会委员、国家防治和打击贪污委员会委员、国家审计委员会委员或国家人权委员会委员	非宪法法院法官或独立机构工作人员
	非现任上议院议员,离任超过5年时间	非现任上议院议员,离任超过2年时间
	并非拥有固定职位和工资的公务员,政治公务员除外	—
违反政治家相关法规	不处于被取消选举权的司法程序中曾经被国会解除职务	不处于被取消选举权的司法程序中,无论案件是否已经终审
	没有违反政治家管理条例	在选举中不存在舞弊行为被终审判决。不处于禁止担任政治职务禁令规定时间内 不存在贪污国家预算行为
违反公务员相关法规	—	不是因贪污腐败案件被撤职的政府公务员、政府事业机构职员
违反普通法律	曾经被法院判决有罪,从大选当天算起出狱时间必须超过5年,微犯罪和过失犯罪除外	曾经被法院判决有罪,从大选当天算起出狱时间必须超过10年,微犯罪和过失犯罪除外
	禁止曾经因财产来源不明被法院终审判决和裁决财产充公,包括非正常富裕和资产非正常增加	并非曾经因财产来源不明被法院终审判决和裁决财产充公,或因为违反预防和打击贪污法被法院终审判决入狱的公民
		并非违反赌博相关法律是赌博活动的组织者和庄家,违反预防和打击人口贩卖相关法律,或违反预防和打击洗钱法存在洗钱行为,被法院终审判决的政府公务员或政府事业机构职员

资料来源:根据2007年政党法第8条,2007年宪法第100条、102条,2017年政党法第9条,2017年宪法第98条、144条、235条整理。

2017年政党法第9条对政党申请人资格进行明确规定:政党申请人必须是因为出生拥有泰国国籍或入籍超过5年的公民;年龄不小于20

岁；不是宪法第 98 条规定的禁止选举的公民；并非其他政党党员或政党申请人。

2017 年政党法提高了政党申请人的年龄，由 2007 年的 18 岁，提升为 20 岁。这一改变，主要是为了缩小政党申请人的范围，让政党申请人能够充分了解申请组建政党的权利和义务。2017 年政党法对政党申请人数和党员人数提出较高要求，因此提高政党申请人年龄，将在一定程度上避免政治集团使用不正当手段利用青年群体参与政治。

与此同时，2017 年政党法禁止四类公民成为政党申请人。

一是现任和曾任政治职务。2007 年政党法限制宪法法院法官和非宪法法院法官、中央选举委员会委员、国家监察委员会委员、国家防治和打击贪污委员会委员、国家审计委员会委员或国家人权委员会委员申请政党。2017 年政党法对 2007 年政党法的规定明确化，规定政党申请人必须未在宪法法院担任法官，或在独立机构担任任何职务。

2017 年宪法针对宪法法院和独立机构人员的限制，主要是为了减少政治家系统对宪法法院、独立机构的介入，同时保证宪法法院、独立机构的中立性。他信政府和英拉政府执政期间，独立机构的政治倾向性一直被社会舆论怀疑，特别是英拉政府时期的特别案件调查厅针对红衫军街头集会事件的调查。宪法法院同样被认为在解散泰爱泰党、人民力量党，判决英拉政府修改宪法等事件中存在政治考量，并被认为是泰国"司法政变"的工具。

二是违反政治家相关法律。2007 年宪法提出，仍然在被取消选举权司法程序中，或被国会解除职务的公民，不得成为政党申请人。2017 年进一步规定，在被取消选举权司法程序中，无论案件是否终审，都不得成为政党申请人。

同时 2007 年政党法规定，违反政治家管理条例的公民，不得成为政党申请人。2017 年政党法进一步细化，规定曾经在选举中存在舞弊行为被终审判决的人不得成为政党申请人。

2017 年政党法对被取消选举权，选举舞弊被禁止担任政治职务的政

家的限制加强，将对政治家系统造成巨大影响，包括泰爱泰党"111 之家"在内的一批在解散政党事件中被禁止参政的政治家，在 2017 年政党法的规定下将难以再参与政党政治。

三是违反公务员相关法律。2017 年宪法增加对违反公务员相关法规者的限制，而在 2007 年宪法中，并没有对公务员或政府事业机构职员的相关规定。2017 年政党法中，则明确规定政府公务员和政府事业单位人员，如果存在贪污腐败，将不能够成为政党申请人。

泰国政治中的庇护制有着悠久的历史和广泛的影响力，高级公务员依赖庇护制仍拥有较强的政治影响力。因此大多数高级公务员在退休后，会自动完成身份转换加入政治家集团继续参与政治，或成为内阁部长顾问、担任政党委员会委员或参与国会下议院议员选举。以往泰国并未对退休公务员参与政治设限，即便是存在一定程度违法违纪行为的公务员，只要退休或不再担任公务员并拥有被选举权，就可以参与国会下议院议员选举。2017 年政党法增加了与公务员相关的内容，主要是打击存在贪腐行为的公务员，封堵贪腐公务员从公务员系统离职后参与政治的渠道。

四是违反普通法律。2017 年政党法对违反普通法律的政党申请人的限制增加，2007 年政党法规定，曾经被法院判决有罪，从大选当天算起出狱时间必须超过 5 年，微犯罪和过失犯罪除外。2017 年政党法中延长了出狱到大选的时间，规定从大选当天算起出狱时间必须超过 10 年。

2007 年宪法规定，禁止曾经因财产来源不明被法院终审判决和裁决财产充公，包括非正常富裕和资产非正常增加的人成为政党申请人。2017 年在此基础上进一步明确，规定违反预防和打击贪污法被法院终审判决入狱的公民禁止成为政党申请人。

与此同时，2017 年政党法增加关于政府公务员和政府事业单位职员违反普通法律的规定，规定如果政府公务员和政府事业单位职员存在赌博、贩卖人口、洗钱，且法院已经终审的犯罪行为，将不能够成为政党申请人。

2017 年政党法增加政党候选人违反普通法律的限制，主要集中在打击贪腐方面。但值得注意的是，2017年政党法增加了对政府公务员和政府事业单位职员的相关规定，而在此之前政府公务员和政府事业单位职员并不能够参与政党，这些规定被认为是为政府公务员参与政党政治做好准备。

其次，解禁公务员集团参与政治的限令。2017年政党法删除了2007年政党法中对公务员参与政治申请的限令，同时在引用宪法第98条内容时取消第98条第12款、13款和15款的禁令，这意味着2017年政党法向泰国的公务员系统和地区自治组织开放参与政治的权利，政府公务员、事业单位职员和地区政治组织成员都能够参与政党。

宪法第98条对公民的被选举权进行限制，以下人员不能够拥有被选举权，包括：第12款规定"除担任政治公务员职位外，拥有固定职务和工资的公务员"；第13款规定"地方议会议员或地方领导者"；第15款规定"政府，政府机构，国有企业职员、雇员，或政府其他类型员工"。

2017年政党法在引用宪法第98条时，取消第12款、13款和15款的禁令，被认为是为公务员集团参加政党和参与政治活动提供了渠道。政府公务员、地方议会议员和地方领导者、政府事业单位职员都能够参加政党，因为法律已经解除了对其的限制。①

但2017年政党法的这一规定仍存在不确定性，因为其与目前仍在执行的泰王国2008年公务员文官制度法②以及其他公务员相关法律相矛盾，政党法虽然取消了对公务员的限制，但在未修改公务员制度法及相关法律前，公务员是否能够成为党员或政党申请人仍存在较大争议。

泰王国2008年公务员文官制度法对公务员制度进行明确规定，其中第43条、81条和82条第9款对政府公务员参与政党和参加政治活动进行明确规定。第43条规定，"公务员文官有集会的权利，但不能够影响工作效率和公共管理，同时不能够存在政治目的。"第81条规定："公务员文官

---

① ประกาศใช้แล้ว กม.พรรคการเมือง เปิดช่องขรก.-อปท.เป็นสมาชิกได้.มติชน.7 ตุลาคม，https：//www.matichon.co.th/news/688466.
② พระราชบัญญัติระเบียบข้าราชการพลเรือนพ.ศ.๒๕๕๑,๒๓ มกราคม พ.๒๕๕๑ .ศ.

必须支持君主立宪制国家体制。"第82条第9款规定:"公务员文官必须在与民众相关的公务行动和其他行动中保持政治中立,并必须符合公务员行为规则。"

2017年政党法从宪法层面为公务员集团控制政治家系统提供了可能性,但公务员集团是否能够参与政党和政治活动,仍取决于执政者是否进一步推进泰王国2008年公务员文官制度法和泰王国内阁公务员文官政治行为规则条例的修改。

最后,政党建立限制条件增加。相对于2007年政党法,2017年政党法对政党注册的限制更多,包括政党注册资金、政党党员最低人数和党支部数量等,最终导致政治家集团建立政党的难度大幅增加(见表3)。

表3　2007年政党法和2017年政党法关于政党建立条件的比较

	2007年政党法	2017年政党法
政党申请人数量	不少于15人	不少于500人(可以先由不少于15人提出预申请)
政党首次全体党员会议人数	—	250人
政党启动资金	—	100万泰铢
政党申请人出资	—	共同支付政党启动资金100万泰铢,每人不少于1000泰铢,但不超过5万泰铢
党员党费	—	每年缴纳不少于100铢或终身一次性缴纳不低于2000铢
伦理标准	—	制定不得低于国会下议院的伦理标准,用于约束政党委员会委会和党员
总理候选人	—	根据宪法第88条规定制定总理候选人甄选制度

资料来源:根据2007年政党法和2017年政党法整理。

2017年政党法增加了政党申请人的数量,由2007年的不少于15人,提升至不少于500人。虽然2017年政党法第18条提出可以由不少于15人提出预申请,但根据规定,必须在180天内完成正式申请,如果申请人数少于500人,则预申请结果无效。政党申请人数量增加直接提高了政党申请的门槛,长期以来小型政党占泰国政党的绝大多数,其中大量小型政党仅有一两千人，刚刚超过 2017 年政党法规定的政党最低党员数量标准。提高政党申请人数量，将成为新进小型政党申请注册政党的障碍。

与此同时，2017 年政党法首次提出政党启动资金和党员党费标准，提高了政党申请的资金难度。2017 年政党法规定，政党申请人必须共同承担 100 万泰铢的政党启动资金，与此同时党员必须缴纳每年 100 铢或终身 2000 铢及以上的党费。从泰国政党发展历史来看，中小型政党在建立初期大多面临资金问题，泰国政党发展缺乏连续性和广泛的群众基础，再加上获得资金援助的方式较为单一，小型政党在无法保证生存的情况下，合并和"转让"的情况时有发生。

也正是由于缺乏群众基础，泰国政党难以发展基础党组织和获得党费资金支持。从泰国政党的实际情况来看，政党向党员收取固定党费，将导致政党党员大量流失。对于泰国政党而言，与来自党员的有限党费相比，更重要的是维持党员数量。

2017 年政党法在建立全国性大型政党和维持政党稳定发展思想的指导下，提高了政党注册的门槛。一方面将促进泰国真正有实力的政党稳定发展，另一方面则是通过规则优胜劣汰，削减在选举中不作为的中小型政党。但与此同时，2017 年政党法延续 2007 年政党法限制政党生存空间的思想，导致政治家集团在政党注册登记中存在困难，对民主制度下公民通过政党代议制民主参与政治的权利造成影响。

（二）提高政党党组织建设标准，对政党政治活动管控更加严格

政党活动方面。2017 年政党法通过提高政党最低党员人数标准，减少中小型政党数量；通过强制规定政党党支部数量和党支部党员人数，压缩地区性政党生存空间；通过明确规定党支部和府党委在政党活动中的角色，促使泰国全国性大型政党的形成；通过赋予中央选举委员会对政党政策监管的权力，使政党政策范围更为狭窄（见表 4）。

表4 2007年政党法和2017年政党法关于政党党组织建设标准的比较

	2007年政党法	2017年政党法
党员人数	政党注册1年内不少于5000人	政党注册1年内不少于5000人,政党注册4年内不少于1万人
党支部数量	政党注册1年内每个地区必须至少拥有1个党支部	政党注册1年内每个地区必须至少拥有1个党支部,党支部必须有不少于500个拥有当地户口的党员
府党委数量	—	党员人数超过100的府,可以成立府党委
政党大会人员组成	大会必须有不少于一半的党委员,以及不少于一半的党支部委员和党代表	大会必须有不少于一半的党委员,以及不少于一半的党支部委员,且党支部委员必须来自不少于2个党支部,不少于一半的府党委委员以及普通党员
政党大会人数	不少于200人	不少于250人

资料来源：根据2007年政党法和2017年政党法整理。

首先，政党最低党员人数标准进一步提升。2007年政党法第57条规定，政党注册1年内党员人数不得少于5000人。2017年政党法第33条则在规定政党注册1年内党员人数不得少于5000人的基础上，增加政党注册4年内不少于1万人的规定。2017年宪法增加政党党员最低人数的规定，将在限制中小政党数量的同时进一步限制政党数量。军人集团也通过限制政党数量的方式，压缩政治家集团的规模，削弱地方政治家集团的影响力。

2017年政党法对政党最低党员人数的限制非常严格。一方面，从党员登记制度上杜绝政党重复登记和冒用公民信息登记。2017年政党法第25条规定，政党党主席必须向政党登记人提供党员信息。政党注册人有权调查各政党党员情况，如果发现党员非自愿入党或被冒用身份入党，政党注册人有权解除该公民的党籍，且在法律上认定该公民未曾加入政党。另一方面，从党费方面进行限制。政党法第141条规定，2017年政党法颁布前注册的政党，必须在政党法颁布后1年时间内缴纳至少5000名党员的党费。以上两个方面为政党重复登记党员、冒用公民个人信息或者伪造党员信息制造困难，以杜绝政党党员登记舞弊现象。

与此同时，政党法也加大了对未达到最低党员人数规定的政党的处罚力度，2017年政党法第91条第1款规定，如果政党没有在规定时间内达到最低党员人数规定，将被解散。

其次，政党党支部建设标准提升。2017年政党法进一步细化党支部建设的标准，同时对党支部参与政党政治活动进行明确规定，使党支部、府党委能够真正在政党政治活动中发挥作用。

2007年政党法第26条规定，政党注册1年内每个地区必须至少拥有1个党支部。2017年政党法第33条在此基础上进一步明确规定党支部党员数量，规定党支部必须拥有不少于500个有当地户口的党员。同时，规定如果党支部在规定时间内党员人数未达到500人的最低标准，将被解散。

2017年政党法同时首次明确提出府党委的建立条件。2017年政党法第35条规定，没有设立政党总部或党支部的府，如果拥有党员人数超过100人，应设立府党委，府党委成员通过选举产生。2017年政党法中对党支部的要求标准较高，第34条规定党支部委员候选人资格必须与政党总部委员候选人资格一致。

2017年政党法同时制定党支部大会标准，第39条规定召开党支部大会必须有不少于一半的党支部委员，加上参与会议的党员，人数不能够少于100人。

2017年政党法对政党党支部和府党委的规定，实际上压缩了地区性大型政党的生存空间，使大型政党不得不在基层党组织建设方面投入更多资源。

再次，政党党支部、府党委角色明确，作用提升。2007年宪法中对政党党支部的规定较为宽泛，党支部参与政党党内政治活动的规则和方式仍不明确，党支部相对于政党象征意义仍大于实际意义。

2017年政党法中，党支部和府党委的角色更加明确，同时在党内政治活动中的作用更大。

政党全体大会方面。2007年政党法第29条规定大会必须有不少于一半的党委员，以及不少于一半的党支部委员和党代表，人数不少于200人。

2017年宪法则在此基础上，对党支部数量和府党委数量提出明确要求。第39条规定：大会必须有不少于一半的党委员，以及不少于一半的党支部委员，且党支部委员必须来自不少于2个党支部，不少于一半的省党委委员，普通党员人数不少于250人。

政党甄选下议院议员候选人方面。党支部和府党委不仅在下议院议员候选人甄选委员会拥有固定名额，而且在下议院议员候选人甄选中拥有决定性的投票权。分区选举制选举下议院议员候选人，2017年政党法第49条规定，甄选委员会必须至少由4个党支部主席担任委员。第50条规定，甄选委员会在制定下议院议员候选人名单后，将发往政党各个党支部，由党支部主席和府党委召开会议，并对候选人名单进行投票表决。党支部和府党委将得票最高者呈报甄选委员会。甄选委员会在汇总后确定政党派出参选分区选举制选举的下议院议员候选人名单。第51条规定，政党名单制选举下议院议员候选人甄选中，甄选委员会规定推荐政党名单制下议院议员的时间和地点，由党员推荐候选人。甄选委员会在审核候选人资质后，将制定150人的名单发往党支部和府党委，并由党支部和府党委组织党员对名单进行投票，每位党员可以选择15名候选人，最终将选举结果汇总发往甄选委员会，由甄选委员会确定最后的下议院议员候选人名单。

同时，为保证党员的投票权，2017年政党法规定如果党员所在地区没有党支部和府党委，则可以到就近的党支部和府党委进行选举。

政党政策方面。2017年政党法第57条规定，政党在宣布政党政策时，应该综合考虑党支部和府党委意见。这也意味着，党支部和府党委并不是政党为应付政党法而存在的附属机构，而是政党的一部分，参与政党活动和决策。

2017年政党法对于党支部和府党委参加党委政治活动的规定更加细化和明确，使党支部和府党委的角色和职能更加清晰，在政党政治活动中的参与程度和重要性大幅提升。而与此同时，政党注册人对政党党支部和府党委的建设和政治活动的监管也必然会进一步加强。

最后，政党政策范围更为狭窄。2017年宪法中首次明确规定二十年国家战略对政府政策的约束力，规定政府政策必须符合二十年国家战略。宪法明确规定国家战略和国家发展规划是政府政策的纲领，同时规定政府执政纲领必须依照国家战略框架，政府涉及国家预算的政策，必须评估与国家战略的相关程度。①

2017年宪法第162条规定，执政的内阁必须在15天内向国会宣布执政纲领，执政纲领必须依据政府职责、政府政策指引和国家战略制定。第142条规定，提出国家年度预算法案时，根据国家财政法的规定，必须明确提出财政收入来源、预计收入状况、财政预算拨付后获得的业绩和收益以及与国家战略和发展计划的相关程度。

2017年政党法延续了2017年宪法限制政府政策的思想，2017年政党法首次规定政党在公布政党政策时必须考虑政策资金、收益及影响。第57条规定政党在公布政党政策时必须考虑：政策总体资金和资金来源；政策支出和政策收益；政策影响和政策风险。同时规定，中央选举委员会拥有监管政党政策的权力，如果发现政党政策违反以上原则，则由中央选举委员会要求政党进行整改。

同时第121条规定，如果政党违反第57条规定，将处以50万铢罚款。如果没有按照中央选举委员会意见进行整改，每天还将处以1万铢的罚款。

2017年政党法一方面避免了政党诸如"30铢医疗政策"和"大米典押政策"这样的民粹政策的产生；另一方面政党政策在大选后也将成为执政党的政府政策，而根据宪法和政党法的相关规定，政党政策可灵活调整的范围越来越小。政党政策实际上被中央选举委员会和国家二十年战略委员会所控制，政党制定政策的自由度下降。

此外，2017年政党法对于政党注册、党员大会、党支部建立、党内下议院议员候选人甄选等事项，都有明确的时间规定，这一改变有利于泰国政党的正规化发展。

---

① 常翔、王维、冯志伟：《泰国国家发展规划的发展历程与解读》，《东南亚纵横》2017年第5期。

（三）独立机构处罚和解散政党更加容易

政党的处罚和解散政党方面，2017年政党法赋予中央选举委员会在大选中处罚政党党委的权力，导致政党在政治活动中面临的不确定性增加；宽泛的解散政党的条件，导致政党稳定性降低；过渡期条款要求现有政党重新登记党员，最终导致现有政党党员人数大幅减少。

首先，中选会对政党的处罚权力扩大。中选会不仅通过政党注册和政党政治活动监管政党，而且可以向最高人民法院政治家法庭和宪法法院提起对政党的诉讼。2017年政党法再次扩大中选会职能，使得中选会能够不经过法院，直接解散政党委员会和判决政治家禁止执政。

2017年政党法第22条规定，政党委员会有责任督促党员和政党工作人员维护大选公平合法。上议院议员甄选或下议院议员选举期间，如果政党注册人发现政党党员或工作人员存在违反选举公平和选举规定的情况，政党注册人将通知政党进行整改，政党在7天内整改并向政党注册人回复。

如果政党违反政党注册人的整改通知，政党注册人有权向中选会提出申请，并由中选会解除政党全体委员会职务。同时遭到解除职务的政党委员会委员，在20年内不得担任任何政治职务和参与政党政治活动，包括参与政党党务、参与下议院议员候选人甄选委员会或政党有关政治职务甄选的委员会。

虽然2017年政党法第22条同时规定，政党委员会可以在30天内对中央选举委员会的决定提出申诉，并由宪法法院最终判决，但中选会拥有在大选过程中解散政党委员会的权力，这使得政党竞选拉票、候选人甄选等政治活动充满不确定性。

其次，解散政党条件宽泛，政党稳定性遭到挑战。2017年政党法第90条规定，解除政党包括3种方式：一是取消政党资格，二是宪法法院宣布解散政党，三是政党合并。2017年政党法第93条规定，在解散政党的情况下，中选会发现政党违反政党法规定时，向宪法法院提起诉讼，最终由宪法法院进行审判（见表5）。

表5 2007年政党法和2017年政党法关于解除政党规定的比较

	2007年政党法	2017年政党法
取消政党资格	—	在注册完成后发现政党并没有按照第14条和15条的规定进行注册登记,注册人申请中选会取消政党资格
	没有在规定时间达到规定的政党党员数量。1年时间内党员人数没有达到5000人	连续90天政党党员人数未达到规定
	—	破产
解散政党	—	根据政党章程解散政党
	—	政党存在违反政党法非法获利情况
	—	存在被其他政治势力非法控制的情况
	—	存在以利益非法吸引他人加入政党的情况
	—	存在党支部或府党委非法建立在国外的情况

资料来源:根据2007年政党法和2017年政党法整理。

相对于2007年政党法,2017年政党法中中央选举委员会的权力更大,取消政党资格和解散政党方面的规定更加宽泛。

中央选举委员会权力方面。2017年政党法第91条规定,如果事后发现政党在注册中存在疏漏或未发现的问题,没有完全按照政党法规定的要求进行注册,将由中选会取消政党资格。中央选举委员会拥有取消政党资格的权力,再加上2017年政党法第22条赋予中选会解散政党党委的权力,中选会实际上已经拥有解除政党的所有权力。

政党党员数量方面。2007年政党法规定1年内未达到规定人数将取消政党资格,2017年政党法在此基础上进一步缩短时间,规定90天内未达到规定将取消政党资格。

2017年政党法规定政党财务破产也将被取消政党资格,这也是泰国政党法首次对政党财务破产做出明确规定。2017年政党法还提供了政党主动解除政党的途径,规定如果政党按照政党章程解散政党,那么中选会将取消政党资格。

2017年政党法增加了多项解散政党的原因。其中包括：政党存在违反政党法非法获利的情况；政党存在以利益非法吸引他人加入政党的行为；政党党支部或府党委非法建立在国外。

2017年政党法解除政党的方式多样化，导致泰国政党的稳定性遭到挑战。泰国政党长期以来缺乏稳定的生存环境，宪法法院于2007年5月30日解散泰爱泰党，2008年12月2日解散人民力量党，泰国政党稳定性遭到严重质疑。宪法法院作为不具备司法权的独立机构，对政党行为进行审判和宣判解散政党，被认为是泰国的"司法政变"。2013年11月20日宪法法院判决英拉政府上议院议员甄选法议案违反宪法和2014年5月7日宪法法院判决英拉政府调动塔云案违宪后，泰国舆论也一度认为为泰党将遭到解散。2017年政党法将导致本来已经缺乏稳定性和稳定发展环境的政党更加脆弱，这一点也与2017年政党法提出建立全国性大型政党的思想相违背。

如果将2017年宪法看作军人集团与政治家集团妥协的产物，那么2017年政党法则是公务员集团强加给政治家集团的政治新秩序，仍然缺乏基本的共识。解散政党更加容易，使得泰国政党生存存在更大的不确定性，难以建立长期稳定的大型政党。

2017年政党法是对1997年以来泰国政党错误发展方向的修正，通过选举制度和政党制度改革，迫使现有区域性大型政党转型，推动建立全国性大型政党。但应该看到，军人集团的目的仍然是削弱政治家集团在政治体制中的权力和影响力，因此不仅从政党注册、政党活动和政党管理方面对政党提出较为苛刻的限制，而且解散政党的条件和方式多样化和简易化，导致政党总体稳定性下降，政党发展的不确定性增加。

三 结论

2017年政党法是2017年宪法的附属法律，是2017年宪法中有关政党规定的集中概括，同时也是政党行为活动的具体细则，拥有与宪法同等的法律效力。因此本报告在对政党制度和政党发展进行研究时，并不仅限于2017年政党法，而是以2017年宪法作为背景，并参考已经出台的2017年宪法附属法律——2017年中央选举委员会法和上议院议员甄选法。

首先，2017年政党法是对1997年以来泰国政党错误发展方向的修正，目标是建立获得广泛民意支持的全国性大型政党。

2017年政党法是对1998年政党法和2007年政党法的继续修正。1998年政党法确保了民众参与政治的权利，解决了政党联盟共同执政效率和稳定性低下的问题，为政党发展创造了较为宽松的环境。

1998年政党法解除政党与下议院选举间的捆绑，同时鼓励政党整合，推动大中型政党产生。同一时期，在世界全球化和信息化背景的影响下，一些新成立的政党放弃传统的利用政治家个人魅力拉票的方式，开始通过公布执政纲领和政策吸引民众支持，其中以泰爱泰党最具代表性。泰爱泰党利用泰国民众希望尽快走出1997年亚洲经济危机，摆脱财政赤字和经济低迷的思想，提出泰国国有企业改革政策、农村100万铢基金政策和30铢医疗政策等一系列民粹政策。泰爱泰党最终获得广泛的中下层民众支持，在2001年下议院选举中获得248个席位（总500个席位），成为泰国国会大多数党。此后，无论是人民力量党还是为泰党，在竞选中都将民粹政策作为政党政策。2011年大选中，为泰党提出"大米典押"政策和30铢医疗政策，最终获得265个席位，成为泰国首个在下议院选举中获得半数以上席位，能够独立组建内阁的政党。

2007年政党法相较于1998年政党法，对政党党组织和政治活动的限制加强，但并没有改变下议院选举制度。他信政治集团通过"借壳上市"的方式，不断操控人民力量党、为泰党参与政治，最终通过为泰党再次掌控政权。为泰党执政后推出一系列有利于北部和东北部地区的民粹政策，由于大米典押政策违反市场规律和缺乏政策监管，泰国大米大量积压，出口遭到重创，政府财政赤字飙升。为泰党利用在国会下议院占据多数席位的优势，不顾民主党及其他党的反对意见，仍然强势推行大米典押政策。2013年底爆发人民民主改革委员会领导的反政府示威游行，泰国社会才开始意识到，地

区性大型政党执政存在局限性，现有政党代议制体制无法避免地区性大型政党获取政权和不断使用民粹政策。

2017年宪法和2017年政党法，对泰国代议制政党制度存在的问题进行修正，压缩地区性大型政党的生存空间，限制执政党民粹政策的提出和颁布。2017年宪法，通过对选举制度和总理选举制度的调整，使单一地区性大型政党难以通过区域人数优势赢得超过半数的国会下议院席位和获得独立组阁的权力；通过扩大上议院职权范围，确立国家战略对政府政策的指导作用，使地区性大型政党难以再利用下议院多数席位优势轻易审议和出台损害国家利益的民粹政策。2017年政党法，通过对政党组建结构和政治活动提出明确规定，强制政党推动基层党组织的建设，推动建立全国性大型政党，使得通过地域性标签吸引选民的地区性大型政党的生存遭到挑战。与此同时，2017年政党法明确提出政党政策的出台流程和内容限制，要求政党政策由党支部和府党委参与审议，同时必须考虑政策的资金来源、收支平衡以及风险等，在源头上严格控制民粹政策的出台。

2017年政党法一方面通过限制地区性大型政党的发展，推动代表全国大多数民众意见和利益的全国性大型政党发展；另一方面配合2017年宪法国家战略，通过规定政府政策的资金来源、政策收益和政策影响的标准，限制政党民粹政策的产生。从这一方面来看，2017年政党法有助于推动泰国政党规范化发展，使泰国政党能够真正代表选民、维护国家利益和推动国家发展，回归政党原本的角色。

其次，2017年政党法和2017年宪法同时也是军人集团削弱政党政治权力、降低政党政治影响力和打击现有政党的工具，导致政党发展受到限制。

1932年泰国推翻封建君主独裁统治后，民主体制的发展经历了复杂、反复且漫长的过程。泰国出台1932年宪法后，人民党[①]为长期独裁统治，

---

① 人民党的最初名称为"人民团"，1932年发动政变推翻封建君主独裁制后以政党身份执政，但因为担心其他政治团体也申请注册"政党"参与政治，在名称中并没有加入"政党"称谓，泰文全称为"人民团协会"，但在中文翻译中习惯将"人民团"和"人民团协会"称为"人民党"。

有计划地阻止泰国政党代议制民主发展，并全面禁止新政党建立，极大地阻碍了泰国的民主化进程。值得注意的是，人民党虽然最初由以比里·帕侬荣为首的泰国留学生成立，但无论是1932年政变还是后期执政中，军人集团均掌握了人民党的实际控制权。第二次世界大战前后，泰国又经历了长期的军人政府独裁统治时期，军人政府为巩固政权的稳定性，废除政党法、解散政党，对政治家集团采取政治高压。泰国军人独裁政府在1992年"5月事件"民主运动后正式退出历史舞台，1997年宪法和1998年政党法的颁布，极大地促进了泰国政党代议制民主制度的建立和发展，政治家集团开始真正代替公务员集团在民主政治中发挥巨大作用。他信·西那瓦和泰爱泰党的成功极大地鼓舞了政治家集团参与政治的热情，但与此同时，公务员集团也开始打压政治家集团。

应该看到，泰国政治家集团与公务员集团围绕政治制度的政治权力之争，是泰国政治局势动荡的根源之一。全球化和信息化的到来，以及现代化政党的建立，使得政治家集团的发展速度远远领先公务员集团，泰国政治的权力核心不断向政治家系统偏移。当公务员集团无法在现有政治体制内，通过公务员文官集团制衡政治家集团时，公务员集团中的军人集团就会通过军事政变重新寻找政治家集团与公务员集团的政治权力平衡。

2014年以来，军人集团对政治家集团和政党参与政治采取高压封锁的策略。一方面杜绝政治家集团和政党参与新政治规则的制定，另一方面长时间通过维和委命令禁止政党开展政治活动。与此同时，军人集团还利用2017年宪法从各方面削弱政党，包括赋予上议院议员选举总理的权力、开放"非民选总理"渠道等，导致政党在民主政治中的权力缩减、影响力下降、生存空间遭到压缩。

不仅如此，政党法颁布后，巴育还以维和会主席身份于2017年12月22日发布命令，修改2017年政党法过渡期条款中对已注册政党的规定。维和会以维护新成立政党的公平权益和确保党员加入政党的自愿性为由，拒绝其他政党提出的"解除政党政治活动禁令"的要求，并要求现有政党依据政党法重新登记，且提出了更苛刻的时间和条件上的限制。

2017年政党法还赋予中央选举委员会解散政党党委和取消政党资格的权力，使得中央选举委员会和宪法法院完全掌握政党的前途命运。独立机构在缺乏司法机构调查和审判的情况下即可决定是否解散政党，导致政党稳定性减弱，有可能引发新一轮政治矛盾。

最后，2017年政党法以及2017年宪法中的新选举制度和政党管理制度，对政党组织机构和竞选策略影响较大，存在军人集团利用新注册的小型政党组成联盟，通过"非民选总理"方式获取政权的可能性。

2017年宪法对国会下议院选举有较为详细的规定，包括下议院议员候选人资格、下议院选举制度和总理选举制度等。下议院选举是政治家集团通过政党获得立法权和行政权的唯一途径，下议院选举制度对政党党组织建设、竞选策略和稳定性有决定性的影响。2017年宪法对下议院选举制度规定的改变，使得地区性大型政党难以再依靠一定区域内具有数量优势和相对集中分布的选民赢得超过半数的下议院席位。新下议院选举制度，决定了拥有单一政党组阁权的政党，必须拥有绝对优势的选民数量支持。这也意味着，当前以为泰党、民主党为代表的地区性大型政党，不得不面临组织机构和发展方向的调整。

新建立的政党，则需要在考虑自身实力的同时确立发展战略。根据2017年宪法，泰国将在宪法附属法律起草完成后正式进入新一轮大选程序。泰国2018年3月2日才正式开放新政党注册登记，因此留给新政党建立党支部、府党委，以及发展党员的时间较为有限。而即便是在开放政党注册登记后，维和委仍未取消禁止政党政治活动的公告，这意味着新政党在依法注册后，仍无法召开党委会议，组织竞选活动。新政党缺乏建立广泛群众基础和获得政治认同的时间，无法发展成全国性大型政党。

2017年宪法第151条规定："由下议院审议批准具有当选资格且没有第160条禁止情形者为总理，候选人必须为政党依据第88条提交的名单中的人士，且仅限于在下议院现有议员人数中占比不低于5%的政党提名。"从总理选举规则来看，存在军人集团以1个下议院席位数超过5%的中小型政党为核心，利用上议院议员总理选举权，与多个小型政党组成执政联盟的可能性。

据中央选举委员会统计，2018年3月2日开放政党注册登记首日，新登记的政党达到42个，截至2018年5月21日，泰国正式登记注册的新政党达到101个。[①] 如果再加上根据2007年政党法注册登记的现有政党，泰国在新一轮大选前，依法注册的政党数量将创历史新高，这也意味着泰国新一轮的国会下议院大选竞争将空前激烈。

2017年政党法提出建设全国性大型政党，是对泰国政党发展历史教训的总结，同时也是在经历长期政治动荡后，泰国社会的普遍政治共识。泰国社会希望全国性大型政党能够真正代表国民和国家利益，减少政党因为地域性划分和地区发展不平衡造成的政治矛盾。

这一构想却严重忽视了泰国的政治现实，有意模糊泰国公务员集团和政治家集团尖锐的政治矛盾。

综合来看，2017年宪法修正了1997年以来泰国政党发展存在的问题，推动了泰国地区性大型政党转型，推进了泰国政党的制度化、正规化发展，为泰国全国性大型政党创造了有利的生存环境。但2017年政党法，仍然是公务员集团削弱政治家集团政治权力和政治影响力的工具，降低了政党的稳定性、压缩了政党的生存空间，削弱了政党在泰国政治体制中的权力。

---

① สรุปข้อมูลการยื่นคำขอการแจ้งการเตรียมการจัดตั้งพรรคการเมืองและนายทะเบียนรับคำขอไว้ดำเนินการ，https：//www.ect.go.th/ect_th/download/article/article_20180522112017.pdf.

B.4
宗教对泰国政治文化的构建机制

林建宇　王贞力*

摘　要： 泰国的南传上座部佛教从个体层面、群体层面和国家层面间接地对泰国政治文化建构产生深远影响，佛教的伦理道德观、解释政权合法性观念以及泰国社会中的传统文化观念，共同塑造了当今泰国的政治文化观念。佛教信仰、教义和高僧的社会地位对政治选举、国家政策制定乃至国体稳定起到一定的促进或制衡作用，佛教对泰国政治活动的现实意义愈发显著。历史演变使得佛教教义逐渐构成了泰国政治文化的核心内涵，现实治理中民众和政党的政治诉求促进了佛教的世俗化发展。

关键词： 泰国　南传上座部佛教　政治文化

在东南亚国家中，泰国不仅是重要的世俗性国家，同时又是宗教信仰群体较大的国家，泰国南传上座部佛教的信众占总人口的90%，宗教因素对泰国社会生活产生了重大影响。虽然当前泰国宣传自己是一个世俗化国家，秉承政教分离的原则，但实际上宗教始终是泰国政治生活中不可忽视的因素，无论是总理选举还是政府制定政策，都要考虑广大宗教信众的支持与

---

* 林建宇，云南民族大学人文学院社会学专业博士研究生，主要研究方向为东南亚南亚宗教与政治，宗教社会学；王贞力，云南大学发展研究院世界经济专业博士研究生，主要研究方向为东南亚南亚经济与政治。

否,甚至一些法令法规也要以宗教信条为原则才能很好地在国内实行。所以可以说宗教对政治产生了很大的影响,而这种影响力可以在宗教对政治文化的建构过程中体现出来。政治文化是更高更深层次的社会政治现象,它对人类社会的一切政治现象的存在和发展具有很大影响,起着推动或阻碍作用。政治文化是指一个民族在特定时期的社会态度、信仰、感情和价值的总和,主要包括政治思想、政治心理、政治信仰、政治感情和政治理论以及同政治制度相适应的道德观念、权利义务观念与组织纪律观念等。①

一 泰国政治文化的发展、现状、构成及特点

(一)泰国政治文化的发展及现状

泰国是东南亚半岛的主要国家,也是东盟成员国和创始国之一,同时也是亚太经济合作组织、亚欧会议和世界贸易组织成员。泰国于公元1238年形成较为统一的国家,至今已有700多年的历史与文化,并先后经历了素可泰王朝、大城王朝、吞武里王朝和曼谷王朝等时期。16世纪,葡萄牙、荷兰、英国、法国等殖民主义者先后入侵泰国。1896年英法签订条约,规定泰国为英属缅甸和法属印度支那的缓冲国,泰国因此成为东南亚唯一没有沦为殖民地的国家。19世纪末,曼谷王朝的拉玛四世王开始实行对外开放,继任的拉玛五世王借鉴西方经验进行进一步的社会改革,使泰国的现代性发展更进一步。1932年6月,泰国民党发动政变,将封建君主专制变为君主立宪制,自此泰国朝着现代意义上的民主国家方向发展。可以说,泰国现代意义上的民主政治发展源于1932年的体制变革,现代性民主的政治文化也是由此发展起来的。

纵观泰国历代王朝的发展可知,每一个政权统治时代都塑造了泰国的政治文化,赋予了泰国政治文化不同的内涵。时至今日,泰国的政治文化不仅

---

① 宋定国主编《新编政治学》,中国人民公安大学出版社,1991,第308~310页。

包括过去的内容，也被新时期泰国经济社会环境赋予了新的特征，同时还受到现今泰国宗教文化的影响。具体来看，现今泰国的政治文化"两极分化"仍然较为明显。乡村百姓的政治热情普遍不高，政治参与度较低；而城市里的中产阶级具有较高的政治热情，政治参与度较高，极力表达自己的政治诉求，经常开展街头政治运动。有学者利用泰国公众价值观调查（WVS）原始数据，得出泰国的中产阶层相对于农民阶层而言，确实更加倾向于政治表达，更加热衷于政治抵制、游行示威等街头政治表达方式。[1] 如果分族群来看，除了泰国本土的泰族之外，华人是泰国的重要族群之一，在泰国有较大的影响力。近年来，泰国华人的参政意识有了很大的提高，泰国华人参与国内政治的途径是以个人或社团的形式参与民主选举。相关学者预测华人在泰国未来的政治参与中会更加积极，而华人的社团组织也会在泰国的政治生活中发挥重要作用。

（二）泰国政治文化的构成及特点

泰国的政治文化主要由两大因素共同建构而成，一是历史因素，二是宗教因素。每个地域的文化都有其特殊的历史，因此了解其历史就是了解其政治文化演变的线索，由历史发展积淀下来的文化传统对于现今泰国政治文化的构成是很重要的。而宗教因素对政治文化的重要性更是不言而喻。南传上座部佛教是泰国的主流宗教，90%以上的民众信仰佛教，因此泰国素有"佛教之国""黄袍之国"之称。在整个泰国的近现代历史中，南传上座部佛教都同国家政治权力有着密切的配合关系。

在历史因素的作用下，泰国的政治文化包含了"家长制""神权观"等因素，进而使得泰国的政治文化中具备了威权主义和庇护主义的因素。曼谷王朝时期，政治文化深受阿瑜陀耶王朝政治文化的影响，其中影响最突出的就是"家长制原则"。国家被看成家庭的延伸，而君王就是这大家族中的家长。受国王任命的地方官员不仅是各地方的管理者，也是各地方的家长。在

---

[1] 孔建勋：《当前泰国中产阶层的政治表达和政党倾向》，《东南亚南亚研究》2010年第2期。

实施统治的过程中，需要确立"家长"的权威，以使上层统治阶级的意志得以顺利执行。另外，曼谷王朝继续发扬神权观念，把国王等同于宗教神明，国王被视为湿婆神和佛陀的化身，树立了国王神圣不可侵犯的权威。这样曼谷王朝就把对神的崇拜演变成了对国王的崇拜，强化国王的神秘性与权威。封建王朝通过对民众的教化，使社会等级鲜明有序，确保了社会的稳定和王权的集中。这种等级森严的封建社会制度加上家长制与神权政治观，就为泰国政治文化的威权主义与独裁主义提供了文化土壤。

南传上座部佛教对泰国人民的生产生活产生了重要的影响，佛教对泰国的政治发展起到了重要的作用。如果我们仔细观察宗教与政治国家的关系，便不难看出，自古代阶级社会以来，无论任何地区的任何国家，宗教的生存发展都是以它能否服务于当时的政权为前提的。[1] 南传上座部佛教也不例外，因此泰国的政治文化构成离不开南传上座部佛教对其的持续影响。南传上座部佛教的主导思想是劝导人们行善和积功德，其核心是"业报观"，认为个人得救就是由于他所做的"业"，今生受的苦即是前世造的孽，而今生的行善积德则为将来进入涅槃世界打下了基础。在素可泰王朝时期，卢泰王（Luthai，1347-1370）就运用了佛教的伦理观点，编写了佛教政治书——《帕銮三界》。该书的中心思想也是善恶功德、报应轮回，并以此来证明社会等级差别的合理性。《帕銮三界》指出，有不同的善业就有不同的业报，业报是现世间就可以看出来的，卢泰王既为泰人的君主，这本身就证明其的善业最大。[2] 正是这种宗教观，使人们形成了对王权的敬畏和对权威的顺从，造就了人们对政治的冷漠和消极，使人们更易于听从那些具有更高"业"的人的使唤，佛教思想的"业"，导致广大民众政治参与意识极低，加上传统的对权威的认可，人们在政治参与上表现出顺从和逃避的倾向。[3]

---

[1] 宋立道：《传统与现代——变化中的南传佛教世界》，中国社会科学出版社，2002，第89页。

[2] 宋立道：《传统与现代——变化中的南传佛教世界》，中国社会科学出版社，2002，第97页。

[3] 潘梦生：《泰国政治文化与政治发展研究》，《东南亚之窗》2008年第7期。

南传上座部佛教还运用法王和转轮王的观念为封建王朝树立权威，不遗余力地为君主辩护。它将君主看成宇宙的拯救者或维护者，看作理想的菩萨，宣传封建帝王得到了佛祖和佛法的庇护，君主得到现世的业报是因为他修身修心，护持佛法，理所当然得到了上天的祝福，成了统治者，他的权力也就具有合法性、权威性。同时还要求下层民众继续自己的业报修行，服从帝王的统治，如此来世才能有好的福报。佛教从理论角度对世俗国家皇权权威的证明，在佛教史上不曾中断。因此泰国的政治文化有对威权主义和威权统治的服从性特征，以致民众对专制独裁的政府没有太大的怨言。

综合来看，由于历史因素和宗教因素的双重影响，泰国的政治文化具有多重内涵。在此政治文化的熏陶下，城市精英与乡村百姓、华人与当地人、僧侣和平民都有各自不同的政治意愿和各不相同的政治表达方式，这造成了泰国民主政治的不稳定，使泰国民主政治进程磕磕碰碰。

二　宗教因素对泰国政治文化的影响与建构的比较研究：渠道、方式、表现

（一）宗教对个体层面政治文化的建构

虽然泰国实行君主立宪制，但与其他实行君主立宪制的国家不同，在泰国国王享有崇高政治权威，在国家政治生活中处于至高地位，甚至拥有某些超越宪政体制的非正式权力，国王对当今泰国政治有巨大影响。现任国王是哇集拉隆功，拉玛十世，于2016年10月继位。泰国国王在政治上的影响力根源于泰国特殊的传统政治文化①，国王也借用宗教的力量不断建构新的政治文化来强化自己的影响力。

在东南亚社会中，人们的宗教价值观具有举足轻重的地位，因此政治制

---

① 龙晟：《论泰国宪政文化的特性》，《河北法学》2009年第12期。

度通常放到人们的价值框架中去衡量。同佛教相联系的政治制度也就获得了最大化的合法性。在传统的泰国宗教观念中，佛教与国王和国家有不可分的关系。宗教是全民整合的基础，也是凝聚人民的力量，国王是这个民族团结的象征中心。泰国宪法规定，国王是佛的信徒和最高维护者。依据南传上座部佛教的观点，国王具备转轮王和菩萨的品德，任何有作为的国王都必须恢复和净化僧伽，都必须显示出他护持宗教、遵循正法的决心。因此每一代君王都要履行自己作为圣明君王的义务，不断开展各种宗教政治活动，以使自己的统治合乎佛教道德标准，历史上所有的泰国君主都把国家的繁荣和僧伽的完整看作自己的责任。曼谷王朝的拉玛一世刚上台就表示他要成为真正的护法君主，宣布治国的急务是增进佛法和保持僧伽的纯洁。他指出，务必使所有法令指示符合巴利文三藏的用意，以求同原本的经典要旨相吻合。拉玛一世在推进泰国法律观念形成的过程中，实际上将佛教伦理等同于法律原则，从而在使佛教进一步政治化的同时也使政治宗教化。拉玛四世进行了僧伽纪律和仪式等方面的改革，最终创立了"法宗派"。法宗派反对以传统的功德佛教来吸引人民，一心要剔除其中夹杂的印度教和原始宗教的巫术成分。拉玛五世以王者的身份支持佛教和僧伽，并且拒绝神化自己，抛弃神王的观念，他更愿意成为佛教的护持者、佛法的弘扬者，让民众更加注重现世的功德和业报。拉玛四世和拉玛五世一直强调佛教徒个人在泰国社会中的宗教责任，强调理性的信仰，间接地促进了社会中个人主义观念的产生，使僧侣和信徒对政治改革、对君王举措更加关心，因为这些切切实实地影响到了自身的信仰，如果国王做出了对佛法不好的事，他们都有义务去匡正国王的行为。拉玛六世在面对20世纪初期西方列强的压力时，为了加强民族主义意识，创造了以"国家、宗教、国王"三者为核心的象征体系，并将之作为泰国民族主义的支柱。三者相互依持并成为泰国在现代社会中生存下去求得发展的根本依据。拉玛六世在面对西方列强的入侵时，把民族独立与佛教捆在一起，号召泰国人民在精神与行动上团结起来，保护自己的国家、宗教与君主。国家、宗教、国王三者捆在一起的民族观念在泰国的宗教政治意识

培养过程中起着关键的作用①，自此，"国家、宗教、国王"三位一体成为泰国公民宗教的基础。

拉玛一世至拉玛六世的一系列举措，推动了泰国佛教主导观念的变迁。从相信前世因果决定一个人现世的位置转变为相信现世因果决定未来的业报，从稳定论转变为发展论。也使得国民的个人观、政治观产生了变化，从对统治者的服从演变到重视统治者的行径再到更进一步地谈论政治、介入政治。也使佛教徒们从宿命的业报轮回观和转轮王神学观发展到现世功德观和国王、宗教、国家三位一体观，这表明了泰国国王在借用宗教树立其统治合法性和权威性的同时，也在将宗教内涵渗透进本国的政治文化之中。具体表现在1957年佛历2500周年庆典的到来，该庆典使拉玛九世强化了政治文化中的宗教权威。当时不具有宗教地位的銮披汶（Pibul Songgram）擅自举办了泰王并未参加的佛历庆典而被指责对国王不敬，并在当年被沙立（Sarit Thanarat）将军发动政变推翻。而沙立在政变后就立即觐见泰王，报告政变情况并求得拉玛九世的任命。②可见佛教信仰从根本上提升了泰王的政治影响力，构成泰王影响政治的重要合法性基础。

在泰国，对政治文化具有强大影响力的就是各大党派的党魁人物，例如为泰党的英拉·西那瓦（Yingluck Shinawatra）和民主党的素贴以及之前泰爱泰党的他信·西那瓦（Thaksin Shinawatra）。这些党魁对泰国的政治发展和政治表达方式都产生了重要的影响，可以说泰国民众的政治行为都受到党魁人物的指示。这些党魁不仅是政治家，也是佛教徒，与国内的宗教组织和宗教领袖有着千丝万缕的联系，他们在参与国家政治活动时或多或少地运用了佛教的力量为他们造势或争取票数。例如，泰国前总理他信就与法身寺住持交往甚密，曾以资助、捐赠等方式向法身寺及众多寺院提供物质支持，为

---

① 宋立道：《传统与现代——变化中的南传佛教世界》，中国社会科学出版社，2002，第107~109页。
② 钟冬生、张恂：《泰国宪政特殊性：泰王的巨大影响力——基于传统政治文化视角》，《学术探索》2016年第11期。

其赢得了好名声。法身寺作为泰国佛教界奇迹般崛起的新兴派别，极端重视禅修，全力鼓励捐献，原则上是一个与泰国传统佛教完全背道而驰的"非典型大宗派"。①法身寺佛教徒将功德和金钱挂钩，认为功德和商品一样，可以进行买卖，捐的金钱越多，积的功德越高。法身寺也一改佛教徒低调、不与政党联盟的传统，不但急速壮大，还逐渐渗透进他信政府高层，与泰爱泰党形成了实质上的同盟关系，在泰国政界、商界、佛教界有了越来越大的影响力。随着他信及英拉的上台，他们更是鼓吹佛教应该更加积极地进入社会，参与商业和政治活动，并将商业经营和打造企业形象等概念引入佛教组织和政治文化当中。而民主党党魁素贴更是充分利用佛教为其政治活动服务，当他极力反对英拉政府时，便搬出佛教伦理教义，控诉英拉政府的种种罪行和无能。在他看来英拉政府是不合格的政府，所以没有得到业报，政府没有在国民心中树立起权威的形象是因为政府的功德不够，因此必须下台。素贴还多次发起街头政治运动，以此来煽动民众一同推翻英拉政府，当面临政府的起诉时，便出家为僧，以躲避政府的控诉。因为在泰国僧侣具有很高的威望，如果一个人出家为僧，政府便不应该继续迫害他。

这些有宗教背景的党魁人物在进行国内政治活动时充分利用了佛教资源，同时也将佛教浸入彼此之间的政治斗争当中，佛教无可避免地参与了政治活动。正是因为在政治活动中的作用越来越大，越来越被民众和政治人物所重视，佛教在一定程度上塑造了泰国的政治文化。例如，他信和英拉将现代企业的规格与手段引入了政治活动，与法身寺的利益联结使得更多僧人参与政治活动，使佛教更深入地干涉政治。素贴将佛教的功德观和街头政治运动作为推翻政府的主要手段，当遇到控诉时便出家为僧。这种利用佛教使自己目的达成的手段预计会被许多政党所效仿，佛教被当作政治手段已经不可避免。

---

① 李宇晴：《泰国佛教介入政治冲突的表现形式及其原因探析》，《东南亚研究》2016年第4期。

(二)宗教对群体层面政治文化的影响

随着经济的发展,泰国的中产阶级不断涌现,他们慢慢从自在阶级转变为自为阶级,有了自己的政治诉求,但是由于泰国自身的特殊性,精英群体并不能随意地参与到政治生活之中。这主要基于两个方面的原因。首先,泰国特有的王室、官僚以及军人干政等传统,使得新兴中产阶层的政治诉求与这些传统势力之间具有政治道义上的相互排斥性,同时也具有基于现实利益的依存性。其次,泰国的政党制度并不完善,没有一个统一的持久的有自己纲领的真正意义上的政党,许多政党都是为了大选而临时组建的。因此泰国的中产阶级很难长久地归属于某个政党,小党林立、政党的临时性造成了泰国的中产阶层没有一个稳定的认同感强的政党组织。这使得泰国中产阶层的政治态度不明确,缺乏明确的民主意识和对社会发展的关注,更加关心自己的利益。

正是因为泰国的中产阶级没有统一的组织领导,且来自不同社会背景的家庭,中产阶级内部的政治态度具有一定的差别,他们不是政治活动的领导者而是参与者,政治理想和社会理想多半寄存于街头政治运动与佛教的新宗教运动中。中产阶级在发展起来的同时也见证了泰国社会的衰落和民主政治进程的缓慢,他们对那种为推动经济发展以腐败政治作为代价、无视社会文化传统的政治结构感到失望,也对一味替不合理的政治现状粉饰太平的官方感到失望,转而去寻找一种更加严谨或者合乎世俗理性的意识形态。最后在新兴佛教改革运动中找到了自己的精神家园。素拉·司瓦拉差(Sulak Sivaraksa)的佛教学说符合了当时社会的需要。素拉说,所谓正见就是如何看到四谛道理。达到正见需要做到三点:去私、舍贪著、证相依。他说悉达多王子的证道离苦过程就是依据这三点。[①] 他说有的人只顾自己、只顾眼前的利益,从而牺牲了长远的和全人类的利益,而不合理的政治、经济和社会

---

① 宋立道:《传统与现代——变化中的南传佛教世界》,中国社会科学出版社,2002,第488~489页。

力量就是这种苦的根源。在这种情况下离苦的方法也就是发动非暴力的人民运动，克服自私和非人道。素拉的思想在泰国的中产阶级中大受欢迎，他们借用素拉的学说，认为现今的政府就是痛苦的源头，他们要通过一系列的运动把政府推翻。自此，泰国中产阶级的政治参与热情被调动起来，街头政治运动也有了佛教理论的支撑。

泰国民众90%以上是佛教徒，僧伽是社会上最重要的组织机构。僧伽成员在泰国的宗教与世俗生活中发挥着重要的指导和示范作用。佛教的比丘在泰国社会中享有很高的声誉，备受尊敬。人们相信正是比丘的道德和精神面貌给社会树立了理想，提供了规范，团结了社会上的各个阶层。因此，泰国民众都认为具有较高威望的僧侣不应该过多地为政府组织服务，应该远离世俗政治。如果说在佛教改革运动之前僧侣参与世俗政治还会遮遮掩掩，那么佛教改革运动之后僧侣参与政治生活便被看作理所当然了。

佛教改革家佛陀达沙（Buddhadasa）对传统佛教教义进行了新的解释，认为僧侣们不应该只在深山里修行，应该走出寺院为众生解决社会政治以至经济活动中的问题与烦恼。如果宗教不能为社会提供理想和价值观的指导，如果上座部佛教不能在政治文化上服务于国家与社会，那它就放弃了以功德来交换社会供养的机制，它的生命也就快结束了。佛陀达沙指出，如果比丘们对社会的积极投入和干预是为了佛教的道德和精神的理想，如果他们是从佛教的正法原则来看待政治和社会问题，其所关心的是真正的社会正义，那么介入世俗社会便不会丧失威望。佛陀达沙还认为在历史上，佛教比丘一直运用他们的影响力规劝世俗君主。他们与封建王权的共生关系是明显的事实。在佛陀达沙的影响下，一些僧侣积极参与到社会问题的解决当中，在诸如贫富分化加剧、环境恶化、艾滋病肆虐，甚至妇女解放的问题上，表明自己的态度。

另一位佛教改革家吉滴乌笃（Phra Kittiwuttho）则比佛陀达沙更加激进，他认为佛陀在创立最初的僧团时，就确定了僧伽与王家，即佛法与王法相互支持的关系。每个朝代都有著名的王家高僧出入宫禁，参与政治活

动。因此，对于上座部佛教来说，问题不再是应不应该参与世俗的政治斗争事务，而是如何才能既不妨碍僧人出世的理想修行，又能保持与社会和王家的联系，推行正法社会的佛教理想。这也是后来僧伽参与社会政治，为世俗政权提供合法性论证的理论基础。对于泰国面临的社会政治问题，吉滴乌笃开的处方是传统的"戒、定、慧"。依据他的解释，"戒"首先体现在佛教信徒信守五戒上，除了不要杀生，更不要作妄语评论政府。他认为最大的妄语就是散布不满，批评政府。他说泰国的比丘首先要模范遵守国法，维护僧伽与社会的安定。关于"定"的修持在政治上的运用，他说"定"是"念念不忘"。在这里要念念不忘国家养育之恩，因此，绝不能对爱国忠君有一点动摇。关于"慧"，他说泰国的问题完全是因为人们不理解公民的社会责任与义务，为意识形态误导产生的。因此，他说，要实现和平、幸福和有秩序的社会和国家，就要加强对泰国国旗红白蓝三色象征意义的尊崇，维护"国家、宗教和国王"权威。在吉滴乌笃的领导下，一些僧侣不断介入世俗政治，甚至会对执政政府进行游行示威，但是从不违抗国王的命令。这是因为僧侣介入政治就是为国王服务、为君王示忠的。他们可以抗议不符合佛教伦理道德标准的政府，却始终维护着国王的权威。例如，泰国僧侣多次走上街头抗议军政府，甚至与军政府发生冲突。2016年夏，佛教高层（亲法身寺派）与巴育政府的矛盾全面爆发。全国众多佛教机构发动示威，抗议政府"干预宗教"。2017年2月军政府调派大军将法身寺团团包围，签发对法身寺住持的逮捕令，用无人机侦察寺庙内部的动向，时刻准备抓人。而法身寺也召集信众，阻挡军警，并在庙中修建路障，在寺院大门停放挖掘机，以阻挡军警的脚步。① 佛教僧人近年来多次参与国家政治活动，也就产生了直接或间接的政治结果。从表面上看，比丘们参与政治，参加社会活动似乎违背了当初佛祖组织僧团以利于比丘修行的指导思想，但是，从另一个角度看，依据大小乘佛教都坚

---

① 《泰国法身寺事件升级》，中国新闻网，2017年2月25日，http://news.china.com/internationalgd/10000166/20170225/30281691.html。

持的入世与出世不可截然割裂的主张，比丘的社会参与不过是争取社会正义的另一种表达形式。

(三) 宗教对国家层面政治文化的建构

南传上座部佛教深深地影响了泰国民众生活的方方面面，特别是在政治生活领域，南传上座部佛教一直是国家统治的合法性来源和权威性证明。日本学者田中忠治指出，王权是不能离开宗教而存在的。现在的泰国王权是以佛教为基础而确立的。[①] 南传上座部佛教的政治功能在泰国的具体发展，可以总结出三个方面的意义。第一，通过巴利文经典和本生故事宣扬法王的观念：既然以往的法王都得到了佛祖和佛法的庇护，那么今天的君王如果修身修心，护持佛法，理所当然也就得到了上天的祝福，他的权力也就具有合法性、权威性。第二，只有货真价实的佛教徒才有资格成为世间人主。世间的政治制度和社会只有和谐安定才是正常的，没有君主的社会状态是失衡的异常的，世间必须由圣明的君主来统治。第三，不仅佛陀，而且一切与佛陀相关的东西，如佛舍利、菩提树、佛塔、佛足迹和造像都具有神性，也就都有支持世俗政治的寓意。正是这种看似简单的"逻辑"，完成了佛教与政治的紧密联系，可以说从理论角度对世俗国家（王权）的权威证明，在佛教史上是不曾中断过的，佛教也就成为泰国政治意识形态之中不可或缺的组成部分。

现今泰国的政治体制内包含着许多南传佛教的因素，泰国国旗就是一个例子。国旗由红白蓝三色五个横长方形平行排列构成。红色代表民族，象征各族人民的力量与献身精神。泰国以佛教为国教，白色代表宗教，象征宗教的纯洁。泰国是君主立宪政体国家，国王是至高无上的，蓝色代表王室。蓝色居中象征王室在各族人民和纯洁的宗教之中。尽管佛教在泰国事实上占据着国教的地位，但从法律条文上看，泰国所有立法都没有在字句上援引佛教原则，泰国宪法中也没有佛教是国家宗教的说法。泰国的法

[①] 田中忠治、严圣钦：《国王和佛教的国家——泰国》，《民族译丛》1990年第2期。

律在很大程度上也是以习惯法为基础的，而在泰国的社会生活当中，已经潜移默化地融入了佛教的伦理道德和说教。

三 宗教因素对泰国政治文化影响与建构的评价

泰国南传上座部佛教对国内政治文化的建构是间接的、非显性的，这是历史原因和宗教教义差别所导致的，但是宗教仍然对本国的政治文化建构产生了极大影响，不仅影响了民众的政治参与度和参与方式，还影响了总统的选举以及政府政策的颁布。在泰国，佛教的伦理道德观（业报思想、轮回观念、善恶功德）、解释政权合法性观念（轮转法王观念和护持佛法等原则）以及泰国社会中的传统文化观念（家长制、神权制）再加上近代以来形成的民主思想，共同塑造了当代泰国的政治文化观念，规范着泰国民众的政治生活。

泰国作为一个以佛教徒为主的国家，其国际地位越来越重要。特别是在1969年取代缅甸成为世界佛教徒联谊会总部之后，泰国成为向世界传播佛教的最主要的国家之一，俨然成为世界佛教的中心。[①] 泰国与周边佛教国家保持着一种友好交往的关系，鼓励宗教间进行正常的文化交流。20世纪50年代以来，变化的世界在不断冲击外部环境的同时也在佛教内部激起各种思潮，泰国佛教界也进行了一系列的佛教改革运动，这些佛教改革运动大多主张佛教徒积极参与世俗社会、关心政治，引发了泰国佛教僧侣的分化。近年来，斯里兰卡、缅甸等国家佛教激进主义兴起，泰国部分僧侣也加入其中。可以想象，在现今的佛教世界中，激进佛教徒的出现，将会给南传佛教国家带来一系列的政治动荡。

---

① 朱民、黄振顺：《泰国宗教概况及其问题》，载李晨阳主编《GMS研究（2009）》，云南大学出版社，2009，第43页。

B.5
泰国海洋战略形成、内容与策略分析

雷小华 唐卉*

摘 要： 首先，本报告指出泰国海洋战略的形成深深地受到泰国独特的地缘政治特征、历史文化传统以及现实政治经济利益等的影响，并随着时代的变迁而不断调整变化；其次，泰国海洋战略的主要内容包括政治与经济两个层面；再次，在策略上，内外兼修，将壮大自身实力与外部安全合作相结合；最后，对中泰海洋合作提出科学建议。

关键词： 海洋战略 大国平衡 海军现代化

泰国地处东南亚的中心，位置非常特殊，其东北部与老挝相邻，西北与缅甸交界，东临柬埔寨和泰国湾，西临安达曼海，南部与马来西亚接壤。泰国坐拥两洋，海岸线分为东西两段，共长2614.4公里，其中，东侧太平洋海岸线1874.8公里，西侧印度洋海岸线739.6公里。独特的地理位置和丰富的海洋资源决定了海洋对于泰国可持续发展的重要性，也直接影响着泰国海洋战略的形成。

一 泰国海洋战略目标的形成

20世纪以来，大量海底油气资源的发现使各国对于海洋的兴趣急剧升

---

* 雷小华，广西社会科学院东南亚研究所副研究员；唐卉，广西社会科学院东南亚研究所助理研究员。

温，针对海洋利益的争夺更趋激烈，海洋对泰国国家安全和未来发展的重要意义使泰国海权意识不断加强，其独特的地缘特征、历史文化传统以及现实政治经济利益深深地影响着泰国海洋战略的形成，随着时代的变迁和国际格局的深刻变化，泰国海洋战略的目标也在不断演进调整。

（一）地缘安全因素

泰国自古以来就被视为进入印支半岛的门户，地理位置极为重要。泰国的海域面积约占陆地国土面积的1/5，海岸线被马来西亚和新加坡分割为东西两段，《联合国海洋法公约》[①]的颁布，使泰国不得不与周边的国家共享专属经济区。东南亚地区有四大主要海上通道：马六甲海峡、望加锡海峡、巽他海峡和龙目海峡。而泰国主要的港口均坐落于泰国湾腹地，距离最近的马六甲海峡也有400海里，其70%的进出口货物需要通过新加坡转运。[②] 泰国湾最宽处也仅有240公里，极易受到封锁，无论在海洋还是陆地泰国均处于周边国家的包围之中，海域面积广阔、海岸线漫长使泰国的国家安全面临挑战，因此泰国在制定海洋战略时顾忌颇多，既不能激化与周边国家的矛盾，又要维护自身的安全和海洋权益。在传统安全领域，泰国和柬埔寨关于柏威夏寺的争端从未平息，2008年以来不时发生冲突甚至造成双方人员伤亡。[③] 而缅甸境内的民族冲突导致大量难民涌入，海陆偷渡问题时有发生，给泰国社会稳定带来严重的影响。这些潜在的隐患都极可能引发冲突，进而殃及泰国在泰国湾和安达曼海的切身利益；"9·11"事件和巴厘岛爆炸案发生之后，非传统安全问题迅速升温，成为泰国海洋安全的重大困扰，活跃在泰马交界处的"伊斯兰激进组织"意图从海上向内陆渗透，策划恐怖活

[①] 《联合国海洋法公约》于1982年颁布，泰国国会在2011年审议通过施行。
[②] Joshua H. Ho, "The Security of Sea Lanes in Southeast Asia," *Asian Survey*, 46 (2006): 558-574.
[③] 杨勉：《柬埔寨与泰国领土争端的历史和现实——以柏威夏寺争端为焦点》，《东南亚研究》2009年第4期。

动。① 马六甲海域附近的海盗也严重威胁着泰国渔船、商船和交通航线的安全。走私、贩毒、偷渡等跨国犯罪问题已使非传统安全威胁超越传统安全威胁，成为泰国海洋安全的最大挑战。

（二）历史文化因素

泰国的战略思想深受国家政治文化的影响，而政治文化又根源于历史文化传统。在泰国的历史长河中，皇权制度维系了7个世纪之久，导致权威主义盛行，近代的民主化改造没能让泰国人改变这种根深蒂固的观念传统。另外，泰国以佛立国，素有"黄袍之国"之称，佛教崇和宽仁的思想也融进了泰国社会文化的各个角落，其战略思维彰显着"和平主义"的色彩。泰国社会如同一个家庭，国王犹如家长般关爱子民，乐善好施，受到子民的尊敬和爱戴，而子民则把国王看作保护者和主宰者，国王的地位和权威不受侵害。泰国的社会文化倾向于传统的保守主义，甘于屈从命运，容易满足现状，加之佛教思想中反对冲突、流血，强调温良恭俭让，与人为善，使"顺从""被保护""被支配"的传统深入人心。② 自素可泰王朝以来泰国长期奉行"以夷制夷"的对外方针，而其核心原则即与强国保持一致，接受强国的庇护，正是基于这样的战略思维，19世纪的泰国在西方列强的觊觎之下奇迹般地保持了国家的独立。

（三）利益因素

20世纪70年代泰国工业化稳步推进，经济发展成就举世瞩目，一跃成为亚洲四小虎之一，但泰国属于出口导向型经济，严重依赖国际市场。1997年亚洲金融风暴对泰国经济造成致命打击，对外出口成为恢复经济增长的最

---

① 约翰·芬斯顿：《马来西亚与泰国南部冲突——关于安全和种族的调解》，许丽丽译，《南洋资料译丛》2011年第2期。
② 张锡镇：《东南亚政府与政治》，扬智出版社，1999。

有效手段。根据泰国银行的统计数据①，泰国2011年进口总额为2019亿美元，出口总额2254亿美元，因此贸易航线的畅通与其经济安全密不可分。另外，海洋资源的开发给泰国带来巨大的经济利益。作为世界上最主要的渔业国家之一，2002年之前泰国是全球最大的水产品出口国，其渔业产量中的90%来自海洋，泰国湾和安达曼海是泰国最主要的渔场作业区。20世纪80年代，邻国纷纷采纳了200海里专属经济区，这使泰国的渔场面积骤减30万平方公里，大量渔业捕捞被限制在狭小的渔场区域，加之近年来过度捕捞，渔业资源面临枯竭，海洋渔业的发展面临瓶颈。部分渔民非法潜入他国沿海水域捕鱼作业的现象频繁发生，引发与部分邻国的利益纠纷。② 此外，濒临两洋、岛屿众多，这样得天独厚的地理位置使泰国成为旅游胜地，2010年到访的外国游客同比增长了12.44%，达到1584万人次，旅游创收180亿美元，占当年GDP的5.7%。泰国湾丰富的油气资源也为泰国经济发展提供了能源保障，80年代以来，在泰国湾附近海域先后发现了15个油气田，天然气总储量约为3659.5亿立方米，石油储量高达2559万吨，开发利用海洋资源，既可缓解石油产量不足带来的供需矛盾，也可化解国际市场油价波动对泰国经济的冲击，海洋对于泰国的经济安全意义愈加重大。

泰国的海洋战略深深植根于它的地缘特征和文化传统因素之中，随着时代的变迁而不断调整变化。19世纪泰国临岸筑垒以求自保的被动海洋战略最终未能抵挡船坚炮利的西方殖民者，维护国家安全这样单一的海洋战略目标既不能有效维护国家海洋权益，也无法应对纷繁交错的传统和非传统领域的安全威胁。伴随着冷战结束，安全环境的改善，经济利益在泰国的对外战略中成为主导因素，泰国在立足东盟开展全方位外交的同时，提出了以打造和平的海上环境为主要目标的海洋战略。泰国新时期的海洋战略具有崇尚和

---

① 转引自中华人民共和国驻泰国大使馆经济商务参赞处网站（该数据为泰国银行2012年2月预测得出），http://th.mofcom.gov.cn/aarticle/ddgk/zwjingji/201202/20120207956023.html。
② 特德·L.麦克德曼：《200海里专属经济区损害了泰国渔业》，吴天青等译，《东南亚研究》1987年第4期。

平和侧重防御的特点，具体可阐述为建设一支以"蓝水海军"为主体的海上安全力量，通过整合内部资源，深化外部合作，综合运用各种手段，捍卫国家领海主权完整，维护海洋安全，保护海洋权益，应对海洋威胁，为国家经济建设和社会发展提供和平的海上环境。[①]

二 泰国海洋战略的内容和策略

冷战两极格局瓦解以来，国际环境发生了巨大变化，泰国审时度势迅速调整对外政策方针，在坚持独立自主的大国平衡战略的同时，以打造和平的海洋环境为目标，先后出台了《国家安全政策》《国家海洋安全政策》《海军司令政策》等一系列政策性文件，为维护国家海洋安全和权益提供战略指导和行动依据。在策略上，内外兼修，把壮大自身实力与外部安全合作相结合。

（一）泰国海洋战略的内容

泰国的海洋战略在内容上与其切身利益紧密结合，着重体现在安全和经济两个层面。[②] 在安全层面，泰国积极倡导以和平方式解决潜在的矛盾冲突，当彼此在海洋区域的划分上存在争议时，应尽可能减少分歧，通过联合开发实现共同的利益。此外，全方位地提升和邻国的海洋安全合作，通过东盟地区论坛（ARF）、西太平洋海军论坛（WPNS）、亚太安全合作理事会（CSCAP）等安全论坛促进互访，促进旅游、教育、培训等领域的交流合作，以推动安全和平的海洋环境的构建。同时，与邻国在交界海域开展联合巡逻和执法活动，打击海盗走私等海上犯罪活动。[③] 在经济层面，则是保障贸易航线的安全，保持对于离岸交通线的有限控制能力。此外，海洋战略给

---

① 虞群、王维：《泰国海洋安全战略分析》，《世界政治与经济论坛》2011年第5期。
② 马嫄：《试析东盟主要成员国的海洋战略》，《东南亚纵横》2010年第9期。
③ Mushahid Ali, "Maritime Security Cooperation The ARF Way," *Idss Commentaries*, July 10, 2003.

渔业以更大力度的支持,通过与其他沿岸国家联合捕捞作业,使专属经济区内的渔业保护措施能够严格执行。[①] 积极开发利用深海能源,保障能源运输通道的畅通,确保能源供应在合理的价格区间之内,同时提升对石油泄漏事件的应急处置能力,防止对渔业和旅游业造成不利影响。

(二)海洋战略的策略

1. 泰国海洋治理政策

过去,泰国制定的政策或者战略计划是以机构特征进行分类管理的方式维护海上国家利益。这些计划专注于管理和解决以下具体问题。

(1)国家经济和社会发展计划

泰国从第一个国家经济和社会发展计划开始就整体制定了渔业资源的具体政策,并做出明确界定。如在第一个国家经济和社会发展计划中制定的目标是在1966年生产88%的海洋渔业,并且到相当于第二个国家经济和社会发展计划的1971年将生产率提高93%。在第4、5和6号"国家经济和社会发展计划"中,海洋渔业的目标分别为2.0万吨、2.1万吨和3.2万吨。此外,第七个国家经济和社会发展计划是泰国渔业资源减少的时期,因此恢复水域渔业资源的政策,是渔业管理概念的一个转折点,考虑到使捕鱼更加可持续的环境。

(2)维护国家海洋利益的政策和战略

泰国国家安全局1993年制定了一项保护国家海洋利益的政策和战略,并获得内阁的批准,同时指定一个委员会来监督该计划,直到现在共有3项计划。

维护国家海洋利益的政策和战略。1993~1999年,该委员会共有28名成员来协调和维护国家海洋利益政策和战略的执行情况。

国家海洋安全政策。1999~2003年,由国家指导委员会的40名成员协

[①] Admiral Chart Navavichit, "Thailand's Maritime Strategy in the Twenty First Century", in Juergen Schwarz, Wilfried A. Herrmann and Hanns-Frank Seller, eds., *Maritime Strategy in Asia* (Bangkok: White Lotus Books, 2002): 411–421.

调执行国家海事安全政策。

国家海事安全政策。2005～2009年，由国家指导委员会的44名成员协调执行国家海事安全政策。这是最新实施的政策，有四个主要目标：①维护主权，维护和保护国家海洋主权以支持国民经济和社会发展；②提供全国海上运输系统，并使之得以充分和持续利用；③维护国家海洋利益范围内的和平与安全；④为了互利和维护国家海洋利益，研究开发与海上安全有关的海洋信息系统、地质、政策和战略。

(3) 国家渔业政策

渔业是泰国渔民的主业。长期以来制定的各种与海洋资源利用相关的政策通常集中在渔业。自国家经济和社会发展计划实施以来，泰国渔业的发展规划就一直存在。泰国从第一个国家经济和社会发展计划实施开始，直到现在都有明确的渔业规划，即由渔业部直接负责。目前，渔业部已开始根据新的"渔业法"考虑新的渔业管理措施，重点放在捕鱼业，合理使用水生资源、规范所有渔民的行为。新的渔业法案正在以"渔业资源管理执法框架"的形式起草，以确保可持续和有效发展，也包括泰国海洋渔业管理总体规划。

(4) 海洋和沿海资源管理总体规划

海洋和沿海资源部是海洋领域的一个管理机构。它已与其他机构如自然资源和环境政策与规划办公室等整合在一起。海洋和沿海资源管理政策的研究和开发按以下资源类型进行分类。

根据第九个国家经济和社会发展计划（2002～2006年），泰国制定了红树林保护目标。保护和修复红树林，使红树林不低于125万莱（2000平方公里）。还制定了一些与红树林资源有关的政策，如红树林保护政策，红树林恢复政策，为认识红树林的价值开展科普培训政策和红树林研究政策等。在多个部门的联合监管下实行，包括海洋和沿海资源部、泰国国家研究委员会、国家环境委员会、林业部、渔业部、国家公园部、野生动植物保护部，还包括多所大学和许多外国组织机构。

1992年3月3日，泰国内阁决议通过珊瑚礁政策，规定如下。

为平衡各种需求并得以充分利用，根据生态和经济价值来管理珊瑚礁。通过优化管理流程和应用正确的技术来减少珊瑚礁的退化。

支持鼓励人们参与珊瑚礁的保护。

为有效地管理珊瑚资源，完善相关条例法规和组织机构。

研究开发珊瑚保护技术。

海草。自然资源和环境政策与规划办公室已经开展了一项研究计划——国家海草管理计划。然而，这项计划尚未得到国家环境委员会的批准。此外，泰国还有一些关于国家海草管理的政策和计划，虽然这些政策和计划并未直接确定为海草管理政策，但也形成了一套由政策、措施和计划等组成的保护和利用生物多样性的可持续、全面的资源管理政策（2003~2007年）。

湿地。在联合国环境署全球环境基金关于扭转南中国海和泰国湾环境退化趋势的项目下，制定了湿地管理政策和战略性目标，即通过参与式流程综合了湿地管理计划，直接组织并建立社区保护网络，按照该地区的潜力和适宜性优先考虑在泰国湾地区建立研究和数据中心。

影响海洋环境的地球污染管理框架具有重要的战略性，即地球污染的管理规定对国家和区域的海洋环境治理产生非常重要的影响，要发掘潜力，发展科技，向社会宣传相关知识，支持所有部门积极参与，通过让所有部门都采取行动来减少土地污染，恢复海洋资源。

除此之外，还有许多海洋资源管理计划或政策可能会出现在其他相关的管理政策中，没有指定是哪种类型的资源，其中大部分被列为环境管理政策，例如宪法中的环境政策、国家经济和社会发展计划中的发展政策、促进和维持国家环境质量的政策和计划、国家和省级环境管理计划等。

（5）航运和商业管理政策

为了将邻国的运输需求与物流系统联系起来，水运部门的战略之一是开发服务，具有战略性的水运基础设施是加强该地区经济建设的驱动力。

（6）国家公园管理总体规划

野生动物和植物保护部正在研究制订国家公园管理总体规划和国家公园管理战略计划。另外，旅游和体育部还制定了提高旅游竞争力的战略，通过开发综合管理系统来发展旅游产品和服务。

(7) 建立和维护天然燃料供应安全的政策

矿物燃料部是负责泰国能源的部门,特别是石油和天然气勘探。为了提高国内天然气资源勘探和联合开发的能力,促进国外其他地区的天然燃料供应,建立此政策来维持和稳定天然燃料的供应。

显然,所有政策都与维护泰国的海洋国家利益有关,每项政策按照性质特征进行分类,按照每个责任部门以及每项政策分管的主要内容进行明确划分,同时也并不认为每个领域的管理政策都对保护国家海洋利益有效。无论如何,这些特殊政策尚未得到充分证实,特别是在法律方面。泰国国内政策法规的制定仍然缺乏与被普遍接受的国际法界定的国家海洋利益相接轨,以职责维护利益的做法并没有得到充分体现。除此之外,整个海洋和沿海资源管理仍然缺乏协同作用的相关政策,有时会演变成冲突。所有这些因素促使泰国在海洋开发利用方面失去方向,并且在许多方面对泰国人民产生负面影响,例如泰国湾区域水生物种数量下降,渔民不能在泰国水域捕获到足够多的水生生物,便想办法到外水域捕鱼,以至于有时会与邻国发生争端。[①]

2. 推动海军现代化,加强海洋管理

早在 16 世纪中期,泰国就尝试把大炮架设在驳船上用于沿海防御,1893 年法国入侵使泰国加快了海军现代化的步伐。20 世纪 90 年代后,为了适应冷战后地区安全形势的变化,泰国开始实施"蓝水海军"发展计划,把建设一支具有远洋作战能力的海上力量作为首要目标,将海上防务向远洋推进。1997 年金融危机爆发前,泰国经济的繁荣为海军发展提供了雄厚的财力支持,政府首先集中财力购置了一批导弹护卫舰、巡逻艇以及巡逻反潜机和舰载直升机,这使泰国海军的作战范围突破泰国湾的限制。之后泰国又与西班牙巴赞造船公司签署了航母建造合同,1997 年 8 月东南亚第一艘航空母舰——"差克里·纳吕贝特"号轻型航母正式服役,还从美国购置了

---

① 《泰国保护国家海洋利益的政策》,http://marinepolicy.trf.or.th/benefit_nation_sub4.html。

"诺克斯"级导弹护卫舰,从中国购置了排水量2万吨的综合补给船"锡米兰"号,建成了航母战斗群。航母的建成,提高了泰国海军远洋执勤的能力,建立了地区海上优势。泰国积极加强海军航母能力建设,重视运用海军航母力量完成人员运输、近海支援、海上救护等任务,以更好地在海域上空执行侦察、反潜、预警、歼击等作战任务,夺取和保持海洋制空权,配合水面舰艇展开作战行动。2011年4月,泰国国防委员会通过了从德国引进6艘潜艇的计划①,提升了泰国海军的水下作战能力,实现了海军三维立体作战能力。目前,泰国已经建成了一支以直升机航母为核心,以驱逐舰、护卫舰和潜艇为骨干的远程作战力量,泰国海军由此具备了海陆空立体攻防能力和远程打击能力。②

泰国在推动海军装备现代化的同时,积极拓展海军职能,优化指挥体系,以实现海军作战指挥的高效率和机动性。泰国国防部规定,海军是维护国家海上安全的主体力量,融军事职能(military role)、维稳职能(constabulary role)和外交职能(diplomatic role)于一体,担负着保卫国家海洋安全和海洋资源、打击海上犯罪和恐怖主义活动、参与双边和多边军事合作的职责。③在指挥体系方面,泰国于1992年设立了海岸防御和对空防御指挥部与海岸警卫指挥部,专司海岸防空防御和领海、经济区巡逻。④ 国防部1997年出台《1998~2007年军队十年发展规划》,对泰军的编制体制进行调整,理顺国防指挥机制,加强国防部对军队的实际指挥、控制和协调能力。2003年又推出新的国防部工作细则,改组重建最高司令部,2004年泰军为适应新时期现代局部战争的需要,提出了"统一指挥、分散行动"的作战理念,将现有指挥体系由"垂直结构"调整为"水平结构",减少指挥层级,缩短指挥链条,进一步明确指挥机构及人员的职能和任务。泰国还注重整合资

---

① 引自《世界报》2011年5月4日,http://www.mediaxinan.com/sjb/html/2011-05/04/content_99420.htm。
② 何立波、王再华:《世界简史》第13卷,吉林摄影出版社,2001。
③ "Thailand's Security Outlook," *Military Technology*, Monch Publishing Group, 2009.
④ 韩东:《东南亚海上劲旅——泰国海军》,《东南亚纵横》2001年第11期。

源，于1997年设立了直接隶属国家安全委员会的"维护海洋权益执勤协调中心"，对涉海事务进行统一管理，改变了以往部门之间缺乏协调、各自为政的局面。该中心的指挥部下设三个区，对口负责泰国湾北部、泰国湾南部和安达曼海海域的海洋事务。①② 冷战后泰国在对外战略目标上，由"本土防御"向"海洋和本土综合防御"转变，将保卫经济建设和维护海洋权益作为重点目标。

近年来，泰国基于自身所面临的安全形势，大幅调整军事战略，通过优化军队编制体制、提升武器装备水平和开展对外军事安全合作等途径，塑造出以"安全合作"、"总体防御"和"积极防御"为核心思想的新时期军事战略，为国家实现总体战略目标提供了坚实保障。

拓展海军职能。泰国政府和军队规定，海军是维护国家海上安全的主体力量，集军事职能、维稳职能和外交职能于一身，担负着战略威慑、抵御入侵、海上执法、人道救援、军事外交等多样化任务。

调整编制体制。冷战后，泰军编制体制进行过多次调整。1992年，为保障沿海防御和岸上目标对空防御，泰国成立了海岸防御和对空防御指挥部，并组建了海岸警卫指挥部，担负国家领海和经济区内的巡逻任务。同时，尽管泰国当时尚未装备潜艇，但从长远考量，在编制上成立了潜艇大队。

提升武器装备水平。为构建完善的近海防御体系，提升远海作战能力，泰国海军在建设以轻型航空母舰为核心、以导弹护卫舰为骨干、以大型综合补给舰为支援力量的作战舰队的同时，注重加大外购战斗机、直升机力度，增强海军航空兵力量，并引进常规潜艇、组建水下作战兵力，实现海军三维立体作战能力。③

---

① 虞群、王维：《泰国海洋安全战略分析》，《世界政治与经济论坛》2011年第5期。
② Anthony Bergin, "East Asian Naval Developments – sailing into Rough Seas," *Marine Policy*, 26 (2002): 121 – 131.
③ 虞群、王维：《泰国海洋安全战略分析》，《世界经济与政治论坛》2011年第5期。

3. 深化外部合作，奉行大国平衡策略

泰国一直着力推进东南亚的一体化进程，提升东盟区域内部合作，努力把东盟打造成一个整体，这不仅有助于泰国和区域外国家合作的开展，也有利于增进泰国和邻国的友好关系。早在1979年泰国和马来西亚便针对泰国湾的重叠区域，签署了《关于两国在泰国大陆架之特定区域之海床进行勘探资源并设立联合机构的谅解备忘录》，主张通过合作开发重叠海域的资源，双方将此区域作为共同开发区建立联合管理机构，并于1994年4月正式运作。同年，泰国与柬埔寨在两国争议海域设立共同开发区，就共同开发海洋资源进行磋商。[1] 2001年的"9·11"事件和2002年巴厘岛爆炸案发生之后，泰国和邻国在非传统安全领域的合作迅速展开，并签署了地区反恐协议，目前在禁毒、打击走私偷渡和海盗等方面的合作广泛开展且不断深化。[2]

泰国与大国交往一直奉行"大国平衡"的策略，这一策略可追溯至泰国素可泰王朝时期"以夷制夷"的对外方针。由于泰国国小力微，难以与强国抗衡，不得已只能与人无争，后逐渐成为泰国与大国交往的重要准则。[3] 第二次世界大战结束之后，泰国倒向美国，越战后美国势力逐步从东南亚撤出，对泰国的控制松动，泰国积极与中苏改善关系，一方面缓和意识形态冲突获得了和平的发展环境，另一方面则利用美国、中国、苏联相互制约，防止一方势力过大。冷战结束后，泰国在保持安全和经济上对美国依赖的前提之下，积极发展对华关系，并于2003年10月成功推动中国成为《东南亚友好合作条约》的第一个区外缔约国，同年与印度签署了自由贸易协定。为了防止对中国市场和投资的过度依赖，泰国积极与日本、韩国等区外国家开展经济合作，2007年4月签署了《泰日经济合作伙伴协定》，规定在10年内日本逐步取消从泰国进口海产品以及农产品的关税，在美国主导下

---

[1] 汪新生：《中国－东南亚区域合作与公共治理》，中国社会科学出版社，2005。
[2] Ho, Joshua, "Maritime Security and International Cooperation," *Idss Commentaries*, June 20, 2005.
[3] 林秀梅：《泰国社会与文化》，广东经济出版社，2006。

和日本的合作逐渐由非传统安全领域向传统安全领域拓展，这对于泰国而言有利于平衡地区大国势力。

4. 海军外交

第一，泰美合作是海上安全合作的核心。

"金色眼镜蛇"演习是美国和泰国联合主办的年度机制性多边联合军演，也是亚太地区规模最大的年度军事演习。从最初的美、泰两国联合演习到如今的多国联合军演，规模不断扩大、项目不断增多。其内容涵盖反恐、人道主义救援、指挥、实弹训练，以及维和等。通过历年的"金色眼镜蛇"军演，不但能看到其作战样式、形态的变革，也能看到国际格局的深刻变化。泰国是美国在亚太地区历时最久的军事盟国，两国共同主办年度"金色眼镜蛇"军演已有30多年历史，但2014年以后，奥巴马政府削减了美军参与这项军演的规模和规格，并减少了对泰国的军事援助，2015~2016年连续两年的演习规模有所缩减，只进行了人道主义救援行动的训练。2017年美军派出太平洋地区最高军官出席"金色眼镜蛇"联合军演，预示特朗普政府可能会恢复美国跟泰国的双边关系，包括两国的军事关系，同时显示美军在新政府下继续致力于亚太地区的"和平与稳定"。① 每年一次的军演在达到密切泰美传统关系目的的同时，也大幅提高了泰国维护海洋安全的能力。

第二，与日、俄、印等大国保持密切的海上安全合作。

作为亚洲国家，出于地缘战略的考虑，泰国同时还与日本、俄罗斯和印度等地区大国保持着较为密切的海上安全合作。

泰国与日本的海上安全合作以多边框架下的合作为主。2007年2月，日本海上保安厅在马六甲海峡同泰国、马来西亚海事警察举行了联合反海盗演习。2011年，日本自卫队士兵首次全程参与泰美年度"金色眼镜蛇"演习。2017年9月，日本第27海盗派遣行动水上部队的第二护卫队群第六护

---

① 《泰美2017"金色眼镜蛇"军演开幕　中国再获邀参演》，中国网，2017年2月15日，http://news.china.com.cn/world/2017-02/15/content_40290276.htm。

卫队秋月级驱逐舰照月号（JS Teruzuki DD-116）访问泰国，并对泰国民众开放。其间，照月号还与泰国皇家海军昭披耶级护卫舰昭披耶号（HTMS Chao Phraya F-455）在泰国西部海域举行联合演习。

2017年5月5日，俄罗斯海军太平洋舰队舰艇支队抵达泰国东海岸的梭桃邑港。作战舰艇支队包括太平洋舰队旗舰近卫导弹巡洋舰"瓦良格"号和海上油轮"佩琴加"号。俄罗斯舰艇支队曾在韩国釜山港和菲律宾马尼拉港停靠，此次到访泰国，是为进一步发展俄泰之间的海军合作。

冷战结束后，泰印逐步加强了双边和多边框架下的海上安全合作，通过舰船互访、联合演习、联合巡逻等方式，旨在建立相互信任，共同应对非传统安全威胁。

2017年5月，澳大利亚皇家海军澳新军团级护卫舰巴拉那特号（HMAS Ballarat FFH-155）与泰国皇家海军拉坦诺科辛级轻型护卫舰苏克台号（HTMS Sukhothai FSGM-442）举行海上联合演练。

第三，重视与东盟国家的海上安全合作。

冷战后，泰国加强了与东盟邻国的双边及多边海上安全合作，并积极倡导建立东盟框架内的多边海上安全合作机制。2005年9月，新马印泰四国正式开始对马六甲海峡进行代号为"空中之眼"的联合空中巡逻。2008年9月，泰国签署马六甲海峡"海上和空中巡逻合作协议"。通过加入四国马六甲海峡合作机制，泰国强化了自身作为马六甲海峡沿岸国家而非仅仅是海峡航道使用国家的地位，为今后进一步介入马六甲海峡事务打下了基础。2001年，在泰国的倡导下，东盟首次海军首脑会议召开，为东盟各国海军合作提供了平台。

2018年4月20~21日，越南人民海军五区264号和265号舰船编队与泰国皇家海军二区432号和525号舰船编队在两国毗邻海域举行了第37次联合巡逻，并于4月22~25日对泰国海军进行正式访问。此次海上联合巡逻的成功举行有助于增进两国军队的互相了解和互相信任，为维护地区和平做出贡献，为两国船只在毗邻海域合法和稳定开展作业创造便利。

2017年5月4~8日，泰国海军与马来西亚海军、马来西亚海域执法署（MMEA）和海警，联合举行第63/2017次代号为"SEAEXTHAMAL"的海上军事演习，泰国海军的普吉皇家号和近岸巡逻艇113号参与演习。第63/2017次代号为"SEAEXTHAMAL"的海上军事演习旨在促进两国海军友好合作关系和提高两国海军力量在两国之间海域展开联合行动的协调能力。

2017年亚洲国际海事防务展（IMDEX）自5月16日起连展3天，这是国际上最具知名度的海事防务技术及设备行业盛会之一。难得出航的泰国海军航空母舰R-911"差克里·纳吕贝特"号抵达新加坡，参加军演并出席2017年亚洲国际海事防务展，它是本次海事展排水量第二大的舰艇。

第四，联合打击海盗或者海上犯罪活动。

2010年9月，由371人组成的泰海军舰队初赴索马里，参与为期98天的打击海盗联合行动。海盗是索马里亚丁湾一个长期存在的问题。海盗劫持的货船和渔船数量庞大，影响了许多国家的经济。泰国很多渔船也曾被索马里海盗劫持，因此泰国决定派兵索马里参与打击海盗行动。

2011年，中国、老挝、缅甸、泰国为了共同维护海上安全，决定联合成立一个组织，采取联合巡逻和联合查缉相结合的方式，加大执法力度，严厉打击湄公河流域的涉恐、走私、偷渡、贩毒、贩枪、拐卖人口等跨境违法犯罪活动。该组织自成立以来，已经成功进行了68次湄公河联合巡逻执法行动，四国共同应对突发事件、维护航运安全，取得了相当有效的成果。

第五，海洋执法力量及各部门间的关系。

泰国注重整合资源和加强其他海上力量的建设。泰国处理涉海事务的部级单位共计16个，由于缺乏统一协调，执行任务时往往各自为政、一盘散沙。为改变这种状况，1997年1月，泰国政府成立直接隶属国家安全委员会的"维护海洋权益执勤协调中心"，对涉海事务进行统一规划、协调管理。中心指挥部设于海军司令部内，与海军军区设置相对应，中心下设三个分区，分别负责泰国湾北部、泰国湾南部和安达曼海泰国海域的海洋事务协

调工作，其指挥部也分别设于海军三个军区指挥部内。进入21世纪后，泰国政府更加重视发挥该中心在维护国家海洋权益方面的职能。国家海洋安全政策（2005～2009年）中明确规定，"要促进'维护海洋权益执勤协调中心'发展，提高其在保护国家海洋权益方面的能力与作用"。在其他海上力量建设方面，泰国政府于2009年表示正考虑整合多个部门成立海岸警卫队。[①]

---

① 虞群、王维：《泰国海洋安全战略分析》，《世界经济与政治论坛》2011年第5期。

B.6 泰国的环境政策及"一带一路"视角下的中泰环境合作

杜晓军*

摘　要： 泰国在1992年颁布的《国家环境质量促进和保护法》，成为环境保护的根本大法。近年来，泰国自然资源和环境部出台多项政策，明确规定空气和噪声污染、水污染、土壤污染、废弃物和危险物质排放等标准，环境保护立法建制日趋完善，国民的环境保护意识也显著增强。但是，随着经济和工业的不断发展，泰国面临越来越大的环保压力。空气污染、水污染、固体废弃物管理等成为亟待解决的难题。中国"一带一路"倡导绿色、低碳、循环、可持续的生产生活方式，将大大促进沿线国家的绿色发展。"一带一路"绿色发展理念有助于包括泰国在内的沿线国家乃至世界各国共同应对环境挑战。中泰可开展环境信息共享和城市间与企业间的环保产业合作。

关键词： 泰国　环境政策　"一带一路"　中泰环境合作

泰国作为东南亚区域的新兴经济体，长期致力于全方位的改革，以提高经济总量和增进人民福祉。当前，泰国政府正在大力推进4.0战略的实施，重视环境、保护环境是该战略的重要内容。泰国在环境保护方面下的功夫不

---

* 杜晓军，法学博士，华侨大学国际关系学院暨泰国研究所讲师，主要研究方向为亚太地区安全、"一带一路"等。

小，也取得了一定的成绩，但仍面临许多挑战。"一带一路"绿色发展理念有助于包括泰国在内的沿线国家乃至世界各国共同应对环境挑战。中泰可开展环境信息共享和城市间与企业间的环保产业合作。

一 泰国政府为环境保护所做的努力

随着工业化、城市化的发展，泰国的环境问题日益突出，泰国政府对此高度重视，采取多种措施保护环境。

（一）设置高规格的环境保护机构

泰国为了保护环境，促进经济可持续发展，进行了缜密的顶层设计，设置了制定环保政策的最高机构——国家环境委员会。《国家环境质量促进和保护法》第一章明确规定："国家设国家环境委员会（National Environment Board）。国家环境委员会由泰国国家总理任主席，经国家总理选任的国家副总理任第一副主席，科学技术和环境部部长任第二副主席，国防部部长、财政部部长、农业和合作部部长、运输与交通部部长、内政部部长、教育部部长、公共卫生部部长、工业部部长、国家经济和社会发展委员会秘书长、投资委员会秘书长和财政预算署署长为行使职权委员。"基本上，泰国中央政府各部的长官都已被囊括进了国家环境委员会。除此之外，"另设具有各种环境相关知识的委员八人，其中不少于半数的委员应为各非政府团体的代表委员。科学技术和环境部部长的常任秘书兼任国家环境委员会的委员和秘书"。由此不难看出，泰国国家环境委员会的规格是相当高的。在职权方面，泰国国家环境委员会也具有广泛的权力。《国家环境质量促进和保护法》第13条规定了国家环境委员会的职权：制定环境质量标准、向内阁提交相关环保政策和计划、审议和通过各府环境质量管理行动方案、监督环境基金的使用等。国家环境委员会的权力巨大，很多项目都需要这个机构审批通过后才能实施。例如，中国在泰国建设铁路的项目，必须通过泰国国家环境委员会的评估和审核。泰国自然资源和环境部下属负责环评的部门在其网站公布说,泰国国家环境委员会已于2017年11月30日通过了泰中铁路合作项目一期工程环评二段(帕栖至呵叻段)报告。①

泰国具备完善的环境保护执法机构。负责环境保护的是自然资源和环境部(Ministry of Natural Resource and Environment, MNRE)②,其主要职责是制定政策和规划,提出自然资源和环境管理的措施并协调实施。自然资源和环境部下设水资源厅、海洋与沿海资源厅、矿产资源厅、皇家森林厅、国家公园野生动物和植被保护厅、自然资源和环境政策规划办公室、污染控制厅、环境质量促进厅等部门。

(二)完善环境立法

泰国的环境立法是一个持续渐进的过程。1992年颁布的《国家环境质量促进和保护法》(Enhancement and Conservation of the National Environmental Quality Act),成为环境保护的根本大法。近年来,泰国自然资源和环境部出台多项政策,明确规定空气和噪声污染、水污染、土壤污染、废弃物和危险物质排放等标准,环境保护立法建制日趋完善,国民的环境保护意识也显著增强。

泰国政府设置了大量与环境保护相关的条例,例如《2535年国家环境促进和保护条例》、《2522年建筑物管理条例》、《2535年工厂条例》、《2535年公共卫生条例》、《公共水利条例》、《2490年渔业条例》、《2510年矿业条例》、《2535年泰国水域行船》(第14版)、《2535年国家卫生秩序保持条例》等。这些条例都处于各部委的职权范围内,如自然资源和环境部、工业部和公共卫生部。

(三)在空气、水等各个领域设置标准

泰国政府于1995年发布了空气质量标准,并于2004年、2007年、2009年与2010年进行了更新。目前,泰国的大气监测仍以PM10、一氧化碳、二氧化

---

① 杨舟、李欣莹:《泰国政府批准泰中铁路合作项目一期工程全线环评》,《经济参考报》2017年12月5日。

② 参见Ministry of Natural Resources and Environment官网,http://www.mnre.go.th/。

硫、氮氧化合物、臭氧等传统污染物为主。2010年，泰国国家环境委员会将PM2.5列入国家标准，但可能由于监测设备有问题，目前全国范围内的PM2.5监测数据并不准确。泰国环境空气质量标准（Ambient Air Quality Standards）主要规定了空气中一氧化碳、二氧化氮、臭氧、二氧化硫、铅以及各类浮尘不同时段的浓度，如1小时、8小时、24小时和一年。

（四）严格的环保评估机制

泰国于1975年第一次提出关于环境影响评估（Environmental Impact Assessment, EIA）的强制要求。1992年《国家环境质量促进和保护法》第46条详细规定了环保评估机制。在泰国国家环境委员会的批准下，泰国自然资源和环境部有权规定必须进行EIA的项目规模和类型。可能对自然环境造成影响的大型项目，必须向自然资源和环境政策规划办公室提交报告，接受审核和修改。而且，报告必须由自然资源和环境政策规划办公室认可的咨询公司出具。

（五）严厉的处罚机制

随着赴泰旅游人数的增多，泰国的海滩承受了巨大的压力。泰国旅游和体育部2018年1月16日公布，2017年赴泰旅游的外国游客总数超过3500万人次，较2016年同期增长8.77%。泰国开泰银行研究中心预测，2018年泰国游客数量预计将突破3700万人次。为保护自然环境，泰国自然资源和环境部发布通告，从2018年1月31日起在泰国24处海滩全面禁止以下行为：在指定区域以外的地方吸烟或丢弃烟头；在指定区域外丢弃垃圾，例如塑料等可能会对环境造成一定损害的物体；任何可能破坏海岸生态环境的行为。如违反上述规定，将被判1年监禁或10万泰铢（约2万元人民币）罚款，或两者并罚。[1]

---

[1] "Thailand Implemented New Measure to Conserve and Protect Environment and Natural Resources in 24 Beaches and Coastal Areas, Effective Since January 31, 2018," April 3, 2018, http://thaiembdc.org/2018/04/03/thailand-conserving-the-environment-and-protect-natural-resources-in-24-beaches-and-coastal-areas/.

二 泰国环境保护存在的问题

尽管有完善的环境保护机构和法律法规,但随着经济和工业的不断发展,泰国依然面临越来越大的环保压力。空气污染、水污染、固体废弃物管理等都是亟待解决的难题。泰国第十二次国家经济和社会发展计划(2017~2021年)警告说:"目前我国的自然资源和环境质量正在恶化,已成为维护生产、服务和可持续生活基础的薄弱环节。大量的自然资源存量被用于开发,导致其持续退化。森林已经枯竭,土壤变得贫瘠,生物多样性受到威胁。虽然出现了未来水资源短缺的风险,但现有的水供应却不能满足各部门的需求。使用自然资源的冲突源于对获取和利用的不公平分配。此外,环境问题也随着经济增长和城市化而更加严重。所有这些问题已经影响到生活质量,并增加了经济成本。"

(一)废料转化能源政策的功与过

为节约能源、保护环境,泰国政府力推废料转化能源(waste-to-energy)政策。但是,该项政策也引起了诸多问题。2018年6月11日,新加坡《联合早报》报道称,泰国政府推动废料转化能源的政策导致当地塑料垃圾进口激增,并导致其他国家的垃圾被运往泰国,泰国很可能成为下一个全球垃圾场。该政策目前在泰国存在不小的争议。泰国生态戒备与恢复中心(EARTH)执行主任潘冲(Penchom Saetang)指出,泰国现在的废物管理趋势,与正确的废物管理方式背道而驰。

在该项政策的鼓励下,泰国各地兴起了开建小型废料转化能源工厂的热潮。截至2017年,泰国共有15个废料转化能源工厂,生产的总电量为42.82兆瓦。其中设在曼谷、普吉岛、沙没巴干府、来兴府、沙拉武里府以及孔敬府的九个废料转化能源工厂是由私企经营的垃圾焚化厂。对这些小型工厂做到完全监控是非常困难的。小型工厂一般都缺乏资金,要求小型废料转化能源工厂的投资者斥资安装昂贵的控制污染系统是不切实际的。工厂投

资者的首要目的是赚钱，大型环保设备耗资巨大，投资者极不愿意将资金用在环保上。因此，小型废料转化能源工厂就带来日趋紧迫的问题——废物管理和生产能源方式。燃烧垃圾不但会释放有毒气体，而且遗留下的灰烬也是非常危险的，须小心处理。很多人认为建造小型废料转化能源工厂是非常糟糕的决定。

2017年中国全面禁止"洋垃圾"，东南亚成为另一个理想输入地，泰国愈发面临"废料"大量涌入的压力，这已引起曼谷最高层的重视。2018年5月28日，巴育总理表示，泰国将严令海关加强进口废料货物检查力度，督促边境警力加强巡逻打击违法走私行为，一经发现一切按泰国法律严惩，违规非法进口废料将直接上黑名单。①

（二）内河污染、岸线水资源污染

泰国所有环境问题中，水污染可能是最严重的。2010年，全泰主要河川水质恶化率为39%，主要是旱灾及之后的严重水灾导致的。另外，有的生活小区没有装污水处理系统，也是水污染进一步恶化的重要因素。

岸线水资源污染也很严重。2016年30%岸线水源是中等质量，9%的水源污染比较严重。水质最差的几个岸线水源集中在几条河流的入海口。2018年4月19日，龙仔厝府（Samut Sakhon Province）甲童烹县（Krathum Baen）某村民在社交网站称，有工厂趁夜向当地河里排放未经处理的废水，导致整条河流的水都成了粉红色，该河流的水质被污染，不确定是否含有有毒成分。泰国面临许多类似的与废水有关的问题。生态戒备与恢复中心执行主任潘冲表示，泰国的废水问题仍然至关重要，需要立即采取法律解决方案来解决这一长期环境问题。泰国许多河流流域仍然面临严重的水污染问题，特别是湄南河、塔钦河和罗勇河流域，这些也是泰国的主要工业基地。污染控制部门（PCD）的报告显示，农业部门是最大的污染来源，每天可达

---

① Lorraine Chow, "Thailand to Ban Imports of Plastics and E-Waste," EcoWatch, August 16, 2018, https：//www.ecowatch.com/thailand-e-waste-plastic-ban-2596461719.html? xrs = RebelMouse_ fb.

3900万立方米,而工业部门每天排放1780万立方米,排名第二。住宅部门排名第三,每天960万立方米。住宅部门废水处理过程的效率仅为18%,只有52%的废水得到了处理。

关于污染的原因,泰国环保人士认为,大多数水污染是由小型工厂和家庭造成的,这些工厂和家庭没有适当的废水处理系统。而政府执法不力和监测不到位也是污染加重的重要原因。当前泰国的环境法律只监控几个水污染指标,而许多有害物质,如重金属则在很大程度上被忽视了。

除了水质差,海洋漂浮物也是重大污染源。泰国向海洋排放的垃圾量位居世界前列,过去10年中,泰国每年产生200万吨塑料垃圾,其中只有50万吨能回收利用。2018年5月28日,在泰国南部海岸,一头巨头幼鲸搁浅。接到消息后,有关部门进行了"急救",但是工作人员发现这头幼鲸身体十分虚弱,而且无法进食。进一步检查发现,幼鲸已经严重感染。在救援人员的帮助下,幼鲸吐出了四个塑料袋。在挣扎了四天之后,于6月2日不幸死亡。尸体解剖显示,它的胃里有80个塑料袋,重达8公斤。误食塑料袋是导致它死亡的主要原因之一。该幼鲸死亡并非个案。在泰国水域,每年有近300只海洋生物,包括巨头鲸、海龟、海豚因吞食塑料袋而死亡。越来越多的海洋生物因为吞食海洋漂浮物而死亡的事件给泰国政府敲响了警钟。2018年6月8日世界海洋日当天,泰国政府在曼谷举行活动,现场专门摆了一头鲸的模型,鲸肚子里堆满了塑料袋,以此作为警示。政府官员表示,泰国将从多个方面减少塑料等垃圾对海洋的污染,现场的鲸模型正是为了提醒民众在日常生活中少使用塑料袋。

(三)复合固体废弃物污染

与许多其他发展中国家一样,泰国也面临废弃物增多的问题。2015年,泰国产生的废物量约为2619万吨,且每年都在增加。在复合固体废物数量方面,泰国在过去10年一直呈现不断增长的趋势。2016年,泰国全国总共产生了2706万吨固废,人均产生固废量从1.13千克/(人·天)增长到1.14千克/(人·天)。全国产生固废前五的省府分别为曼谷、春武里、呵叻、北榄和孔敬府。在2706万吨的固废中，大约只有36%得到了正确的销毁处理。在993万吨可回收工业固废中，大约有520万吨（52%）被专业的回收机构用来交易买卖。废物产生率从2010年的1.04千克/（人·天）增加到2014年的1.11千克/（人·天）。而根据泰国污染控制局（PCD）的报告，还会继续增长。不同类型的城市的废物产生率存在一些差异。在最小的城镇，城市生活垃圾产生率是每日人均0.91千克，而在完全城市化的城镇则是每日人均1.89千克。在旅游区，对于不过夜的人来说，废物产生量大约为0.46千克/（人·天）；而对于过夜的人来说，废物产生量增加为1~2.5千克/（人·天）。在国家公园，旺季的废物产生率为1~2.5千克/（人·天），淡季则为0.5~0.8千克/（人·天）。废物的构成取决于旅游景点和季节类型。

影响垃圾产生率的两个主要因素是人口和消费者行为。目前，泰国有2490个废物处置和管理设施，有466个垃圾填埋场可以妥善处理约788万吨的废物（占总废物的30.1%）。约482万吨废物（18.4%）被重复使用和回收利用。但不幸的是，有18个废物处理设施无法正常运作，这主要是由于当地民众的强烈抗议。许多垃圾填埋场往往面临利益相关者的强烈反对。目前的MSWM系统并没有为泰国当地居民提供垃圾填埋和循环利用的任何激励措施。泰国大多数城镇在废物管理方面仍采用不完善的处置方法（即公开倾销或露天焚烧）。主要原因是与其他更先进的MSWM方法相比，不完善的处置方法的成本相对较低。

（四）空气污染

空气污染是世界性难题。世界卫生组织估计，每年有200万人因烟雾污染而过早死亡。泰国各省府的主要空气污染源各异。总的来说，城区的主要污染源为机动车尾气排放，道路翻修与施工扬尘，以及工业排放。城市二氧化碳、二氧化硫与氮氧化物的主要排放源为火力发电、交通与制造业，尤其是一些发电厂与工业园区，是当地空气污染物的主要排放源。在机动车方面，以曼谷为例，其机动车年增长率约为4.8%，而中小城市的机动车增长率在 4.4% 左右。机动车主要为摩托车，占比约为 80%，轻型机动车约占 16%，而重型机动车占 2%。泰国空气污染的主要污染物为 PM10 和 PM2.5。PM2.5 尽管每年以 4% 的速度下降，但是从 2012 年开始每年都超出国家空气质量标准。

泰国空气污染加重和它逐渐成为汽车大国密不可分。泰国政府 20 世纪 90 年代推出投资促进运动，多年来通过税收优惠吸引了世界上所有的主要汽车制造商进入王国。从曼谷到芭提雅，一路上密布着世界各大汽车制造商的制造工厂。与许多东南亚国家一样，泰国在 20 世纪 80 年代初期对当地组装的汽车提出了使用当地零部件的要求，鼓励当地制造汽车零部件，尤其是一吨的皮卡，传统上占国内销售的 50%~60%。国内的皮卡生产也受到了低于平均消费税的鼓励，这使得泰国成为仅次于美国（日本主要品牌都是泰国制造）的世界第二大吨位皮卡制造商。皮卡车是一种在泰国农村特别流行的汽车，它使用柴油燃料，日益成为空气污染加重的罪魁祸首。2018 年初，泰国全国遭遇了一场严重的空气污染。吞武里（Thon Buri）的 PM2.5 悬浮颗粒平均浓度为每立方米 81.3 微克，比泰国污染管制部门所规定的 50 微克和世界卫生组织的 25 微克安全水平高出许多，泰国中部和北部地区多个府的 PM2.5 也超出安全水平。首都曼谷的污染程度尤其严重。泰国政府环保部门 2 月 8 日警告称，曼谷的空气污染已达"危险"级别。大都会地区的 PM2.5 达到每立方米 72~95 毫克，远超世界卫生组织的标准。颗粒物尘埃（PM2.5，或直径小于 2.5 微米的颗粒）2 月 14 日在曼谷测量超过 72 微克 PCM，远远高于世界卫生组织推荐的 10 微克 PCM 的平均水平。路透社报道称，曼谷的一些学校因为空气污染过重被迫关闭，或者要求儿童待在室内。泰国污染控制机构也呼吁居民外出时戴口罩。关于此次曼谷空气严重污染的原因，根据曼谷市政府的说法，主要污染源是首都臭名昭著的交通，汽车从排气管喷出微小的微粒，尤其是使用柴油发动机的排气管，柴油燃料汽车约占曼谷全市注册车辆的 25%。多年来尽管泰国试图解决这个问题，但收效有限。

（五）烧荒污染

泰国农村有露天焚烧的传统，至今仍然盛行。农田和森林地区的烧荒是一年一度的事件，主要发生在干旱月份，这在泰国北部省份变得越来越具有破坏性和普遍性。农牧民进行烧荒活动主要是出于经济方面的原因。烧荒可以刺激白茅草的生长，这种草可以在炎热干燥的季节迅速产生新的叶子。烧焦区域的新叶具有较高的营养价值，成为牛羊养殖者从事放牧活动的最理想场所。但是烧荒会产生大量烟雾，并导致低洼地区烟雾聚集，影响当地民众的视线并引发呼吸系统疾病。

2003年，泰国政府内阁通过泰国露天焚烧污染控制国家规划，明确了露天焚烧污染的三个主要来源：农业焚烧、生活垃圾焚烧与森林火灾。根据规划，泰国制订了一个4年的执行计划，要求各省级政府制定露天焚烧与森林火灾管理行动计划，并纳入本省环境治理管理规划中。具体行动包括建立固体废物管理体系、发展有机农业（如推广无烟作物或秸秆利用技术），并对涉及露天焚烧的传统节庆活动进行一定程度的限制。

东盟国家2002年曾签订了一项"防止跨国界烟霾污染协定"，列出防止和监控跨界烟霾的指导原则，然而由于缺乏法律约束力，焚烧问题并未得到真正解决。新加坡和印尼两国代表已经在雅加达共同商议如何应对火灾，减轻环境污染。泰国、文莱、新加坡、印尼和马来西亚的环境部也召开特别会议，寻求解决烟霾跨国扩散问题的方案。

三 中泰环境合作的成果与动向

2018年5月18~19日，习近平在全国生态环境保护大会上发表重要讲话，指出坚持人与自然和谐共生，坚持节约优先、保护优先、自然恢复为主的方针，像保护眼睛一样保护生态环境，像对待生命一样对待生态环境，让自然生态美景永驻人间，还自然以宁静、和谐、美丽。当前，中国各级政府和相关产业部门正在深入贯彻习近平生态文明思想和全国生态环保大会精神，努力打赢污染防治攻坚战，在不断努力改善环境质量的同时，本着共商、共建、共享的原则大力推进绿色"一带一路"建设，以开放的态度，与东盟国家携手合作、互学互鉴，通过政策对话、技术交流和产业合作，共同应对气候变化、破解环境问题，探寻绿色可持续发展之路。

泰国于2015年10月1日向联合国提交了预期的国家自主贡献（INDC），承诺到2030年减少20%～30%的温室气体排放量。2016年4月22日，泰国正式签署《巴黎协定》，9月21日批准。

中国"一带一路"倡导绿色、低碳、循环、可持续的生产生活方式，将大大促进沿线国家的绿色发展。"一带一路"绿色发展理念有助于包括泰国在内的沿线国家乃至世界各国共同应对环境挑战。在"一带一路"的大框架下，泰国政府扮演着积极友好的角色。中泰两国在经济进入高速增长阶段后，如何进入环境友好型社会，有很多可以互相协调、互相借鉴的地方。

（一）城市生活垃圾与生物质混烧发电技术合作

目前，泰国每天产生生活垃圾7万吨，垃圾处理已成重要问题。2014年底，泰国将处理垃圾，获得清洁能源上升为国家战略。泰国总理顾问、泰国再生资源委员会主席阿卡尼上将表示，作为农业国家，生活垃圾发电既能解决泰国老百姓的生活垃圾等问题，又能产生良好的经济和环境效应。泰国政策和能源发展计划（PDP）为垃圾发电规划了蓝图。

中国企业迅速抓住机遇，与泰国方面签订了几项关于城市生活垃圾发电的协议。2015年7月11日，四川省自贡市华西能源公司与泰国SPS1999公司正式在5个600t/d生活垃圾焚烧项目上签订合同。2017年10月26日，中国万邦达公司分别与塔玛拉固废能源有限公司、泰国泰瑞发展有限公司和CAPTAINHOLDING（THAILAND）有限公司等三家泰国公司就生活垃圾发电项目签订了合作意向书。但是，虽然前景可期，项目还存在一定风险。因为根据泰国现行法律的规定，垃圾发电项目需获得泰国内政部的批准后方可

实施。且本项目属涉外项目，实施及对外资金的汇出尚需通过中国商务部、国家发展与改革委员会及外汇管理局等相关部门的审批。

此外，生物质能利用受到更多的关注。目前中国生物质能年利用量约4000万吨标准煤，继续保持稳步增长势头。国家能源局发布《2018年能源工作指导意见》，计划建成生物质发电装机规模约150万千瓦，生物质能供热、燃煤耦合生物质发电将迎来新的机遇。目前，中国凭借先进的技术，由国核电力院设计的目前全球最大的生物质发电项目PP9在泰国运行良好。

（二）中泰海洋合作

泰国最早响应"一带一路"倡议，最早接受和认同中国提出的"一带一路"理念。作为"21世纪海上丝绸之路"沿线的重要国家，泰国与中国地理人文相近，在海洋领域长期友好合作，至2018年双方迎来了海洋合作十周年。中泰合作有利于推动南海及周边地区的低敏感领域国际合作，促进地区的和平与发展。当前，中泰两国在海洋领域正在开展"海岸带脆弱性合作研究"与"热带生态系统合作研究"，借助现代科技手段和传统技术方法，揭示本区域的海洋生态系统功能和面临的威胁，促进海洋生态系统的健康持续发展。

（三）核能合作

泰国对能源的需求很大。核能发电作为新兴发电模式，不像化石燃料发电那样排放巨量的污染物，不会造成空气污染，不会产生加重地球温室效应的二氧化碳，而且核能电厂所使用的燃料体积小，运输与储存都很方便。中国和平利用核能的经验比较丰富，技术相对成熟，中泰两国正在此领域展开合作。2017年3月29日，中国国家能源局（NEA）与泰国能源部签署了一项和平利用核能的协议。中国将为泰国提供最先进、最经济、最安全的核电技术，以及设备、管理经验和优质服务。

四 未来中泰环境合作展望

泰国是"一带一路"沿线重要国家,中泰在基础设施建设、经贸等领域的合作活跃,在中国-东盟合作机制下的互动也很频繁。同时,泰国对华较为友好,在东盟内部发言权也比较大。世界银行报告显示,泰国环保产业比重在东南亚地区相对较低,到2020年之前仅占国内生产总值的0.5%左右。而截至2015年,中国环境污染治理投资总额为8806亿元,占GDP的比重为1.3%。中国和泰国与欧美发达国家相比,在环保领域投入的资金仍然较少,但两国合作的空间较大,合作前景比较光明。近些年来,在多边、双边机制的推动下,中国与泰国在生态环保领域开展了一系列合作,并取得了丰硕成果。双方的合作不仅为推动绿色"一带一路"建设发挥了积极作用,也为泰方倡导的绿色发展提供了样板。

一是积极推动中国生态环境部与泰国自然资源和环境部合作办公室建设,继续落实中泰环境合作达成的协议,做好工作计划和总体设计,升级现有合作网络,丰富合作内容,创新合作思路,进一步深化中泰生态环保合作的深度与广度,服务中泰共建绿色"一带一路"大局,推动构建中泰绿色共同体,打造面向"一带一路"、南南环境合作的战略支点和典型示范。

二是开展环境信息共享。在当今时代,信息和人力是最具价值的经济发展要素。目前,中国政界和学界对泰国的环境现状和诉求的了解不是很透彻,应依托正在启动的中国-东盟环境信息共享平台开展环境基本信息、环境法律法规、环境产业需求等信息的交流,进一步收集梳理泰国环境信息与合作需求,分析泰国环境本底情况、生态脆弱敏感地区、各地区环境合作需求,为打造绿色"一带一路"提供信息支撑和保障。

三是开展环保产业合作。泰国政府对可持续发展的重视程度不断提高,泰国很多城市在积极参与国际与区域合作机制框架下的城市合作,谋求更多可持续发展合作机会。中国东部沿海很多中小城市在环保方面的经验对泰国来说值得借鉴。泰国的环保市场潜力巨大,在城市水质监控与污水处理、大

气污染监控、汽车尾气排放、工业"三废"处理方面将产生大量技术与设备需求，是中国环保产业进入的良机。中国应推动环保企业加强科研、打开国际市场、提高"走出去"的能力，就泰国市场需求、准入制度、运营管理规范等向企业提供培训、咨询等服务，帮助国内企业拓展国际视野，形成环保"走出去"合力。

四是加强两国城市间生态环保合作。和多数发展中国家一样，泰国的环境问题多集中城市地区，环境标准升级与环境技术应用也以城市为主要依托。随着中国－东盟生态友好城市发展伙伴关系的建立与推动，中泰在城市生态环境保护领域的合作会不断加强。我们应以伙伴关系为载体，以城市间环境治理经验交流为契机，讲好"中国故事"，将中国生态环境治理理念与技术产业打到泰国去。

五是开展多边合作。日本在东南亚尤其是在泰国有很大的影响力，日本对泰国环境保护的研究和介入已经进行了很多年。中国和日本在泰国不是你死我活的零和博弈关系，相反，中国与泰国都应进一步借鉴日本在大气、水污染防治、固体废物管理、农村环境治理和核安全监管等方面的精细化管理的宝贵经验，进一步分享绿色生产转型、绿色生活方式等领域的有效举措，共同谋划中日泰环境合作中长期思路，深化务实合作。

B.7
泰国文化和旅游产业的发展与现状

段立生 邓丽娜*

摘 要： 文化和旅游产业是一种新兴的绿色产业，对国民经济的发展至关重要。它能拉动传统产业，形成新的产业链，优化社会产业结构。本报告从书报出版、影视产业、创意产业和旅游产业等方面，论述泰国文化和旅游产业的发展历程和现状：泰国的书报出版业虽然起步较早，但形成产业规模的时间较晚，截至目前尚未达到足够大的规模；泰国的影视产业近十来年发展迅速，成为具有国际竞争力的亚洲电影品牌之一，但仍有很大的拓展空间；创意产业一枝独秀，处于领先地位；旅游产业具有先天的发展优势，加上政府的重视和扶持，已经基本上达到产业化的水平。对泰国文化和旅游产业的分析，可以作为我们对泰国国情全面了解的一个组成部分，并以此为鉴，发展我国的旅游和文化产业。

关键词： 泰国文化和旅游产业 21世纪朝阳产业 书报出版 影视创意

什么是文化产业？什么是旅游产业？文化产业和旅游产业有什么联系？为什么要研究文化和旅游产业的发展与现状？它跟国家经济发展和国计民生

---

* 段立生，中山大学教授，华侨大学泰国研究所暨诗琳通中泰关系研究中心兼职教授，研究方向为泰国历史文化；邓丽娜，成都大学副教授，对外教育学院副院长，研究方向为泰国语言文化。

有什么关系？以上是本报告探讨和研究的问题。

文化产业，这一术语产生于20世纪初，是随着近代工业的出现而出现的。英语称为"Culture Industry"，可以译为文化工业，也可以译为文化产业。联合国教科文组织关于文化产业的定义为：文化产业就是按照工业标准，生产、再生产、储存以及分配文化产品和服务的一系列活动。

由于文化产业的含义涉及文化与工业，所以文化的工业化生产必须符合工业生产的4个基本特征：系列化、标准化、生产分工精细化和消费的大众化。按照这个标准，本报告所论述的泰国文化产业，包括书报出版、影视产业、创意产业等。其他如舞台演出及造型艺术的生产与服务等，都不包括在内。

中国有关部门则将文化产业界定为：为社会公众提供文化、娱乐产品和服务的活动，以及与这些活动有关联的活动的集合。

所谓旅游产业，就是以旅游资源为凭借，以旅游设施为基础，通过提供旅游产品和服务，满足消费者各种旅游需求的综合性行业。旅游产业不从事物质资料的生产，它以满足人的精神愉悦和生活需求为目的。

应该看到，旅游产业和文化产业具有十分密切的关系，旅游是一种文化活动，而文化旅游又是一种更深层次的旅游活动。文化旅游不是简单的游山玩水，而是有深刻的文化内涵，它通过自然风光、生活体验和历史遗存，提升旅游者的文化修养、扩大视野、增加知识，是一种吸引旅游者的新旅游方式。

为什么要研究文化和旅游产业的发展与现状？因为文化和旅游产业作为一种新兴的绿色产业，具有资源消耗低、环境污染少、附加值高、发展潜力大的特点，能起到较强的拉动传统产业的作用，被称为21世纪的朝阳产业。

文化和旅游产业与其他传统产业一样，是以营利为目的的。无论是物质资料的生产或是精神财富的生产，都必须获利才能扩大再生产，才能实现可持续发展，才能使文化和旅游产业成为国民经济新的增长点，成为提高人民大众物质和精神文化生活的重要支撑点。

文化和旅游产业具有自身的特点，通过它与生俱来的消费性、消遣性、娱乐性、益智性，把消费者和产品、服务联系起来，从而创造价值。文化和旅游产业还能跟传统产业相结合，形成一种新的产业链，获得经济、社会、生态等方面的效益，进而推进产业结构的优化。

本报告以泰国文化和旅游产业的发展与现状为选题，一方面使读者对泰国文化和旅游产业的形成和发展有一个大致的了解，作为对泰国国情全面了解的一个组成部分。另一方面"他山之石，可以攻玉"，通过介绍泰国文化和旅游产业的发展历程，为我国文化和旅游产业的发展提供借鉴。

一　泰国的书报出版业

书报出版业无疑是文化产业的一个重要组成部分，它关系到文化产业的普及、兴旺和发展，是人民大众最经常、最普通的与文化保持密切接触的一种媒介。

泰国书报出版业发轫的时间较早，但形成产业规模的时间较晚，甚至可以说，截至目前都尚未形成具有较大产值的产业规模。

早在1844年7月，美国传教士丹·比屈·布莱特列博士就在泰国出版了第一张报纸《曼谷记事报》。这份报纸每月出版一期，总共出版了十六期，坚持了一年多，于1845年停刊。尽管这样，其重要性仍不容低估，因为它毕竟开创了泰国报纸出版的先河。

第一份由泰国人自己办的报纸诞生于1859年，是泰国国王自己出版发行的，名曰《皇室公报》。当时正是曼谷王朝拉玛四世统治时期。拉玛四世开启了在泰国历史上具有深远意义的行政制度改革。因为他意识到，在西方帝国主义国家强大的攻势面前，东方国家的大门一定是会被敲开的。与其像中国和缅甸那样，在人家来叩门的时候态度强硬，盲目自大，而在国门被打开之后又惊慌失措，丧权辱国，倒不如主动与之接触，学习西方先进技术，采取灵活的外交策略，在夹缝里求生存。他把与西方各国签订友好通商条约当作实施改革措施的第一步，尽管这些条约对泰国的主权和利益有所损害，但毕竟打开了大门，引进了西方的行政管理制度和新闻、报纸、邮电、通信、火车、自来水等新鲜玩意儿。

稍后，华文报纸也开始在泰国社会出现。1907年第一张由泰国华侨创办的中文报纸《华声报》问世。这份报纸一直办到1930年才停刊，历时23年。

1932年6月24日政变发生后，泰国由君主专制政体变为君主立宪制。新创办的《民族周刊》杂志成为宣传新的政治体制的喉舌，并成为培养泰国新闻从业人员的摇篮。

到了20世纪80年代，据亚洲大众传播研究中心出版的《大众传播媒介的传统和变革》一书统计，泰国共有213种日报和周报、130种杂志、262座广播电台和9座电视台。

目前的情况是，全泰国出版的报纸大约有150种，其中40种是日报，大多集中在曼谷地区。全国76个府皆办有地方报纸。首都曼谷教育事业较其他地区发达，人口识字率较高，大约65%的成年人每天阅读报纸。乡镇农村比较落后，在那里大约只有10%的人阅读报纸。

泰国报纸兼有三种文字：泰文、英文和华文。

主要的泰文报纸如下。

（1）《泰叻报》（*Thai Rath*）

《泰叻报》是泰国发行量最大的报纸，创刊于1958年，以刊登耸人听闻的消息来吸引读者，20世纪70年代初它的日发行量就达到20万份，目前日印量超过100万份。

（2）《暹罗叻报》（*Siam Rath*）

创刊于1950年，创办人为克立·巴莫（Kukrit Pramoj）。巴莫出身皇族，其父卡罗亲王是拉玛二世的嫡孙，曾任泰国警察总监。他的祖母有华人血统。他不但是著名的政治家，亲自创建泰国社会行动党，而且是著名的文化人。他利用《暹罗叻报》鼓吹民主，宣扬宪政，撰文揭露军人政府的独裁。他的长篇小说《四朝代》，描述了泰国封建制度的衰亡和资本主义的兴起，在泰国文坛有很大影响。他于1975～1976年任泰国总理，在任期内实现了与中国建交。这一重大举措,对中泰关系乃至全世界都产生了积极的影响。

《暹罗叻报》日发行量3万份,其中有一半左右的订户在农村。

(3)《每日新闻》(Daily News)

日发行量45万份,读者大多是泰国的中产阶级和白领阶层,该报和《泰叻报》相似,主要通过刊登各种引人注目的新闻和专栏文章吸引读者。

(4)《民意报》(Matichon)

这是一份深受读者欢迎的泰文报纸。1978年1月9日创刊,其前身为《民族联合报》(3日刊),现改为日报,版面为大张12版。

(5)《国家报》(Ban Muang)

被认为是泰国国民党的机关报,1963年5月23日创刊。曾因更新印刷设备停刊,1973年1月15日重新出版,并把这一天定为创刊日。

主要的英文报纸如下。

(1)《曼谷世界报》(Bangkok World)

过去曾叫《自由报》,1957年被美联社记者达雷尔·贝里甘接管。1969年报纸董事会转为一个美国机构。美国时代-生活公司的董事长詹姆士·A. 林奈在这个机构的董事会名单上。虽然不是泰国发行量最大的英语报纸,但历史较为悠久,深得一些读者青睐。

(2)《曼谷邮报》(Bangkok Post)

1946年8月1日由美国报人亚历山大·麦克唐纳首次发行。办报模式和西方的报纸相近。第一版是国内外要闻,内页有评论版、专题版、体育版、金融版、娱乐版等。其主要服务对象是在泰国工作的外国人和国内上层人士。版面比较严肃,注重新闻,是一份很受人们欢迎的报纸。报内有彩色页,头版上的照片通常是彩色的,十分吸引读者。主张报道客观公正,尽量反映国内外的最新动态。

主要的华文报纸如下。

(1)《中华日报》

前身是《新报》,初创时是周刊,后来改为每周出版三次,最后发展成为《新报日报》，于1959年停刊。1960年3月16日，改名为《中华日报》续办。

(2)《世界日报》

是中国国民党人和泰华社会名人合办的华文报纸，于1955年7月26日创刊，以"世界报业有限公司"的名义印刷发行。长期以来这份报纸的发行量不尽如人意，因而从20世纪80年代中期着手改革版面。1986年1月该报被台北的《联合报》接管。在以后的许多年里，曾多次进行人事方面的调整和改组，并增加资金、更新设备、扩充业务、革新版面，充实内容。为了扩大华人读者群，该报20世纪80年代中期开始采用中国内地新闻社的电讯稿和香港"中国通讯社"的新闻稿。同时，还较多地采用西方电讯中有关中国的消息，报道较为客观。1986年底开始，该报的发行量逐步增加。

(3)《京华中原联合日报》

是由《京华日报》和《中原日报》在1984年合并重新创刊的。《京华日报》创办于1959年1月29日，原系泰国民众联络厅、华语电台和丽的呼声联合主办的报纸。《中原日报》是由部分原《新中原报》报人于1981年6月3日创办的。两报合并的过程是《中原日报》于1984年7月15日停刊，并入《京华日报》出版，决定16日为新的创刊日期，报名改为《京华中原联合日报》。合并后，该报自称其宗旨是："尊重泰国政府政策，宣扬尊崇皇室、宗教，维护国家安全，报道翔实迅速，内容力求充实，以服务读者。"

(4)《星暹日报》

由新加坡华商胡文虎和泰国华商郭实秋合办，创刊于1950年元旦。但此后不久，郭实秋的股权转让给胡氏家族，这张报纸就成了"星系报业有限公司"的产业。胡文虎和胡文豹两兄弟去世后，该报由胡蛟负责。1971年，该报社长改为李益森。

(5)《新中原报》

1974年6月18日创刊。由前《中原报》社长李其雄和多位侨领以

"新中原报有限公司"名义注册，于1974年正式与广大华侨读者见面。这张报纸从创刊至今，经历了多次重大变动。1976年10月，泰国当局封闭了所有的华文报纸，李其雄也退出该报董事会。1978年江萨当上总理后，放松了对华文报纸的压制，该报于4月1日复刊。复刊后又经历了多次改组。1985年12月，该报老板丘小平把报社盘给方思若、何韵夫妇独资经营。方氏夫妇接管了该报以后，着手改组报社，增张扩版，每日出对开纸七大张，并开辟了"今日中国"和"侨乡"版介绍中国；创办"唐人街"专辑，介绍国际华人的动态；改革副刊，增加趣味性内容。1986年8月，该报逢周六增辟"泰中译丛"版，所刊文章用中泰文对照；当年9月，每周一新辟"泰中投资贸易"版，宣传中国的改革开放和经济建设成就。

(6)《经济日报》

《经济日报》是《中华日报》的老板陈纯创办的，但名义上是"泰国与外国财团携手合作创办"的一份报纸，专业性极强。其宗旨是面向"工商业界、股友大众，提供全球及国内最新的财经信息"，以便能"掌握全球各大城市及国内的经济发展趋势，股市动态，运筹于帷幄之中，决胜于千里之外"。该报持中立立场，言论客观，所用稿件也多冠以"本报电脑传真"，少数稿件则以"本报讯"和"本报综合报道"等为电头。介绍中国财经以及中国各地的状况，以新华社或中国新闻社等的文字以及图片稿为主。①

目前泰国出版社的数量为500多家，大型出版商所占的市场份额超过六成。连锁书店占泰国图书零售渠道的五成以上。泰国几家主要的连锁书店集团为日商纪伊国屋（Kinokuniya）连锁书店、SE - ED（以教育类出版物为主）、Asia Books（英语图书及杂志专卖店）、Nai Indra Bookstore、Book Smile（7~11连锁商店经营的连锁书店）、B2S书店和朱拉隆功书店等。其中SE - ED和Nai Indra Bookstore分别是SE - Education

---

① 潘玉鹏：《泰国报业的当代剪影》，《国际新闻界》1996年第6期。

出版社和 Amarin 出版公司旗下的连锁书店。这些连锁书店大多开在城市的大型购物中心。泰国的出版社多以出版公司或出版印刷公司的面目出现，规模较大的称得上是集团的公司有如下几家，其中以泰国华人创办的南美公司的历史最为悠久。

(1) 南美有限公司（Nan Mee Co., Ltd.）

公司创立于1949年，迄今已有近70年的历史。老板陈式金是旅泰华侨，以传播中华文化为己任，以促进中泰文化交流为宗旨，不遗余力，服务侨界，服务华人，推动泰国人学习中文，深受泰华民众欢迎。南美有限公司已经成为一家经营广泛、规模庞大、实力雄厚的文化产业集团。该公司下属南美书店坐落在曼谷华埠的耀华力路，是泰国规模最大、品种齐全的中文书店。同时还经营一家生产、销售自主品牌的文化用品与办公用品公司，并建立了"南美语言学院"和"陈式金出版社"。出版社以翻译汉语图书为主，内容包括介绍中国的文化、美德、风俗、中医等，同时也出版一些泰国本土出生华人用中文创作的小说、诗歌和散文。近年来，定期从中国图书进出口公司订购中文图书在泰国销售。曾于2013年与广西出版集团在曼谷南美书店合办"2013泰中图书展销会"。南美出版的图书种类繁多，每年出版的新书有1500种以上，大部分为引进版权图书。出版了诗琳通公主的《云雾中的雪花》，泰文版《哈利·波特》等畅销书，代售中国的期刊。

(2) 玛迪搓公司（Matichon Public Co., Ltd.）

玛迪搓（Matichon）在泰语中是"民意"的意思，表现了该公司以"反映民意"为其政治主张。创刊于1978年的《民意报》（日报），是泰国主要的泰文报纸。据统计，2005年该报荣登全世界发行量最大的日报前100名排行榜，排在第97名。该公司的民意社专门负责图书的出版发行事宜，算得上泰国出版界的领军企业。每年出版大量好书，以人文历史、传记文学为主，对中国文化有浓厚兴趣，曾出版了一些中国历史著作。引进版权著作与本土创作著作并举，其比例大约是1∶1。图书出版覆盖面很广，培养了若干泰国本土的畅销书作者，也出版了很多有关中国的人物传记和电视剧改编的小说等，对中泰文化交流贡献良多。

（3）Nation Book 出版公司

Nation Book 出版公司是国家多媒体集团属下的一个公司。而国家多媒体集团则以电视、广播等多媒体产业为主，出版方面以报纸和期刊为主，图书只是该集团的一小部分业务。出版外国在泰国发行的英文报纸，如《华尔街日报》《中国日报》等。在图书出版方面，也引进了若干欧美畅销小说和励志书，还有韩国和日本的漫画作品。曾策划出版了一套世界各国菜谱，名目繁多，种类齐全，配有高清视频，并与电视台达成了长期合作关系，在电视台联播，深受观众欢迎。

（4）泰国农业大学出版社

系泰国农业大学下属的出版机构，地点在曼谷农业大学校园内。以出版农业科普图书和教材为主，对园艺和草药类内容也有涉猎。

总而言之，上面列举的泰国书报出版机构，只是一些具有一定规模并对社会产生较大影响者。还有一些中小企业，不能一一详述。

UBAT 的数据显示，2006 年泰国出版社的数量为 492 家，较 2003 年增加 118 家。2007 年出版社数量基本保持不变。泰国出版业主要由年收入超过 1 亿泰铢的大型出版商控制，他们所占的市场份额约为 62.8%，年收入在 3000 万至 1 亿泰铢的中型出版社占到 25% 的市场份额，另外的 12.2% 由年收入低于 3000 万泰铢的小型出版商占据。2007 年，小型出版社的数量有所减少，而大中型出版社的数量增加了 13.4%（见表 1）。

表 1 2003~2007 年出版社按年收入分类

出版社类别	2003 年	2004 年	2005 年	2006 年	2007 年
大型出版社	20	25	30	36	40
中型出版社	44	54	65	61	70
小型出版社	310	354	380	395	381
总计	374	433	475	492	491

资料来源：泰国出版商与书商协会。

此外，出版行业是否达到了文化产业的规模，经济成效考察是一项重要指标。为此，我们需要进一步考察泰国书籍出版销售情况。

（1）泰国国内图书的发行销售

PUBAT 的数据显示，2003～2007 年，泰国书店的数量增长迅速。2003 年泰国共有 678 家书店；到 2007 年，书店增至 1913 家，比 2003 年增加了 1200 多家。2007 年书店数量的激增归因于 7～11 连锁商店旗下的 Book Smile 连锁书店的迅速扩张。从每家书店平均覆盖的人口数来看，2007 年每家书店覆盖 3 万多居民，比 2003 年的每家书店覆盖近 10 万居民有了极大改善。但是，泰国的图书零售网点还是数量不足，"书店—居民"适配比例不平衡，而且大部分书店集中在首都曼谷地区。

曼谷大型书店销售外文书籍的比重较高。泰国政府对进口图书课以高额关税，使得从国外进口的外文书零售价居高不下，大型连锁书店之所以可以大量贩卖国外出版物，是因为有众多外籍人士支撑着外文书刊市场，泰国白领和知识阶层也喜欢读外文书。此外，由于泰国华侨华人人数众多，加上中资机构常驻人员和港、澳、台的商家，以及大中小学学习中文的泰国学生，中文图书在泰国有庞大的读者群。因此在泰国大型书店，除了可以买到英、美、日等国的出版物外，中文图书同样也可以购得。

（2）泰国图书的进出口业务

由于泰国是一个全面开放的社会，拥有发达兴旺的旅游业，每年来泰旅游观光的流动人口达数百万人次，推动泰国的书报出版业发展必须坚持多元文化共存理念。2005 年泰国引进外国出版物约值 5550 万美元，2006 年和 2007 年分别达到 6060 万美元和 6240 万美元。美国和英国是泰国最大的图书引进国。2007 年从美国引进的图书约占进口书总量的 51.22%，从英国引进的图书占 29.7%。由于存在语言翻译方面的困难，外国出版商大多直接将图书的翻译权和出版权全部销售给泰国的出版商。泰国的许多出版公司只需从事翻译图书的业务，便能维持生计。在 2007 年泰国畅销书排行榜上，前一百名畅销书中有一半是当地创作的，另一半则是翻译图书。[①]

泰国图书的出口业务目前尚处于摸索阶段，无论从品种还是数量方面来说，都还没有达到起码的产业化标准。

（3）泰国图书的读者群

与东南亚其他国家相比，泰国喜欢读书的人及年平均阅读图书的数量皆处于较低的水平。据统计，越南人平均每年阅读60本书，新加坡人平均每年阅读40~60本书，马来西亚人平均每年阅读40本书，而泰国政府的目标是争取到2012年将国内的人均读书量提高到10本。

科技的进步引领了传统的纸质图书向电子书的转化。电子书制作简单，成本低廉，但也存在一些问题。泰国在第十五届图书博览会上对1316名受众所做的调查显示：3%的受访者（40名）喜欢阅读电子书，81.4%的受访者（1071名）没有自己的电子阅读设备。相比之下，日本、韩国和中国的电子阅读率分别为10%、25%和35%。

（4）曼谷国际书展（Bangkok International Book fair）

曼谷国际书展每年4月前后在曼谷的诗丽吉国家会议中心举行，为期5天。同时举行的还有为期13天的泰国国家书展（National Book Fair）。曼谷国际书展暨国家书展是泰国规模最大和最重要的书展，书展上版权交易与图书销售并重。主办方是泰国出版商与书商协会。曼谷国际书展始于2003年，国家书展则创办于1973年。实践证明，举办书展是一种行之有效的办法，不仅可以加强泰国出版业与国外出版业的联系，也可以扩大和培养国内读者群。面向各种层次的读者，集中展示和销售当年出版的新书，也有一小部分往年的旧书。不收门票，读者与书直接接触，皆大欢喜。

（5）出版业的经济效益

泰国出版业暨书商协会的统计数据显示，2010年泰国出版市场的规模在6700万~7000万美元，比2009年的6400万美元增长了5%~9%。促使

[①]《泰国出版业与传媒业》，大佳网，2009年7月22日，http://www.dajianet.com/world/2009/0722/90748.shtml。

泰国出版业取得较大进步的原因主要是国民经济的高速发展，同时政府出台了2009~2018年大力推广全民阅读的计划，并为实现这一计划提供必要的财政支持。比如，政府为采购非正规教育的图书和资料提供资金资助。出版业也有一些税收政策优惠。2011年泰国出版业的经济效益继续保持5%以上的增速，市场规模达到了7000万~7300万美元。

尽管从整体来说出版业保持了不错的增长，但全国320家出版社中小型出版社仍占很大的比例，小型出版社的增长速度从2009年起就开始变慢，随着市场竞争力的减弱，其发展前景不容乐观。要想改变现状，他们只能改变策略，专注于差异化经营，为图书增加价值，或开拓小众市场（niche market）。

二 泰国的影视业

近十年来泰国电影的产量和水准都有了突飞猛进的发展，成为具有国际竞争力的亚洲电影品牌之一。20世纪90年代末爆发的泰国金融危机，曾使泰国影视产业受到重创，年平均产量跌至10部左右。2001年开始逐年递增，2002年达到22部，2003年突破了40部，此后基本稳定在50部左右。在产量增长的同时质量亦有所提高，在新生代电影人的努力下，越来越多的影片赢得票房成功，获得国内外市场的认可，并有高艺术水准的泰国影片在2010年戛纳电影节获金棕榈奖。面对好莱坞大片的竞争，泰国国产电影能够占据近一半的国内电影市场，实属不易。

根据2014年的统计，泰国影视产业的市值和投资共有243亿泰铢，电影获得的票房收入每年大概有12.4亿泰铢，正版DVD销售收入18.32亿泰铢，其他方面比如电影院的广告收入、饮料零食收入大概有20亿泰铢，电影出口获得的收入每年约有5亿泰铢。从实现影视的产业化方面来说，仍有很大的拓展空间。

三 泰国的文化创意产业

文化创意产业（Cultural and Creative Industries）是一种在经济全球化背

景下产生的以创造力为核心的新兴产业，强调主体文化或文化因素依靠个人（团队）通过技术、创意和产业化的方式开发、营销知识产权的行业。

文化创意产业最核心的东西就是"创意"，即创造出新意。这种新意必须是原创的、独特的、别人没有的、能够创造价值的。

文化创意产业包含的行业十分广泛，主要为书报、影视、动漫、传媒、视觉艺术、表演艺术、工艺与设计、环境艺术、广告装潢、服装设计、软件和计算机服务等方面的创意群体。我们可以说，文化创意产业是一个新兴的现代化的文化市场体系，在国民经济总收入中占有极为重要的位置，必须高度重视，有计划地促进其发展。

泰国的文化创意产业发展迅速，在世界各国中处于领先地位，尤其以曼谷最为突出。2008年，泰国曼谷荣获世界最佳旅游城市。美国《时代》周刊评价曼谷说："亚洲最新风格之境，创意人的天堂。"有人预言，将来曼谷的时尚感染力将取代日本东京，成为亚洲第一。

泰国人的创意集中表现为他们能充分利用具有鲜明民族特征的本土文化，结合西方设计理念，开创出新的创意产业。以餐饮为例，泰国餐饮风靡全球，全世界的泰国餐厅多达15000家，大有赶超意大利餐馆的趋势。本来泰国烹饪以酸辣见长，以烘焙烧烤为主，但后来吸收中国潮汕移民的烹饪技术，蒸煮煎炸炒兼备，创造出独具一格的泰式口味，并以泰餐系列独领风骚。但他们并未就此止步，而是不断开创新意。他们学习西餐制作意大利面，融合了泰式、意式和日式口味，加上泰国的海鲜、柠檬、九层塔等香料，使顾客大快朵颐。

在泰国的大小集市或商店，都可以看到一些本地生产的颇有创意的商品，比如Naraya包包，样式新颖、价格便宜，在许多国家和地区都有专卖店，成为抢手"曼谷包"品牌。肥皂蜡烛等日常生活用品，也都做成特殊形状，或似花朵，或似宠物，可以当作观赏的艺术品。泰式按摩，遍布大街小巷，并风行世界，带动全球Spa产业创造超过3000亿美元产值。泰国的医院，将旅游和治病结合起来。医院设施与五星级酒店无异，把休养和治疗融为一体。影视广告宣传，特别有创意，让人一旦过目，便久久难忘。

可以说，泰国的文化创意产业一枝独秀，处于领先地位。

四 泰国的旅游产业

泰国的旅游产业具有先天的发展优势：地理位置优越、自然环境宜人、人文景观丰富多彩、风味饮食美味可口。加上后天的各种有利因素——政府的重视、人民的热情好客、旅游设施的配套完善等，使泰国成为外国游客首选的旅游胜地。

泰国旅游业的发展起源于20世纪60年代，到了80年代开始进入黄金时期，1982年旅游业的外汇收入第一次超过传统的大米出口创汇额，成为国民经济收入的支柱产业。此后多年，旅游业一直稳居创汇收入的第一位。1997年泰国金融危机给泰国经济带来巨大伤害，在百业萧条的情况下，唯旅游业保持兴盛不衰，对稳定泰国经济起到了良好作用。1960年外国游客赴泰人数仅8万人次，2001年则突破1000万人次大关，2012年飙升至2200万人次。2009年至2014年，外国赴泰旅游人数每年都超过1400万人次，呈逐步上升趋势。旅游人数的增加必然带来旅游业外汇收入的增加，1960年旅游业收入0.078亿美元，2001年则达到311亿美元。2013年，赴泰游客人数增长约10%，旅游收入较前一年增加了55%。2017年的总收益为53亿美元。大体上说，泰国旅游业收入占国内生产总值的10%以上。

根据泰国国家旅游局的统计，2017年赴泰旅游的外国游客总数超过3500万人次，较2016年同期增长8.77%。客源来自中国、日本、韩国、新加坡及欧美国家。其中中国为主要客源，超过980万人次，所占比例最高。2017年前10个月，赴泰中国游客累计820万人次，同比增长5.26%，占外国游客总数的28.45%。中国游客为泰国创收4355亿泰铢（约合人民币881亿元），同比增长8.34%，占外国游客创收总额的29.57%。泰国开泰银行研究中心预测，2018年泰国游客数量及其所创收入都将持续增长，预计全年外国游客量将突破3700万人次，将为泰国旅游业创收约2万亿泰铢（约合4028亿元人民币）。

我们可以毫不含糊地说，泰国旅游业已经基本上达到规模化、产业化的水平。

五 结语

通过对泰国文化和旅游产业的总结和分析，我们可以得到如下认识。

一是文化和旅游产业是新兴产业，对国民经济和国计民生有重要影响。泰国政府和人民十分重视这一领域，值得我们借鉴。

二是文化和旅游产业跟文化本身密切相关。要发展文化和旅游产业，首先要提高全民的文化素质，只有具备较高的文化素质才能创造高质量的文化和旅游产业。当然，政府制定有利于文化和旅游产业发展的相关政策，执行切实可行的发展规划，亦是必不可少的条件。

三是充分认识和利用文化和旅游产业的规律和特点，是加速发展文化和旅游产业的关键。相对于物质资料生产领域来说，文化和旅游产业的投资较小，收效较快，同时还是一种绿色产业，资源消耗低，环境污染少。作为发展中国家，优先发展文化和旅游产业，是一种明智的选择。

四是如果说文化和旅游产业本身就充满创意的话，那么文化创意产业则全靠创意吃饭。创意就是文化创新，它将人的智慧与物质需求高度结合，从而创造出新的附加值。这是一片未经开垦的处女地，蕴藏着巨大的商机。

五是实现产业化是发展文化和旅游业的关键。不能用小农经济或手工作坊的方法，只能采取工业化的手段，如此才能实现文化和旅游产品的生产和再生产，并保证其持续发展。

B.8 泰国中文教育现状与发展需求

冯志伟 徐红罡*

摘　要： 中泰两国是近邻，自古以来关系友好。早期的中国人移居泰国后曾创办过中文学校以教授中文、传播中华文化。但是由于历史、政治等原因，很多中文学校被迫关闭或者停止中文教学，直到1992年才重新恢复。近年来，随着中泰两国政府在中文教育领域的合作不断扩大与加深，泰国的中文教学实现了快速增长。在中文教育快速增长的同时，也存在不少问题，特别是如何进一步提高中文教育质量的问题尤为突出。

本报告采用定性、定量研究方法，通过参阅文献和深入访谈来研究泰国中文教育的现状、存在的问题、影响中文教育的因素以及社会对中文教育的需要，在基于事实的基础上，提出了进一步完善中文教育的对策和建议。

关键词： 泰国　中文教育　服务需求

一　问题的由来及重要性

中泰两国地理相近、血缘相通、文化相似，有着悠久的友好往来历史，特别是两国自1975年正式建立外交关系以来，在互信互惠的基础上政治、

---

* 冯志伟（Wirunphichaiwongphakdee），中山大学博士研究生，泰国素叻他尼皇家大学讲师；徐红罡，中山大学旅游学院教授。

经济、社会、文化、科技、旅游交流与合作全面发展,现在已发展成为全面战略合作伙伴关系。

随着中泰两国关系持续稳定发展,泰国政府也看到了学习汉语的重要性,1992年,泰国学校放开中文教学,如今全泰国各类教授中文的学校达3000多所,学习汉语的人数达到80多万。

在中泰两国政府的大力支持下,泰国的汉语教学如火如荼地开展起来,与此同时,如何提高泰国汉语教学的质量,中国政府、院校如何更好地支持、配合泰国的汉语教学成为大家思考的热点问题。

本报告主要采用定性研究和定量研究相结合的方法,通过文献参阅、深入访谈,以及调查问卷等方法收集资料,进行分析总结。

二 泰国的教育体制

泰国教育的发展可以分为五个时期(见表1)。

表1 泰国教育发展的历史时期

时间	阶段	特点
19世纪以前	旧式教育时期	教育与佛教关系密切,教学活动主要在寺庙进行。僧侣为男童传授佛经和语言文字,女童则没有受教育的资格;而贵族子弟有专门的宫廷贵族教育
19世纪初期	近代教育开创时期	来泰传教士开办学校,设立男子学校和女子学校
19世纪中期	振兴时期	1871年,拉玛五世学习西方教育制度,在王宫建立第一所现代意义上的学校。高等学校开始建立
1932~2016年	改革发展时期	1932年宪法确立了现代教育体制,1960年泰国开始颁布教育发展五年计划。借此计划,泰国有步骤地推进教育发展,为泰国经济起飞培养了宝贵的人力资源。2007~2011年为第十个教育发展计划。2012~2016年为第十一个教育发展计划
2016年至今	稳定发展时期	2016~2020年为第十二个教育发展计划

资料来源:李仁良、陈松松:《今日泰国》,泰国华侨崇圣大学出版社,2018。

总体上看,泰国的教育体制受西方影响比较大,1851年拉玛四世继位,主张效仿欧洲,在政治、经济和军事方面实行改革。1855年被迫与英国订立《鲍林条约》。1856年先后与美法等9国订立不平等条约,使暹罗沦为半殖民地。1868年拉玛五世继位,当时他年仅15岁,由王族摄政5年。执政后实行一系列重要改革(见朱拉隆功改革),加速了泰国近代化的进程。1893年被迫签订《法暹曼谷条约》,1900年3月与英国订立《英暹曼谷条约》,泰国成为英法在中南半岛竞争中形式上独立的"缓冲国"。拉玛六世(1910~1925年在位)继续推行维新政策,在文化教育方面尤多创建。1917年建立第一所大学朱拉隆功大学,1921年颁布初级教育条例,逐步在全国推行强制小学教育。

朱拉隆功大学被称为全泰最有威望的大学以及泰国最古老的大学,学校名字取自朱拉隆功国王拉玛五世。

泰国历届政府都十分重视高等教育的发展。近30年来,泰国对教育的投入力度一直很大。20世纪80年代,当泰国的人均国内生产总值只有100多美元时,其全国高等学校的在校生总人数就占当时总人口的2.1%,与当时人均国内生产总值高出自己10倍的西欧、日本相当。目前泰国扫盲比例中,男性脱盲率为94.9%,女性脱盲率为90.5%。2009年财政预算中,教育经费高达20.3%,2016年财政年度教育预算5366.97铢,占全国预算27330亿铢的19.6%。从2009年开始,泰国教育部门在初级教育体制内开始推行15年免费义务教育制,即原则上学生从学前到高中毕业都由政府支付教育费用。2016年泰国各级学校学生人数见表2。

表2　2016年泰国各级学校学生人数

单位:人

年级	类型	人数
学前教育	学前班	1752485
小学阶段	小学	4826770
初中阶段	全日制初中	3602036
初中阶段	职业中学	653545

续表

年级	类型	人数
高中阶段	全日制高中	1287979
高中阶段	职业高中/其他	348958
高等教育	本科	2139299
高等教育	本科以上	180418

资料来源：2016 Education Statistics, Ministry of Education, Thailand。

三 教育指导思想和教育类别

泰国管理教育的部门主要有教育部、大学部、内务部、劳动和社会保障部（见表3）。

表3 泰国学校数量

单位：所

管理部门	高教委（高校,高校下的实验学校）	基教委（公立幼儿园、小学、中学）	民教委（私立幼儿园、小学、中学）	职教委（中级、高级职业学校）	其他机构（曼谷市、卫生部等）
学校数量	257	4176	30816	426	2639

资料来源：2016 Education Statistics, Ministry of Education, Thailand。

泰国教育的指导思想为，希望学生在智慧发展、精神发展、身体发展和社会发展四个方面达到和谐与平衡。因此泰国中小学教育一方面大力提倡寓教于乐的教学方法，将绘画、实验、手工、舞蹈、游戏等活动融入教学中；另一方面重视综合素质教育，广泛开展童子军、户外生存、露营等课外活动以增强学生的生活能力。泰国的家长通常也不给孩子预设过高目标，施加沉重的学习压力，而是希望学生在学习生活中能够激发潜质、快乐轻松。

泰国教育主要分为初级教育、高等教育、职业教育和成人教育四大类。

（一）初级教育

初级教育分为3年学前教育、6年初级教育、3年初中教育、3年高中教育。

初等教育（初小和高小）为强制性义务教育。凡年满6岁的儿童都必须接受初级教育到11岁。课程主要包括语言、品行、兴趣体验。

中等教育（初中和高中）为非强制性义务教育。普通高中和职业技术学校都可进行中等教育。泰国初中和高中课程都分为必修课、选修课和活动课三部分，并采用学分制。除了知识和理论学习以外，泰国初高中还十分注重基本技能、生活经验、道德教育和劳动教育等。泰国中等教育还开设大量职业训练课程，如汽车修理、建筑工艺等，为中学生毕业后直接进入劳动市场提供谋生技能。

（二）高等教育

泰国的高等教育，在课程设置、教育方法和教育体制上都采用欧美国家模式。高校类型有大学部下属的公立院校，各种私立院校，各个部委如卫生部、国防部、内政部等下属的行业院校以及亚洲理工学院、玛哈朱隆功佛学院等专门性高等学府共4大类。

（三）职业教育

泰国初等职业教育的目的在于培养学生良好的劳动态度和劳动习惯，使学生具有把所学的知识和技能应用到日常生活中的能力；中等职业教育的目的一方面是向学生传授必要的工作经验和职业技能，以便日后谋取职业，另一方面是使学生能够根据自己的兴趣和能力来选择专业，以便升学深造。中等职业教育主要采取两种形式进行，一是在普通中学开设职业技术课程，二是开办专门的职业技术学校。高等职业教育的目的在于按照劳务市场的需求提供专门化的职业技术培训。

泰国目前有业余职业学校1000余所，许多正规职业技术学校也开设了各种各样的职业教育课程。很多人利用业余时间,较系统地学习某方面的专业知识或训练某一工作技能。有些是修习专业文凭,有些是短期培训班,时间长的为1~8年,短的则仅2个月。

(四)成人教育

泰国的成人教育又称非正规教育,是为了补充正规教育,为社会人士提供学习的机会。泰国的成人教育大致可分为基础教育、成人职业教育和广播电视教育。泰国有两所提供广播电视教育的开放大学:兰甘亨大学和素可泰大学。其中素可泰大学为私立开放大学,采用宽进严出的政策,入学不需要考试,但是毕业考试严格,淘汰率较高。

四 研究成果

(一)泰国中小学、大学、职业学校开展中文教育的现状

1. 开放汉语教育

泰国华文教育历史悠久,但由于种种原因,华文教育于近现代一度陷入低谷。1989年泰国政府批准将汉语纳入国民教育体系,允许从幼儿园到小学六年级阶段开设华文课,华文教育开始慢慢复苏。1992年官方宣布在泰国学校,汉语拥有和英语、法语、德语、日语等外国语同等的地位,准许聘请拥有学士学位或师范学历的中国教师任教。

2. 中泰签订教育合作协议,全面推动汉语教学发展

泰国教育部主办的首届泰国汉语教学大会于2006年1月11日在曼谷开幕,在本次大会期间,中国国家对外汉语教学领导小组办公室、泰国教育部门的官员在中国教育部副部长章新胜与泰国教育部部长乍都隆的见证下签署了合作协议。中国教育部将采取一系列政策和措施,与作为汉语教学重点国家之一的泰国进行充分合作,把泰国汉语教学办成国外汉语教学的

典范。

2007年5月28日，中国教育部部长周济与泰国教育部部长共同签署中泰两国合作文件《中华人民共和国教育部与泰王国教育部关于相互承认高等教育学历和学位的协定》，为建立促进中泰两国学生和专家交流的机制奠定了基础。

3. 泰国汉语教师志愿者项目

2003年，作为试点，国家汉办向泰国和菲律宾派遣了首批志愿者，为全面实施此项目积累了经验。2004年经教育部批准，汉语教师志愿者项目正式实施。应泰国教育部的请求，中泰联合启动中国汉语教师志愿者赴泰教学的项目。至2017年，先后有16批10000多人次中国国家汉办汉语教师志愿者赴泰任教。上千所学校开设汉语课程，学习汉语的学生达80多万人。

4. 孔子学院/孔子课堂

随着"汉语热"的兴起，泰国的皇室、政府和人民对汉语教学高度重视，近年来开设汉语课程的大中小学校不断增多，学习汉语的人数迅速增长。中泰两国高校和有关部门顺应时代的发展趋势，积极合作，从2006年底起在泰国各地建立了15所孔子学院和11个孔子课堂。各孔子学院因地制宜，发挥优势，形成了各具特色的办学模式，成为泰国人民学习汉语、了解中国的窗口和桥梁，受到了泰国政府和人民的欢迎。

5. 本土教师培养项目

泰国教育部从2008年开始实施汉语教师本土培养项目，泰国政府特别规定每年留100个公务员职位给汉语教师，从有汉语专业的大学里挑选学生，提供奖学金到中国留学，回国后担任公务员在中小学教授汉语。本项目连续实施3年，目标是培养300名汉语教师公务员。

上述一系列措施，使泰国的汉语教学得到了蓬勃发展，从表4的对照可见一斑。

表4　2012年与2015年隶属基础教育厅的学生数量对比

单位：人

学年	2012年			2015年	
级别	小学	初中	高中	初中	高中
汉语为必修课人数	—	—	101537	128098	115909
汉语为选修课人数	—	245928	110509	172758	126913
汉语补习人数	8178	13610	67435	16251	16378
学生数量	34037	259538	279481	317107	259200
学生总数	573056			576307	

资料来源：巴萍、郭小芳：《泰国汉语教学之现状》，《民俗典籍文字研究》2016年第2期。

由表4可知，2012～2015年，泰国学校里学习中文的人数大大增加，数量可观。

在定量研究中，笔者采用调查问卷对泰国25所学校500名学生学习中文的动机以及对中文教育的看法作了调查。调查显示：学校对学生学习汉语的影响很大，多数学生因为学校开设汉语课而学习汉语。大部分学生觉得汉语很难，但是很有意思。大多数学生对中泰关系给予高度评价，学习汉语的主要动机都是经济因素、好找工作等。

（二）影响泰国中文教育的主要因素

影响泰国中文教育的主要因素包括以下几个方面。

1. 政治因素

（1）泰国王室和政府的支持

泰国九世国王普密蓬十分重视泰中关系，并积极支持中泰文化交流。国王关于"中泰关系密不可分"的高度评价，成为指导泰国发展对华关系的至理名言。普密蓬国王曾多次表示希望泰中两国加强在经贸、农业、科技、水利和铁路等领域的合作，密切人民之间的交往，不断增进泰中友谊。

诗琳通公主锲而不舍地学习中文，促使泰国兴起中国文化热。诗琳通公

主预料到泰中关系和泰中交流将会不断扩大,中文将在发展泰中关系中发挥重要作用,她曾将不少唐诗宋词、现代小说、散文等翻译成泰文出版发行,极大地促进了中国语言文化在泰国的传播。

(2)"一带一路"与泰国发展战略对接

2013年习近平主席提出"一带一路"倡议后得到泰国的支持。泰国处于"一带一路"陆海交汇地带,是"一带一路"建设过程中的重要合作伙伴。泰国政府于2016年提出的"泰国4.0"、东部经济走廊建设,可以与"一带一路"对接,泰国政府希望中国企业参与泰国东部经济走廊建设。实际上,中泰两国在"一带一路"框架下的合作已经有了初步成果。在"一带一路"和"泰国4.0"政策对接下,中泰两国经贸投资合作不断深化,吸引了大量的泰国学生学习汉语,因为他们看到了未来的贸易投资机遇。

(3)泰国教育部对中文教育的支持

汉语教育在泰国全面开放,而且受到了泰国政府的重视,泰国的教学大纲一共有八大类:泰语、社会宗教和文化、自然科学、数学、艺术、外语、职业和技术、卫生和体育。汉语教育在外语类下面,在外语类下面还有英语、法语、日语、西班牙语、德语等。英语一直占据第一位,无论是学习人数,还是学习课时数量、普及程度等都有绝对优势,汉语成为仅次于英语的第二大外语。

(4)中国政府的支持

中国政府对汉语的支持可以说是推动泰国汉语教学发展的最大的外来动力和因素,派教师协助泰国汉语教学大纲的制定、教材的编写。每一所孔子学院、每一个孔子课堂都有中方院长和数名教师志愿者。

2.经济因素

(1)中泰两国经济贸易紧密度增加

中泰两国在平等互利原则基础上推动和扩大双边贸易,经贸合作发展迅速,双边贸易额逐年上升。1975年,双边贸易额仅为2500万美元,而到2017年,这个数字上升到了764亿美元。2013年,中国超越日本成为泰国最大贸易伙伴，双边贸易额再上新台阶。2015年，中国成为泰国最大贸易伙伴、第二大出口市场以及第一大进口来源国。

（2）"一带一路"下中泰相互增加投资

随着中国经济实力的增强和对外开放的深化，泰国对中国的投资逐渐提升。据泰国银行统计，中国企业对泰国投资亦呈稳步增长之势。据泰国促进投资委员会办公室（BOI）统计，2013~2015年，中国企业申请投资项目共172个，投资总值为约166.41亿元人民币。

中资企业需要大量的懂中文、了解泰国国情的人才，这也为泰国学生学习中文提供了良好的基础。

（3）泰国的中国游客数量增加

2017年访泰中国游客多达980万人次，消费总额达4800亿泰铢，预计2018年访泰中国游客将持续增加。

未来5年，中国游客仍是泰国最大的国际访客群体。由此可见，随着中泰两国经贸投资关系，特别是旅游合作的持续发展，中文人才越来越有市场。

3. 文化因素

（1）中泰两国民间交流增加

曼谷中国文化中心是中国在东盟国家设立的第一个中国文化中心，具有示范意义，它的建立将把中泰文化交流推向更高水平。两国在文化、生活、思想、语言等方面的交流将更加紧密。现在每年都有300多个团组来曼谷中国文化中心演出。

（2）中泰两国留学生都大幅增加

据不完全统计，泰国在中国的留学生已经高达2.3万人，同时，泰国也成为中国第四大留学生生源国。另外，中国到泰国求学的学生也已经超过了3.2万人，中国成为泰国最大的留学生生源国。中泰双方还进行了交换生项目合作，让学生进行深入的学习、交流，交换生、留学生这两个项目很好地维持了中泰之间的双向交流、互动，极大地促进了中泰高等教育合作的进行。

(3) 泰国华人、华侨社团的支持

泰国是一个深受中国儒家思想影响的国家，中国人移居泰国后，仍然保留着尊师重教的习惯。一方面重视自己子女的教育，尤其是中文教育，总希望自己的子女能够讲汉语，继承和发扬中华文化。另一方面在经济能力范围内创办中文学校教授汉语，传播中华文化。

（三）泰国中文教育存在的问题及原因

泰国的中文教学在最近10多年得到了快速的发展，如何进一步提高泰国中文教学的质量成为一大挑战。泰国中文教育存在的主要问题如下。

1. 开设中文课程的学校方面

虽然很多学校教授中文，但是从整体上看存在几个问题。第一，泰国主流的顶尖中小学都没有开设中文课程。开设中文课程和课时最多的都是民校和个别公立学校。第二，泰国高校基本上都开设了中文课程，但情况各异，水平参差不齐。公立高校汉语专业人数比较少，但是公立学校、私立学校中文选修课的人数很多。高校培养出来的中文人才能力悬殊，从某种义上影响到中文教育质量。

2. 中文师资方面

现在泰国很多学校仍缺乏中文老师，特别是中小学。中国来的老师虽然能讲中文，但是没有教授小孩子学习中文的经验，更缺乏管理小孩子的经验，有的存在语言交流障碍，所以往往需要一名泰国籍老师负责课堂纪律。中国来的老师缺乏对泰国国情的了解，缺乏对泰国学生心理素质的了解，往往严格要求学生，结果是物极必反。

3. 教材方面

中泰两国政府、院校和一些有识之士已经认识到教材问题。

现有的教材五花八门，各个学校根据老师的个人情况，选用教材，缺乏一套统一的教材。由于大多数汉语教材是中国老师在国内编写用于对外汉语教学的，所以涉及的内容往往是以中国为背景。没有一个统一的管理机构来负责中文教材的编写和印发工作。现在基本上是所有的学校都没有统一购买教材，不能做到人手一套教材，而是采用复印的形式。

4. 缺少说汉语的环境

在学校除了上中文课，老师、学生讲中文以外，几乎没有讲中文的习惯和环境。这不仅影响到学生学习汉语的积极性也影响到汉语教育质量的进一步提升。

5. 不存在一个强有力的管理机构

泰国各类学校各个年级，从幼儿园、中小学到大学，从私立学校、国际学校、教会学校到公立学校，从职业学校到普通初级、高级学校都有开设中文课，但是缺少一个统一的领导中文教育的机构。

（四）泰国中文教育未来学习和服务的需求

1. 中泰关系紧密发展，对中泰双语人才的需求持续增加

从长远来看，中国政治稳定、经济发展较快。泰国居东盟中心地位，制定了二十年国家战略、泰国4.0以及泰国东部经济走廊等规划，也进一步提升了泰国经济在世界舞台上的竞争力。在"一带一路""泰国4.0"的背景下，对中泰语言人才的需求量还是很大的。所以学习中文仍是时代的需求。

2. 目前中文学校数量、学生数量、师资数量基本达到供需平衡

教授中文的学校基本上维持在目前的状况，数量不会发生较大的改变。因为有条件或者有需要开设中文课程的学校已经开设了中文课，没有条件或者没有意识到学习中文的重要性的学校，以及没有把中文学习放在重要位置的学校在近期也不会考虑开设中文课程。学习中文的学生数量也应该会维持在目前的水平。

3. 多样化的服务需求

高科技、现代传媒技术的发展，对中文教育提出了更高的要求，传统的中文教学面临技术革命，未来的中文教学应该是多样化，对于其他专业课程的需求数字化。能够远程教学，扩展受众群体；能够随时接触中文学习资源，有更多的App资源等。学习中文的人群也会大众化。目标群体不仅限

于学历教育和语言教育，也应该覆盖到中文培训、非学历教育，除了语言教学以外也应该推广至文化的教育与传播。

（五）泰国中文教育进一步完善的对策及建议

根据对泰国中文教育的现状、存在的主要问题、影响中文教育的因素以及社会对中文教育的需求的研究，笔者认为中泰两国应该进一步加强合作，提高泰国中文教育水平，具体的对策和建议如下。

1. 中泰合作共同成立一个中文教育领导管理机构

目前，缺乏一个具有权威的中文教育领导管理机构，而社会有迫切的需求，需要有一个统一的领导和管理机构。但是泰国教育部缺乏领导机构，也缺乏懂中文教育的管理人才来组织、领导中文教育，所以在这种情况下，中方应该推动泰国教育部成立一个中文教育领导管理机构或名为泰国中文教育管理中心或者名为泰国中文教育管理委员会，中方派出专员作为中心雇员或者委员会理事，协助中心或者委员会工作，等泰方管理人才具备了，慢慢地把管理工作转交给泰方，由泰方自主领导和管理。

2. 共同成立一个教材编写专家小组

针对泰国缺乏统一的中文教材和专业汉语教材的情况，中泰双方应该成立一个教材编写专家小组，这个小组可以直属中文教育领导管理机构或者设在泰国某个高校的孔子学院里。小组应该由中泰双方懂得对外汉语教学、了解中泰国情的专家组成。编写一套普通中文教材，覆盖小学一年级到高中三年级。一套大学汉语教材，包括精读、泛读、听力、写作、翻译、旅游汉语、商务汉语等。也应该包括社会人士学习汉语的教材，例如实用汉语会话、汉语速成等。

可以由中国汉办和泰国教育部共同牵头进行，这完全符合中泰两国促进文化教育交流与合作的愿景，也符合泰国法律规定，是完全可行的。

3. 孔子学院、孔子课堂应该积极融入泰国社会

整个泰国有15所孔子学院和11个孔子课堂，数量是比较大的。自从2006年成立第一所孔子学院至今已经有12个年头了，成立至今为泰国社会

承担了很多的汉语培训工作。但是孔子学院的功能远远没有发挥出来。第一，基本上所有的孔子学院都是以中方院长、中文老师为主组织活动、培训汉语等。泰方无论是院长还是教师参与的积极性和程度都很低，甚至还常常有矛盾，孔子学院、孔子课堂的工作不但没有得到支持，反而受到很大的阻力。第二，孔子学院、孔子课堂的汉语教学和它们所在学校的中文系、中文专业、语言学院的汉语教学发生利益上的冲突，在很大程度上也造成孔子学院、孔子课堂的汉语培训工作无法顺利进行。第三，孔子学院、孔子课堂搞得活动都是重复的，没有创意，很难吸引泰方人士特别是泰方高层人士参与。

4. 孔子学院、孔子课堂应该尽早现实商业运作

成立孔子学院、孔子课堂的目的是推广汉语教学和传播中国文化。中方投入初期的启动资金、泰方投入基础设施，然后逐渐走向市场运作，自负盈亏。笔者认为应该借鉴其他国家的做法，如日本语言中心、英国文化协会（British Council）等，慢慢地做出自己的品牌。所以，孔子学院、孔子课堂应该思考如何发展？在思考中才能去发掘孔子学院、孔子课堂应该去做的项目，才能创新发展。孔子学院、孔子课堂如果能实现商业运作，才能真正体现其价值所在。

5. 进一步细化汉语教师志愿者的管理

对汉语教师志愿者的管理确实是一项比较复杂的工作，派出单位、国家汉办、泰方学校都对汉语教师志愿者进行汉语教学技能、安全措施等方面的培训，但是每个志愿者的生活、教学环境不尽相同，甚至可以说是有天壤之别，每个汉语教师志愿者的心理素质也不尽相同，适应环境的能力也不一样。

由于体制本身的一些局限，汉语教师志愿者会考虑自身的学习深造、长远的就业、婚姻家庭等因素，人员流动性很大。所以，从总体上看，汉语教师志愿者的数量不宜再过多增加，应该慢慢地由泰籍老师来承担泰国的汉语教学，并进一步加强对教师志愿者的细化管理。

6. 创办一所中国化的学校

泰国是一个开放比较早、开放程度比较高的国家。在泰国有很多国际学

校,泰国很多院校也和国外院校有合作关系。有美国、英国、新加坡等国的国际学校,有日泰技术学院、德泰技术学院,但是没有中泰国际学校。

随着中国"走出去"战略、国际合作办学规划的实施,特别是在"一带一路"倡议和"泰国4.0"战略、泰国东部经济走廊项目的大背景下,泰国允许国外在东部经济走廊区域投资,而且可以持大股,应该说对中国创办院校而言是一个好机会。在泰国有一所中国创办的国际学校是很多泰国华人、华侨和华裔的心愿。

中国国际学校除了教授汉语以外,还可以开设有优势的专业:轨道交通、高铁、航空、数学、物理等。这些都是泰国社会急需的专业,相信国际学校一定会有市场。

7. 建议中文教育精英化

首先,选择泰国知名院校合作,创造品牌效应。目前泰国的高校基本上都和中国高校有合作,比如15家孔子学院都和中国高校有合作。在合作的基础上,应该发挥各自的强项,开设有特色的语言文化课程,创造品牌。

其次,增加公派教师,减少志愿者,实现专业化。目前在泰国的汉语教师志愿者数量已经很大,而且有很多的不确定因素,造成志愿者的流动性比较大,有的教了一年中文,刚刚学会教书,就离开岗位。而且志愿者老师以基础汉语教学为主。在一些重点高校,应该有公派教师或者增加公派教师的数量。公派教师一般都有教学经验,特别是对某个领域有一定的研究,例如古代汉语、中国现当代文学等,这些都是泰国急需的。因此,可以根据实际情况相应减少汉语教师志愿者的数量,增加公派教师的数量,使其担任高年级课程的教学。

再次,在中文教学的基础上,增加文化推广。语言和文化是分不开的,特别是中文,可以说是博大精深,中国几千年的文明都直接或者间接地体现在汉语里,或者说汉语体现了中国几千年的文明。因此,在加强中文教育的同时,也应该增加文化推广,在推广和传播文化的过程中,既增加了汉语的趣味性,也丰富了汉语的词汇和内容。我们都知道,语言水平和个人综合素质的提高,与对文化的掌握是分不开的。要想做一个好翻译,仅仅依靠语言是不行的，必须对两国国情有所了解，国情涵盖政治、经济、哲学、历史等方方面面，所以要想提高中文教学质量，必须增加文化的推广。语言教学和文化推广是相辅相成的。

最后，增加多种形式的中文教育。语言是不受时间和场地的限制，随时随地都可以学习的，有人认为社会是学习语言最好的场所，因此，除了正常的课堂教学以外，还应该增加课外的学习时间，增加多媒体的教学。学生可以阅读课外书，也可以观看中国的电视剧，有的电视剧有泰文字幕，对于初学者来说是有必要的。多媒体教学，可以训练学生听、说、读、写、译的能力，快乐学习汉语。

参考文献

央青：《泰国汉语快速传播对其他国家顶层设计的启示》，《西南民族大学学报》（人文社会科学版）2011年第2期。

陈记运：《泰国汉语教学现状》，《世纪汉语教学》2006年第3期。

杜厚文：《实用汉语教程》，泰国中华总商会。

黄德永：《来华泰国中小学汉语师资培训情况调查》，载《汉语国际传播研究》第1辑，商务印书馆，2011。

黄汉坤、徐武林：《泰国高校汉语言专业研究生教育现状》，《云南师范大学学报》（对外汉语教学与研究版）2014年第3期。

江傲霜、吴应辉、傅康：《泰国汉语教师志愿者教学情况调查对志愿者培训工作的启示》，《民族教育研究》2011年第5期。

李志厚、冯增俊：《泰国基础教育》，广东教育出版社，2004。

刘琴：《对泰国汉语老师过度使用母语教学的分析研究》，孔子学院网。

田艳：《国际汉语课堂教学研究——课堂组织与设计》，中央民族大学出版社，2010。

王志茹：《大学英语学习需求分析实证研究》，《湖北大学成人教育学院学报》2003年第2期。

吴应辉、龙伟华、冯忠芳、潘素英：《泰国促进汉语教学，提高国家竞争力战略规划》，《国际汉语教育》2009年第1期。

吴应辉、郭骄阳：《泰国汉语教学志愿者项目调查报告》，《云南师范大学学报》

（对外汉语教学与研究版）2007年第1期。

吴应辉、杨吉春：《泰国汉语快速传播模式研究》，《世界汉语教学》2008年第4期。

张艳萍《对来华泰国汉语教师汉语学习情况的调查》，《云南师范大学学报》2007年第2期。

李仁良、陈松松：《今日泰国》，泰国华侨崇圣大学出版社，2018。

巴萍、郭小芳：《泰国汉语教学之现状》，《民俗典籍文字研究》2016年第2期。

对外关系篇

Foreign Relations Reports

B.9 巴育执政以来的泰国对外关系分析

马银福*

摘　要： 本报告以2014年至今巴育政府的一系列重大外交活动为主要内容，运用层次分析法，分别从周边邻国、地区大国和国际（地区）组织三个层面分析泰国的对外关系。报告认为2014年后泰国对不同的外交对象采取不同外交策略，虽取得了一定的成就，但受到自身和周边邻国实力及各自内政的困扰，巴育政府所取得的外交成效并不明显。

关键词： 泰国　巴育政府　对外关系

---

* 马银福，云南大学国际关系研究院2017级博士研究生，研究方向为东南亚国际关系、区域与国别研究。

泰国作为东盟的重要成员国，在地区事务中向来扮演积极参与者的角色。然而泰国自2010年以来，国内政局持续动荡，街头政治不断上演，经济发展持续低迷，在地区事务上的底气不足，国际形象受损，作为推动东盟一体化进程主导者的积极性受挫。而对于巴育政府来说，对内稳定政局，防止出现动乱局面，确保国内秩序，对外取得邻国和国际社会的"理解"与认可，重塑国际形象，重新参与到地区和国际事务中，发挥泰国应有的作用，就成为首要外交问题。

那么，巴育政府采取了何种对外政策？是否有别于民选政府？对外政策的重心是什么？其大国政策是否有变化？对未来东盟地区有何影响？本报告以2014年巴育上台至今所开展的一系列重大外交活动①为主要内容，运用层次分析法，分别从周边邻国、地区大国和国际（地区）组织三个层面分析与解读泰国的对外关系，归纳其特点与规律，以便更好地理解泰国与周边邻国、地区大国和国际（地区）组织的关系。

一 周边邻国：睦邻友好，经济先行

泰国位于中南半岛中部，周边邻国包括缅甸、老挝、柬埔寨、马来西亚和越南等东盟国家。目前，泰国与周边邻国关系良好，经济依赖日益紧密，东盟经济一体化进程平稳，出于地缘政治因素考虑，"地理对泰国对外关系起着基本的作用"②，"地理因素与弹性的外交政策成功地交织，互相影响，地缘因素成为泰国决定其外交战略的重要考虑之一"。③"地缘之于外交在这里主要是指一个国家地理位置、幅员等所具有的战略意义上的特征对其制定政治、军事战略、国防和外交政策有十分重要的影响，是影响一

---

① 本报告所列举的巴育政府的一系列外交活动均来源于泰国政府网站，http://www.thaigov.go.th/。
② Arne Kislenko, "Bengding with the Wind: The Continuity and Flexibility of Thai Foreign Policy," *International Journal*, 57 (2002): 538.
③ 陈鸿瑜：《东南亚各国的政治与外交政策》，渤海堂文化事业有限公司，1992，第149页。

个国家外交传统最恒久的因素。"① 而出于历史传统、国家利益、定位构想考虑,维护东盟团结、传统友谊和友好关系也是重要原因,因此巴育上台后便主动访问周边邻国,对周边邻国采取睦邻友好、加强合作的外交政策。

(一)政治上,主动访问周边邻国,强调经济合作,以增进理解与互信,维护睦邻友好关系

巴育将周边邻国作为主动访问目标,2014年10~11月完成了对缅、老、柬、越四国的访问,表明巴育政府极其重视与周边邻国的关系,除了简要介绍泰国政局外,访问重点在于希望加强与周边邻国的双边经贸合作、互联互通,建设边境经济特区来加强双边关系,巩固睦邻友好,增强与邻国之间的理解与互信,维护泰国周边的安全与稳定,为国内发展创造良好的周边环境。

2014年10月9~10日巴育访问缅甸,在会见缅甸总统吴登盛时强调,泰缅两国是安全和发展战略伙伴关系(partnership for security and development),强调规范和发展两国边境经济圈,加强禁毒合作,发展互联互通,增加开放永久口岸数量,加强能源和人员的合作,加快土瓦(Tavoy,位于缅甸南部)经济特区建设。泰国政府内阁发言人在巴育出访缅甸前答记者问时说,"巴育总理访缅目的在于加强固有的双边关系,并为今后双边全面发展制定规划"。2014年10月出访柬埔寨前,巴育说访问目的在于增进同柬埔寨领导人的关系,制定泰柬今后的双边合作规划。把柬埔寨作为第二个访问国家,是为了证明泰国重视加强邻国之间的关系,促进东盟各国之间的合作。2014年11月27日,他访问越南,在会见越南国会主席阮生雄时说,此次访问是为了密切两国关系与合作,以及制定泰越两国的远景合作规划。2015年3月25~26日巴育访问文莱,他说此访旨在促进双边关系,在双边和地区框架下进一步密切与文莱的合作。

---

① 仪名海等:《战略 策略 技巧:多种外交形态透视》,清华大学出版社,2012,第51~52页。

（二）经济上，以双边经济合作为起点、区域合作为支点，加快东盟经济一体化进程和整体实力建设

巴育上台后除了维护国内稳定、推进国家改革外，还注重促进经济发展、改善民生，因此，在外交方式上以经济外交为主，"经济外交可以加强各国之间的经济联系，增进国家的经济利益"。[1] 巴育希望通过加强与邻国的经贸合作，带动泰国经济发展，其具体策略是先进行双边经济合作，然后再多边，最后是整个区域的合作，形成点、线、面经济合作的局面，巩固和维护泰国作为东南半岛腹地"地区中心"的地位，因此巴育在访问邻国时除了强调两国友好关系之外，还特别强调与周边邻国在经济领域的合作，尤其是地区基础设施和互联互通建设。

2014年10月17日，巴育在第十次亚欧峰会期间会见老挝总理通邢·塔马冯。巴育强调，为了迎接东盟经济一体化，泰国将加强与各国的经济合作，特别是与邻国的经济合作。泰国准备与老挝发展边境地区的经济，例如在泰国穆达汉府建立经济特区，建立农产品收购市场，促进边境地区贸易、投资，提高人民生活水平，减少贸易壁垒。2014年10月30~31日，巴育访问柬埔寨期间，两国签署了泰柬远景合作规划协议，强调在发展经济特区和边境经济方面加强合作，协议内容涵盖支持经济发展、提高边境地区人民生活水平、劳工问题、口岸开放等。2014年11月12~13日，巴育参加在缅甸内比都举行的第25届东盟领导人峰会。巴育在会上说，泰国坚持东盟条约，为了推动东盟一体化进程希望加快以下四个方面的合作：第一，促进东盟成员国之间的互联互通，泰国政府有在边境地区建立特别经济区的战略；第二，共同应对跨国问题，包括人口贩卖和跨国犯罪；第三，加快地区经济伙伴协议磋商，在2015年内实现亚太地区的自由贸易；第四，东盟必须共同应对灾害。

2014年11月26日，泰国总理巴育访问老挝，并会见老挝国家主席朱

---

[1] 李渤：《新编外交学》，南开大学出版社，2005，第149页。

马里·赛雅颂。两国签署了2份备忘录和1份协议。巴育说，泰国重视与老挝合作，特别是促进交通的互联互通，巴育说边境线是"合作之线"，通过地区重要的交通网点，泰老两国应相互促进经济繁荣，促进人员交流和商品运输。巴育在会见老挝总理通邢·塔马冯后，重申将共同推动两国公平和共同繁荣的伙伴关系（Partnership for Equitable and Shared Prosperity），双方表示将进一步加强在边境经济区和基础设施建设、互联互通、旅游、能源等领域的交流与合作。

2014年11月27日，巴育会见越南总理阮晋勇，双方同意促进贸易、投资、互联互通等领域的合作，以及加强经济领域的合作，包括连接东西、南北的经济走廊，以及其他领域的合作。2014年12月1日巴育访问马来西亚，在会见马来西亚总理纳吉布时巴育重申促进双边关系的重要性，作为经济伙伴国，两国将促进各个领域的交流互访，促进边境经济发展、经济领域合作，促进互联互通，建立经济特区，同意将贸易额从2013年的8000亿铢增加到2015年的1万亿铢，促进双边旅游和建立友好城市等。

2015年4月23日，巴育出席在印尼雅加达举行的第26次亚非峰会，其间会见印度尼西亚总统佐科。巴育重申，泰国将会加强与东盟第一大经济体印尼的合作。巴育说泰国企业相信印尼经济，准备扩大在印尼的投资。两国还探讨了多边和地区合作。

综上，巴育的行为充分表明泰国希望通过经济合作，实现与周边邻国在经济上的互联互通，发挥泰国在地区发展中的桥梁作用，提升东盟的整体经济实力，引领地区经济发展潮流，以进一步促进泰国和周边国家以及区域的经济发展。而"相邻的地理位置使各国领导人都清楚认识到，只有加强合作才能实现共同繁荣"[1]，因此，对巴育的各项建议都表示支持和赞赏。

---

[1] 田禾、周方冶：《列国志·泰国》，社会科学文献出版社，2005，第275页。

（三）安全上，顾全大局，搁置争议，加强合作，面向未来，共同发展

巴育出访周边邻国目的在于加强与邻国的友好关系，促进双边经济合作，同时巴育也强调东盟内部合作与团结的重要性，认为要增强东盟整体经济实力，就必须合作。正如2014年10月巴育访缅前接受采访时说，"……从多边层次上来说，如何做东盟才会更强大，这需要东盟各国的合作，之后再进行双边洽谈"。巴育访缅期间接受采访时也说，"……要使东盟在安全、经济和边境领域强大，就必须清除现有的障碍……双方承诺考虑两国边境地区安全问题，不会使之成为贸易和投资的阻碍"。

2014年10月16日，巴育会见柬埔寨首相洪森时说，"……不会使边境问题成为双方贸易和投资的障碍"。巴育在访问柬埔寨结束后答记者问时说，"……为了两国和东盟未来必须合作，至于没有谈及安全和边境问题，是因为我们不会使边界线成为问题"。2014年11月27日，巴育会见越南总理阮晋勇时强调，为了两国人民以及东盟地区的利益，泰国很乐意与越南合作，促进双边关系和合作。双方强调将推动双边悬而未决问题的解决，并使之具体化。

上述讲话表明巴育在努力与东盟各国弥合分歧，扩大共识，加强团结，共同促进东盟的发展，并不想因为与邻国的领土、边界纠纷，非法劳工、跨国犯罪问题而影响到东盟未来的发展与合作，破坏双边关系和东盟内部团结。巴育的努力也得到了邻国的认同，2014年，巴育在访问老挝后，接受媒体采访时说，老挝主席朱马里·赛雅颂说过去的恩怨每个国家都有，希望两国不要纠缠于过去的恩怨。

二 地区大国：务实合作，平衡外交

二战前泰国主要奉行"以夷制夷"的外交政策，二战后则采取大国平衡或以均势为主的外交政策。"泰国利用外国之间的矛盾，与一个强国结盟以牵制或抑制另外一个大国的政策,是数百年来在对外关系中惯用的一种手法,而且大都取得了成功。"① 二战后,为应对美苏争霸和冷战,以及印支战争等复杂的外部环境,确保泰国国家利益,泰国采取弹性外交政策,采取灵活、务实的外交策略。近代以来泰国一直奉行"平衡主义"外交战略,走"中间路线",以"国际中间人"与"东盟中枢站"自居,形成了等距离或均势外交政策,之后成为泰国各届政府一直奉行的圭臬。就亚太地区来说,泰国坚持独立原则,沿袭传统外交策略,实行大国平衡策略,利用大国矛盾维护自身利益。巴育政府同样继承了这一外交传统,但重点有所侧重,转移到了经济合作领域。

在亚太地区对泰国影响较大的国家有美国、中国、日本、韩国、印度、俄罗斯、澳大利亚等,由于这些大国对地区格局和泰国有着重要影响,巴育政府将地区大国作为对外关系的重点,将重心放在与大国的经济合作上,采取务实合作策略,具体就是借助大国经济、资金、技术、人才、管理等资源优势促进泰国和地区经济发展。同时在各大国之间采取平衡策略,无论是经济还是军事都不过分倚重某一大国,并从中获得最大化利益。

(一)为了创造良好的外部环境,争取大国"理解"和认可,主动阐释国内改革,努力拓展外交空间

巴育上台后对自身的国际"合法性"多少有所担忧,担心得不到西方国家的"承认",因此在与西方大国交往时会简要介绍国内改革情况,以获得其对自身政府的"理解"和认可,为今后的外交活动做铺垫。

2014年10月16日巴育出席亚欧峰会,在会见安倍晋三时说,泰国正处于改革的第二个阶段,正全力朝民主迈进。2015年1月25~26日,美国国务院负责东亚与太平洋地区事务的助理国务卿丹尼尔·拉塞尔会见泰国副总理兼外长他纳萨。他纳萨重申(接管政权)是为了国家安宁,并制定了政治发展的路线图,强调(临时)政府的工作是为了走向更加完善的民主,

---

① 梁源灵:《泰国的外交及其成就》,《东南亚纵横》1995年第4期。

包括政治、经济、公务员管理、司法、教育和社会等11项改革。2015年4月1日，巴育会见印度国家安全顾问Ajit Docal，在谈到国内政治和经济发展时说，政府致力于政治改革，最大限度地让各方参与，以实现长久民主。现在泰国正处于路线图的第二个阶段，致力于改革与和解，为了增强泰国经济基础，泰国政府还制订了以泰国为中心的发展地区经济的计划。2017年7月24日，巴育会见中国外交部部长王毅时重申中国是泰国重要的战略伙伴，王毅表示中国理解泰国的政治局势、相信泰国，一直重视发展与泰国的关系。巴育重申，为了共同利益，泰国致力于促进与中国的友好关系，密切全面战略伙伴关系，推动各个领域的合作以取得具体进展。2018年6月25日，巴育参加在法国巴黎举办的"转变中的泰国：泰法伙伴关系"论坛，与法国总统马克龙会面时重申泰国正按路线图前进，此次巴育欧洲之行还访问了英国，巴育强调此次欧洲之行表明泰国政府的真诚，对英法两国的访问是一个好的开端。

（二）积极推动与中、日、韩、印等域外大国的务实合作，借其优势，为其所用

巴育政府深知自身与亚洲大国的差距和地区大国的优势所在，因此积极开展经济外交，推动贸易、投资、旅游以及基础设施建设领域的经济合作，尽可能借助其资金、技术、人才、科技等优势来发展泰国和地区经济，从而促进泰国和东盟经济发展。

2014年10月16日巴育出席亚欧峰会，在会见中国国务院总理李克强时说，泰国政府准备在发展经济和地区互联互通方面加强与中国的合作，这是促进地区持久稳定和安全的重要基础，也符合中国"一带一路"倡议。2014年11月9日，巴育参加在北京举行的第22次APEC峰会，其间会见中国国家主席习近平，对中国昆明连接泰国曼谷的高铁战略表示赞赏，认为这将有助于连接地区交通，中国"一带一路"建设将促进地区的可持续发展。至于高铁合作，泰方愿与中方发展复线铁轨以连接中泰和区域内国家，并进一步具体落实。在会见中国国务院总理李克强时，巴育重申将促进中泰3个

重要领域的合作：中泰和地区之间的互联互通、农产品贸易与投资、民间交流。2014年11月13日，巴育参加在缅甸内比都举行的第17届东盟-中国领导人峰会。巴育在会见李克强总理时建议在三个方面加强合作：第一，发展可持续经济；第二，促进地区的互联互通；第三，推动东盟-中国关系向前发展，增进共同利益。

2014年11月12日，巴育参加第12届东盟-印度领导人峰会。巴育建议在四个方面加强东盟与印度的合作：第一，加强经济伙伴关系，并将2015年双方的贸易额增加到1000亿美元；第二，扩大东盟-印度在各个领域的互联互通，泰国支持泰缅印三方道路尽快完工；第三，消除跨国威胁，如恐怖主义和跨国犯罪；第四，促进文化创新交流。

2014年11月12日，巴育出席在缅甸举行的东盟-澳大利亚建交40周年特别会议，建议双方在以下三个方面进行合作：第一，加强经济合作；第二，加强东盟互联互通集资进行合作；第三，促进教育和科学人员交流。2014年12月10~12日，巴育出席在韩国釜山举行的东盟-韩国特别峰会。巴育在讲话时强调东盟-韩国和泰国-韩国的合作潜力巨大，通过发展领先领域，即发展电子经济和地区互联互通的基础设施，成为推动地区可持续发展的伙伴。2015年2月8~10日，巴育访问日本，目的在于促进与日本的经济合作，使对发展泰国经济具有重要作用的日本各界人士对泰国的发展树立信心。巴育出席泰日两份合作协议签字仪式：意向备忘录（Memorandum of Intent，MOI），促进两国铁路系统合作，提升泰日两国工作委员会机制；合作备忘录（Memorandum of Cooperation，MOC），旨在促进两国企业家的合作。

2015年4月7~8日，俄罗斯总理梅德韦杰夫访问泰国，两国签署了多份合作备忘录。政府间签署5份协议，私营企业间签署5份协议。在双边关系方面，双方有意进一步提升政治合作；在经济与投资合作领域，双方同意通过开放更多商品市场，到2016年将双边贸易额增加到100亿美元。泰俄签署5份协议：能源合作备忘录、2015~2017年泰俄旅游活动计划、文化合作备忘录、禁毒合作备忘录、泰国投资促进委员会与俄罗斯经济发展部之间的备忘录。

巴育政府积极与中、日、韩、印等地区大国开展外交活动，意图在于借助这些国家在资金、技术、资源、市场、经济等领域的优势，弥补泰国劣势，以拉动泰国经济发展，缓解就业和失业压力，缓和国内矛盾，从而稳定内政，增强自身经济实力。

（三）积极寻求域外大国参与地区经济建设与合作，实行大国平衡外交策略

泰国历史上就有寻求政治保护人和寻求多边政治支持者的传统[①]，无论是在英法殖民中南半岛时期还是二战前后无不如此。大国在东南亚地区的竞争与博弈日益激烈，美、日等国竞相拉拢泰国，因此，巴育承袭了泰国传统的外交策略，通过灵活外交手段，积极寻求域外大国介入地区事务，在大国之间走平衡木，采取平衡外交策略，但其重点不再是安全领域，而是转向了经济领域，邀请各大国参与泰国及其周边邻国的经济合作，在大国间实行平等、兼容和广泛的经济平衡外交策略，希望通过与大国开展经济合作而从中获益。

2014年12月19日，巴育在政府官邸会见中国国务院总理李克强，双方出席了中泰两国两份合作备忘录签字仪式：一份是《关于在泰国2015～2022年交通运输基础设施发展战略框架下开展铁路基础设施发展合作的谅解备忘录》，另一份是《关于农产品贸易合作的谅解备忘录》。

2014年11月12日，巴育参加在缅甸举行的第6届湄公河次区域－日本领导人峰会。巴育提出四点建议，其中两条是：第一，泰国准备与日本以"次区域＋1"的形式建设生产基地；第二，支持日本参与地区的防灾减灾工作。2014年11月12日，巴育参加在缅甸举行的第17届东盟－日本领导人峰会。巴育说："日本是优先谈判国家……泰国将支持日本在密切地区发

[①] 陈鸿瑜：《东南亚各国的政治与外交政策》，渤海堂文化事业有限公司，1992，第144～145页。

展和经济秩序方面发挥重要作用,特别是基础设施投资方面,包括铁路运输系统建设,铁路复线运输建设,深港和经济特区建设。"2015年7月2~4日,巴育出席第7届湄公河次区域－日本领导人峰会,其间,缅泰日三国就土瓦经济特区建设签署意向性合作协议。2014年11月12日,巴育参加第12届东盟－印度领导人峰会,在会见印度副外长威差·古马辛时表示希望印度参与到土瓦经济特区建设中来。

2014年11月13日,巴育参加在缅甸内比都举行的第2届东盟－美国领导人峰会,在会见奥巴马时说,泰国重视美国在保持地区稳定和繁荣方面所发挥的作用,支持美国在地区事务中发挥建设性作用,尤其是在地区和平、稳定和繁荣方面发挥核心作用。现今,地缘政治处于不断变化之中,泰国认为,为了促进地区稳定和经济发展,美国要发挥建设性和持久性作用。巴育指出,美国的作用不仅仅限于安全领域,美国是东盟重要的经济伙伴,《东盟－美国行动计划》为双方的贸易搭建了自由和公平的框架。

冷战结束,泰国改变了以往奉行的安全和军事上的大国平衡战略,转而与大国进行经济合作,强调经济合作的重要性,弱化地区安全问题,在大国间推行经济平衡策略。这不仅有助于促进地区合作,还有助于缓和地区紧张局势,是一种新型的大国平衡策略,也是巴育对外策略的最大亮点。而巴育与中国合作最基本的前提是他对中国的认知发生了改变,即认为中国的发展不是威胁而是机会。① 巴育在中日两国之间采取经济平衡战略,他在不同场合与中国国家主席习近平先后共会面4次,与中国国务院总理李克强会面5次,在不同场合与日本首相安倍晋三先后共会面5次,足见其对中日两国的重视。而在与中日两国领导人会谈时巴育都提到希望两国能参与到泰国经济建设中来,尤其是铁路等基础设施建设,目前中泰铁路已开工建设,而日本与泰国也签订了修建曼谷—清迈高铁合作备忘录,邀请日本投资参与东南亚

---

① Ann Marie Murphy, "Beyong Balancing and Bandwagoning: Thailand's Response to China's Rise," Published Online, Jan. 28, 2010, https://doi.org/10.1080/14799850903471922.

的东西铁路建设，该铁路最终将连接缅甸、泰国、柬埔寨和越南。① 这表明泰国在大型基础设施建设上不过于依赖某一大国，而是在中日两国间采取平衡战略，从而获得最大化利益。

泰国的外交政策向来以灵活务实、开放包容著称，因此其外交政策被称为"风中之竹"②，它在大国间小心地保持着平衡，通过利用大国间利益冲突来达到维护自身利益的目的，巴育的大国间经济平衡策略正是泰国传统外交政策的延续。

（四）安全方面，加强与域外大国在非传统安全领域的合作，维护地区的和平与稳定，为地区经济发展创造良好的外部环境

东南亚地区不仅存在传统安全，而且存在包括恐怖主义、跨国犯罪、毒品走私、人口贩卖、非法劳工、疾病传染、自然灾害、气候变化、环境污染、跨国难民等问题在内的非传统安全挑战，且日益突出，这种挑战不仅威胁到一两个国家，而且对地区安全构成严峻的挑战，甚至威胁到地区的和平与稳定，这些问题单靠某一国是无法解决的，且东盟各国抗风险能力有限，为应对非传统安全挑战，巴育提出必须加强与域外大国的合作。

2014年11月12日，巴育参加在缅甸举行的第17届东盟－日本领导人峰会时表示，"……为应对非传统安全，如跨国犯罪、恐怖主义、网络跨国犯罪、贪污腐败、传染性疾病，泰国支持《东盟和日本关于打击恐怖主义和跨国犯罪联合公报》……在应对自然灾害，减灾防灾方面愿意与日本合作"。

2014年11月13日，巴育参加在缅甸内比都举行的第2届东盟－美国领导人峰会，提出以下两点建议：第一，地区安全必须建立在经济安全之上，这能够帮助各国提高发展水平，包括缩小农业发展差距；第二，扩大

---

① Pongphisoot Busbarat, "'Bamboo Swirling in the Wind': Thailand's Foreign Policy Imbalance between China and the United States," *Contemporary Southeast Asia*, 38 (2016): 257.
② Arne Kislenko, "Bengding with the Wind: The Continuity and Flexibility of Thai Foreign Policy", *International Journal*, 57 (2002): 537.

安全领域的合作，共同应对诸如人口贩卖、气候变化和传染病等非传统安全挑战。

2014年12月10~12日，巴育出席在韩国釜山举行的东盟－韩国领导人峰会时表示，泰国将推动东盟－韩国加强非传统领域的安全合作，诸如跨国犯罪、贩卖人口、贩毒、疾病传染、气候变化和自然灾害应对等。

尽管巴育平衡外交策略的重点是经济领域，但还是欲借助域外大国在科技、信息、军事上的优势，解决非传统安全领域尤其是恐怖主义的问题，为东盟发展提供安全保障。2017年2月14日，巴育会见美国太平洋司令部司令哈里斯，对哈里斯参加2017年"金色眼镜蛇"军事演习开幕式表示欢迎，认为泰国军队与美军的合作是提升与加强两国关系的重要基础。双方一致认为维护和平是各国合作的目标，巴育说泰国重视维护国际和平，重申泰国将做好支持发展的准备，为了地区利益，希望双方寻找合作途径。2017年11月13日，巴育参加东盟－美国领导人峰会时明确指出美国对东盟和亚太地区的重要性，美国在地区的作用和重要性不但没有减弱反而更加重要，特别是在地区政治和安全事务上，可以与东盟以战略伙伴关系的方式合作来维护地区的安全、繁荣。东盟准备在应对各种挑战（如极端主义、恐怖主义和网络安全）上与美国结盟。

（五）充当"国际调解人"，主张通过对话与和平协商解决领土纠纷，谨慎处理地区争议

当前中国与东盟最大的争议是南海问题，南海问题涉及六国七方，其中越南、菲律宾、马来西亚、印度尼西亚、文莱是东盟成员国，若处理不当，不但会影响中国与当事国双边关系，而且还会影响亚太地区的和平与稳定，而泰国在南海争端中"没有实质性的威胁，没有地区和全球性'野心'，没有既得利益的强烈意图……可以介入大国难以介入的国际事务、发挥大国难以发挥的国际作用"，且泰国也乐意充当"更可信的诚实掮客角色"[①]，主张

---

① 韦民：《小国与国际关系》，北京大学出版社，2014，第230页。

通过和平谈判解决争议。

2014年11月13日,巴育参加在缅甸内比都举行的第17届东盟-中国领导人峰会,在会见李克强总理时表示,东盟-中国关系不仅对双方有益,而且还关系到地区的和平、稳定和安全。关于南海问题,巴育相信,东盟和中国将加强合作、管控分歧,泰国对在《南海各方行为宣言》(DOC)框架下取得的进展表示欢迎,这有助于增进地区互信与合作。为了发展好东盟-中国战略伙伴关系,巴育重申将尽力做好东盟与中国的协调国,并使21世纪成为完美和真正的亚洲世纪。

2014年11月27日,巴育会见越南总理阮晋勇时说,对于南海局势,作为东盟与中国的协调国,泰国力促各方谈判取得进展,为了地区安宁,将促进东盟意见的统一。

2015年5月29日,泰国副总理兼国防部部长巴逸出席第14届香格里拉对话,就南海问题表示,泰国作为东盟成员国,有责任维护东南亚地区的安全稳定,但无论如何都必须用合理的方式进行跟进。2016年9月7日,巴育参加第19届东盟-中国领导人峰会时指出,促进海上的和平与稳定是各方所关注的,也是各国的共同利益所在,泰国支持中国为减少猜忌和营造和平氛围所做的努力。

2017年11月14日,巴育参加第12届东亚峰会时表示,关于南海问题,泰国很高兴看到在东盟-中国领导人峰会上(双方)决定尽快开启"南海行为准则"(COC)谈判,与《南海各方行为宣言》共同实施,每一份协议都有效地使南海成为和平之海、稳定之海,必将有利于地区可持续发展。

三 国际(地区)组织:积极参与,合作优先

从面积来看,泰国只是个"小国",由于外交资源匮乏更倾向于多边外交,以弥补自身的不足,应对和处理双边争端。[①] 多边外交是指"有两个以

[①] 韦民:《小国与国际关系》,北京大学出版社,2014,第236~240页。

上的国家进行磋商、协调及举行国际会议进行讨论以解决彼此关心的问题"①,"其实践表现形式通常有多边同盟关系、国际组织、国际制度、多国首脑会议等"②。有的学者认为多边外交包括全球、地区和小国间的多边合作三个层面,但由于"小国在这三大层面上的利益关系、认知方式和行为倾向上存在明显的差别。简单来说,全球层面上的小国外交行为具有领域性、功能性、单一性和被动性的特征;在地区层面上,小国外交更具参与性、目标性和竞争性的色彩;在小国间的多边合作层面上,小国外交则表现出了更有自主性、合作性、多样性和专注性的特点"。③ 据此,本报告将泰国的多边外交分为三个层次:国际组织、地区组织和区域组织。国际组织如联合国、世界银行、国际货币基金组织等;地区组织如亚洲开发银行、亚太经合组织(APEC)、大湄公河次区域经济合作组织(GMS)、澜沧江 - 湄公河合作机制等;区域组织如东盟、东盟自由贸易区等。巴育政府对于国际组织,积极配合,努力拉拢;对于地区组织,积极参与,合作优先;对于区域组织,主动出击,争当主导。

(一)国际组织:积极配合,努力拉拢

对于国际组织,巴育注重向其"解释"原因,以期获得"理解"与认可。2014年11月12日,巴育在参加第25届东盟领导人峰会期间会见了联合国秘书长潘基文,对潘基文"理解"泰国的情况表示感谢,并向他解释了泰国的局势,以及接管国家的原因。2014年12月19~20日,泰国举办第五次大湄公河次区域6国经济合作峰会。巴育在会见亚洲开发银行行长中尾武彦时说,泰国正在进行各个方面的改革,尤其是经济领域的改革,经济现已恢复正常和稳定,正继续向前发展。

倡导与国际组织加强经济领域的合作,加强非传统安全领域的合作,借助国际组织优势促进东盟发展。2014年11月12日,巴育出席在缅甸举行

---

① 鲁毅、黄金祺等:《外交学概论》,世界知识出版社,1997,第151页。
② 仪名海等:《战略 策略 技巧:多种外交形态透视》,清华大学出版社,2012,第73页。
③ 韦民:《小国与国际关系》,北京大学出版社,2014,第236页。

的东盟－联合国第6次峰会，巴育说联合国是东盟重要的战略伙伴，泰国支持东盟－联合国的合作计划，这将有助于探讨今后东盟－联合国的合作路线。巴育提出了以下四个方面的合作：第一，农业和粮食安全方面；第二，减灾防灾；第三，东盟互联互通；第四，解决由互联互通带来的问题。2015年3月13～14日，巴育参加在日本仙台举行的第三次联合国世界减灾大会，强调泰国在联合国中的作用，并建议领导人之间开通热线，以便交流和预警。巴育指出，泰国参加此次会议就是向国际社会表明泰国在减灾防灾领域将和国际社会合作的决心和准备。2017年5月15日在会见世界银行东南亚地区负责人Ulrich Zachau先生时，巴育认为这是世界银行给泰国未来提出建议和看法的好时机，泰国政府正在加快系统升级和改进政府服务，欢迎外国投资者到泰国投资。

（二）地区组织：积极参与，合作优先

以东盟成员国身份参与东亚和亚太地区组织和峰会，是巴育开展多边外交的一项重要内容，通过以东盟的名义与地区大国和组织进行政治经济合作，以东盟名义开展集体外交，增加外交筹码，捍卫东盟和泰国在区域内的主体地位，防止域外大国主导或干涉本地区事务。"以地区合作来营造良好的地区环境，以地区原则与规范约束区域内相对大国的行为，以地区机制来指导地区内各国行动"[1]，从而达到维护和促进泰国利益的目的。

2014年11月13日，巴育出席第17次东盟10＋3领导人峰会，提议在三个方面加强合作：第一，为增强地区经济实力，加强集资合作；第二，加强粮食安全合作；第三，应对各种跨国威胁的合作。为了人民共同利益和实现和平、繁荣、进步的东亚一体化，泰国重申将致力于全力推动在东盟10＋3框架下的合作。

2014年12月20日，巴育在第五次大湄公河次区域6国经济合作峰会的开幕式上提出了七项计划：第一，充分利用经济走廊沿线互联互通的交通运

---

[1] 韦民：《小国与国际关系》，北京大学出版社，2014，第246页。

输网,通过在各个边境地区建立经济特区,创造就业岗位、增加收入,促进地区城镇发展;第二,进一步完善陆路水路交通运输网,特别是两条重要铁路的联通(第1条是亚兰—波贝,第2条是廊开—万象—昆明);第三,在跨境运输协议(Cross Border Transport Agreement,CBTA)框架下,减少通关程序与时间;第四,共同探寻新的能源地;第五,为区域投资框架(Regional Investment Framework,RIF)集资;第六,维护私营企业的权益并促进其在区域内的投资;第七,共同保护环境和处理自然灾害。

2016年9月4~5日,巴育以77国集团轮值主席国领导人的身份出席在中国杭州举行的G20峰会,认为为了促进世界经济增长,推动新的合作,需要从以下三方面着手:第一,为了发展应增强沟通与合作;第二,重视经济结构的内部改革,包括人力资源开发,发展科学、技术,增强中小企业实力;第三,为了增强内部实力、缩小差距和促进公平,支持国家、私人和民间社会各个部门参与到经济建设中。

2016年9月7日,巴育参加第19次东盟-中国领导人峰会暨庆祝东盟-中国建立对话关系25周年纪念峰会,建议在以下三方面加强合作:第一,促进经济全面和可持续发展;第二,促进地区的互联互通是经济可持续发展的核心,有助于创造贸易、投资、服务机遇和地区整合,泰国支持中国的"一带一路"倡议和AIIB的作用;第三,安全方面,促进海上的和平与稳定是各方所关注的事务,也是各国的共同利益所在,泰国支持中国为减少猜忌和营造和平氛围而做的努力。

2016年10月10日,巴育参加第二届亚洲合作对话(Asia Cooperation Dialogue,ACD)并发表讲话,他说为了实现亚洲合作对话2030愿景(ACD Vision 2030),需推动六个方面的合作以符合联合国2030年可持续发展的目标,即:食品、水和能源安全;互联互通;科学技术与创新;教育与人力资源开发;文化和旅游;全面和可持续发展。

2017年11月14日,巴育参加东盟10+3领导人峰会并发表讲话,对双方今后20年的发展提出两点建议:第一,加强东亚地区的无缝连接,特别是东盟与中日韩三国的连接,泰国建议在互联互通上将东盟10+3发展成伙伴关系，同时寻求亚洲开发银行（ADB）和亚洲基础设施投资银行（AIIB）的支持，以促进东盟10+3的互联互通和东亚地区经济的发展；第二，为了各方共同利益，中日韩三国将通过增加贸易量与投资来利用东盟共同体统一的市场与生产基地。

2017年11月11日，巴育在参加亚太经合组织会议时，为地区全面和持续发展提出三点建议：第一，人力资本开发；第二，促进食品安全；第三，绿色商业推广。在第二阶段的会议上，巴育就推动地区贸易、投资和互联互通问题对参会领导人提出三点建议：第一，为了增强各个经济区实力而进行内部结构调整，同时开发人力资源；第二，实现各个领域全面的互联互通是经济全面增长和持续发展的关键因素；第三，处于贸易保护和反全球化浪潮中，泰国认为亚太经合组织应发挥唤起公众对自由贸易制度好处信心的作用。

2017年11月14日，巴育参加第12届东亚峰会时提出三点合作建议：一是维护亚太地区的活力是推动经济繁荣和世界可持续发展的重要动力，东亚峰会需加强经济与金融领域的合作，为了完善地区经济，有关各国应尽快完成区域全面经济伙伴关系谈判；二是为了缩小差距，地区的互联互通是发展和将繁荣惠及各个地方的关键因素，因此需要从国家、次区域和地区层面来筹集资金，寻求中国、日本、韩国和美国的帮助加强基础设施建设；三是合作解决安全、恐怖主义、极端主义、跨国犯罪以及网络犯罪问题。

值得注意的是，泰国坚定支持预防性外交策略，始终强调东盟的中心地位，由东盟主导地区事务，防止任何区域大国干涉东盟事务，避免卷入大国竞争或选边站的两难境地，从而达到确保东盟作为"自由、和平、中立"区的目的，同时也实现了东盟和地区的和平与稳定。因此，泰国在开展多边联合外交的过程中，始终强调东盟在地区事务中的主导作用与核心地位，赋予东盟掌控地区主导权的权力，同时突出泰国的地位和作用。

2016年10月10日，巴育在参加第二届亚洲合作对话时表示，泰国的地缘格局有利于互联互通，泰国愿意作为连接亚洲地区，特别是连接西亚和东亚的一座桥梁，泰国看到了泛亚连通性（Pan-Asian Connectivity）在推动互联互通上的潜力。巴育强调,为了应对亚洲全球化和快速发展的世界,泰国制定的4.0战略就是全面和符合多变的当今环境的政策,它强调技术与创新推动经济的发展,有助于促进泰国与成员在ACD的6个支柱领域进行创造性合作……泰国推荐自己作为走向全面和可持续发展道路的领导国,作为亚洲合作对话和77国集团主席国一直重视和推动国家的发展,不仅考虑到经济的增长,还考虑到地区平衡和人民幸福。

2017年11月13日,巴育参加东盟-美国领导人峰会时强调,东盟和美国应在地区框架下加强东盟的核心地位,同时将印度-太平洋地区建立在共同利益基础之上。2017年11月14日,参加东盟-加拿大领导人峰会时,巴育表示,东盟很高兴加拿大支持地区框架内东盟的核心地位,愿意在国际法和集体利益基础上与加拿大合作,促进地区主义与多边主义的发展。

综上可以看出,一方面巴育希望加快区域内的互联互通和基础设施建设,发展边境经济特区和经济走廊,促进区域经济发展,缩小地区差距,增强自身和东盟实力,打造一个强大的东盟共同体并希望担任主导者,例如强调泰国地缘位置的重要性和所做的努力;但另一方面由于域内各国整体实力有限,国内问题重重,对巴育的建议心有余而力不足,单凭泰国一己之力也无法完成,因此巴育转而求助中日韩等国,希望借助其资金、技术和人才优势发展区域内基础设施,但同时又担心影响力过大进而插手和干涉泰国或东盟内部事务,所以他一直强调东盟的中心地位,而泰国自己则继续采取大国平衡和等距离外交策略,避免卷入大国竞争的旋涡或陷入选边站的困境之中。

(三)区域组织:主动出击,争当主导

早在20世纪80年代,泰国就将自己视为东南半岛上的经济强国,是"通往印度支那的门户"和东南亚腹地的"金融通道"[1],是地区经济发展

---

[1] 王业龙:《地区视野中的泰国外交》,《东南亚研究》1995年第2期。

的引擎，在东盟事务上处于领导地位，因此80年代是泰国外交的"黄金时期"，然而1997年的金融危机使泰国经济遭受重创，失去了往日的地位。①因此，之后的历届政府在区域内仍一直谋求"地区中心"的特殊地位，凸显泰国对地区经济发展的重要性，巴育政府亦是如此。巴育积极主办国际会议，充分利用地区多边舞台，主动提出建议，扩大东盟的地区主义合作，大力倡导加强经济合作、基础设施和互联互通建设，突显泰国优势，努力扮演主导者的角色，推动和促进地区的经济发展与合作，以执掌区域发展的主导权和话语权，争当地区的引领者。

2015年3月13日，巴育出席在曼谷举行的第47次沃顿商学院全球论坛，在致开幕词时，再次强调泰国的地理区位优势。巴育说，"泰国是东南亚地理和商贸中心，对于商贸合作是个开放的社会……泰国将致力于加强邻国和地区各国之间的关系，在增强地区经济实力方面，通过发展中小企业，发展交通运输，包括公路网、铁路复线、电车、水路和空运，并扩大电子网络……投资发展基础设施建设，使泰国成为连接东盟和其他地区的交通枢纽"。

2015年6月22~23日，巴育携政府代表团参加在缅甸首都内比都举行的第六届伊洛瓦底江-湄南河-湄公河经济合作战略（ACMECS）峰会。巴育建议在以下两个方面加强合作：第一，在各个领域以各种形式继续促进互联互通建设，并向地区外扩展；第二，将交通走廊变为经济走廊，边境经济特区早日建成。

2017年11月13日，巴育参加第31届东盟领导人峰会全体会议，提出三点推动东盟发展的建议：一是加强东盟共同体建设，增强东盟实力，强调创新和遵守规则；二是比起东盟与亚太地区交通运输网更应重视东盟内的互联互通；三是在充满不确定和挑战的世界地区格局下，在与东盟外国家的交往过程中，尤其要加强和维护东盟中心（ASEAN Centrality）的地位。

---

① John Funston, "Thai Foreign Policy: Seeking Influence," *Southeast Asian Affairs* (1998): 292.

2018年3月30日,在参加第六次大湄公河次区域经济合作峰会之前,巴育分别会见了老挝总理通伦·西苏里、越南总理阮春福和柬埔寨总理洪森。泰老双方认为两国在互联互通方面还有重要的合作,如桥梁和多条公路,泰老两国将一同发展互联互通,使其对两国及地区产生最大化利益。在会见越南总理阮春福时,巴育提出五点建议作为未来5年和长期的工作计划:合作开发人力资源以应对快速变化的世界;发展高质量的交通运输网,根据经济走廊充分利用交通运输网;联合实施湄公河次区域跨境运输协议,使无缝连接产生具体成果;有效治理湄公河,共同分享湄公河繁荣;加强在农业和环境领域的合作。4月5日在会见柬埔寨总理洪森时,表示为在贸易、投资、两国边境海关和铁路方面加强合作,应继续密切协商。

2018年4月11日,巴育参加在柬埔寨举办的第3届湄公河峰会,会上巴育致力于推动以下两个方面的工作:一是干旱、洪涝和水质量等风险灾害方面的管理合作,加强湄公河委员会作为水资源知识中心和湄公河地区相关资源中心的作用;二是加强和突出湄公河委员会的作用,共同改组机构,使其跟上世界和地区形势的发展。

2018年4月28日,巴育在新加坡出席东盟峰会期间会见缅甸总统吴温敏时表示,为了两国的安全、繁荣和长久,泰国政府准备与缅甸在各个领域进行合作,特别是在边境地区的稳定和安全事务上,巴育建议缅甸加快劳工注册进程,关注边境毒品走私以及解决边境非法贸易问题。

2018年6月15日,在曼谷举办第8届伊洛瓦底江-湄南河-湄公河经济合作战略峰会期间,巴育分别会见越南总理阮春福、老挝总理通伦·西苏里和柬埔寨总理洪森。在会见阮春福时巴育指出,ACMECS峰会是各方进行地区人力资源开发和无缝连接协商合作的好时机。双方领导人都重视发展两国战略伙伴关系,共同制订未来伙伴战略计划,为今后双方关系的发展指明方向。同时巴育表示泰国已做好了担任2019年东盟轮值主席国的准备,将与东盟成员国合作,把东盟建成以人为本,推动可持续发展、互联互通以及未来合作的共同体。在会见通伦·西苏里时对老挝在各个领域的合作以及支持ACMECS的总体规划和《曼谷宣言》表示赞赏,表示泰老双方在多个领域存在紧密的关系。通伦·西苏里则对泰国在基础设施建设、桥梁和道路以及互联互通无缝连接等领域对老挝的帮助表示感谢。在会见洪森时巴育表示，泰国作为ACMECS的成员，为了地区的可持续发展，准备与其他国家建立伙伴关系。双方一致同意将积极推进无缝连接，包括陆路、水路和航道，同时促进法律法规的对接。

2018年6月16日，在第8届伊洛瓦底江－湄南河－湄公河经济合作战略峰会上，巴育强调，为了有效应对世界的新形势与挑战，泰国积极推动第7届河内ACMECS峰会关于改革ACMECS达成一致。巴育指出，泰国把此次峰会主题定为"走向互联互通的湄公河共同体"是因为整合与联合是经济增长和可持续发展的重要因素，各方要齐心协力建设ACMECS共同体，共同合作、齐头并进，这对于区域建设具有重要作用，也是建设东盟共同体的核心。

巴育政府在区域组织内的积极作为表明了泰国在东南半岛上的地区定位与战略构想，即在东南亚腹地扮演"地区经济大国"角色，通过外交主导地区事务。然而从2010年以来，泰国一直受困于国内政治斗争，经济发展缓慢，国内实力难以支撑其在地区舞台上的话语权。因此，巴育通过积极主动参与区域事务来重塑泰国的外交形象和区域角色。

从巴育政府的外交活动我们可以看出巴育政府的外交实践是以泰国为中心向周边邻国、地区大国和国际（地区）组织全面铺开，但出于地缘政治和国家利益考虑，三者有先后之分，是一种由内向外的模式。周边国家是其外交优先对象，其次是地区大国，最后才是国际（地区）组织，表明泰国的外交政策仍坚持以是否对自己有利为准则[1]，即是一种以泰国国家利益为核心的同心圆模式。并针对不同的国家和地区制定明确的外交目标，采取不同的外交策略，但不论采用何种策略或政策，都是以泰国国家利益为中心。

从外交成效上来看，周边邻国、地区大国和国际（地区）组织，除美欧一些西方国家外，对泰国政局和巴育政府的外交都表示"理解"与接受，

---

[1] 梁源灵：《泰国对外关系》，广西人民出版社，1998，第7页。

特别是东盟各国，严格恪守"东盟方式"，不干涉成员国内部事务，不仅未做出任何反应，同时还表示"理解"泰国的政局。从近期来看，巴育政府的外交活动取得了一定成功。如2016年9月巴育参加G20峰会，政府发言人表示，泰国领导人受邀参加G20峰会，泰国的建设性作用在世界舞台上得到认可，担任77国集团轮值主席表明泰国经济、泰国愿景得到国际社会的信任，相信泰国和地区的经济潜力是推动世界经济增长的重要力量。2016年9月16日，巴育参加联合国第71届大会，并担任77国集团会议主席，政府发言人说此次参会表明国际社会相信泰国在国际社会中发挥建设性作用，作为77国集团会议主席巴育将起到连接发展中国家与发达国家的作用，促进发展中国家经济和社会的合作。

然而，泰国要想与周边邻国和国际组织在双边或多边合作上取得实质性进展，恐怕还很难，除了中泰铁路取得突破性进展并开始兴建外，巴育所倡导的有关在东南半岛国家之间推进基础设施建设，实现互联互通，以促进贸易、投资、东西经济走廊及边境经济区建设等都未取得实质性进展，巴育政府所倡导的区域经济合作与20世纪80~90年代泰国的外交政策相似，它更多的是一种将自己视为东南亚大陆领导国和协调者的角色而努力地推动次区域合作，从而维护自己区域"大国地位"并扮演关键角色的自我认知（self-perception）或观念认知[①]，其提议、设想、建议、意见、倡议有时被周边邻国视为一种干涉，难以得到有效贯彻和落实。首先，巴育政府只是临时政府，其国内、国际"合法性"还存在疑问，其外交政策必然带有过渡性色彩，2006年和2014年泰国的两次政权更迭使地区国家和组织对泰国民主政治的看法和态度发生了微妙的变化，若泰国每届政府不连续执政，政策就缺乏连贯性与一致性，尽管各国领导人和国际（地区）组织对巴育政府的外交活动予以认可和接受，但对泰国政府或多或少产生了不信任感，在与泰国合作时表现得更加小心谨慎，

---

① Pongphisoot Busbarat, "A Review of Thailand's Foreign Policy in Mainland Southeast Asia: Exploring an Ideational Approach," *European Journal of East Asian Studies*, 11 (2012): 127-154.

这势必会影响到泰国与东盟各成员国之间的关系。其次，地区形势与世界经济不确定性增加。当前世界经济形势整体发展乏力，贸易保护主义有所抬头，美国对东南亚的政策尚不明朗，泰国政治发展存在不确定性，在此背景下东盟各国对泰国大多持观望态度，不敢贸然与之开展大规模合作。再次，域内国家实力有限，国内问题重重。一方面，中南半岛各国受制于经济实力，无法为大型的基础设施建设提供相应的资金、技术和专业人才，须更多依赖于域外大国和国际金融机构的援助。此外，各国之间还存在领土、民族、宗教纷争，进一步影响了合作的积极性。另一方面，东南半岛各国政府几乎全将主要精力用于解决国内问题，周边邻国都不同程度地受到国内问题的掣肘，如缅甸在努力解决国内"民地武"和民族和解问题，马来西亚也刚完成新旧政府交替等。就泰国而言，维护国内稳定、何时举行大选、国内经济问题等已使巴育政府自顾不暇，更不要说解决地区问题。因此，总体而言巴育政府的外交成效相对有限。

结　论

巴育政府的对外关系准则可概括为：以国家利益为核心，以重振泰国为使命，以睦邻友好为前提，以经济合作为动力，以区域组织为依托，以互联互通为手段，以民主改革为方向，以周边环境为条件，以国内稳定为目标。在外交方式上以首脑外交、经济外交和多边外交为主，针对不同的外交对象采取不同策略。对于国际组织，积极配合，努力拉拢；对于地区大国，采取经济平衡外交策略；对于区域组织，大力倡导经济合作，争当地区引领者。周边邻国仍是泰国政府的首要合作对象，这是由地缘政治现实和泰国地区定位所决定的；地区大国是泰国外交的重点，这是由泰国自身实力有限所决定的，若巴育政府继续执政，将会延续经济上的大国平衡策略，借助大国优势发展自己，同时有意弱化军事和安全领域的大国均势外交；对于国际组织，则积极配合，共同合作，对于区域组织则坚持主导地位，发挥引领作用。

与周边邻国的合作成效，不仅取决于泰国和周边邻国合作的决心与意志，还要看各国的实力；与地区大国的合作取决于各大国在东南亚的竞合态势与泰国的执政者；与国际组织的合作取决于泰国在亚太地区所扮演的角色。但不管采取何种对外策略，都会以泰国国家利益为中心，坚持独立自主原则，这一点无论谁上台都是不会变的。

参考文献

陈志敏、肖佳灵、赵可金：《当代外交学》，北京大学出版社，2008。
戴维·K. 怀亚特：《泰国史》，郭继光译，东方出版中心，2009。
金正昆：《外交学》，中国人民大学出版社，2004。
姜安：《外交谱系与外交逻辑》，中国社会科学出版社，2004。
田禾、周方冶：《列国志·泰国》，社会科学文献出版社，2005。
朱振明：《当代泰国》，四川人民出版社，1993。
卜弘：《论殖民时代泰国的外交策略》，《南洋问题研究》1995年第3期。
李益波：《泰国对美中日三国外交的再平衡》，《当代世界》2013年第4期。
李敏：《论19世纪泰国外交成功维护国家主权独立之原因》，《东南亚研究》2012年第5期。
乔印伟：《再论泰国免于沦为殖民地的原因》，《安徽史学》2004年第4期。
王军：《也论差猜时期泰国的印支政策》，《东南亚研究》2001年第1期。
希罗·卡苏马达：《东南亚外交准则的重新修订：严格遵循"东盟方式"的理由》，向来译，《南洋资料译丛》2004年第1期。
赵光勇：《泰国外交政策的演变》，《红河学院学报》2006年第3期。
张旭东：《从1990—2001年中泰政府间互访看中泰外交》，载《厦门大学南洋研究院50周年庆暨"当代东南亚政治与外交"学术研讨会论文集》，2006。
赵银亮：《东南亚的安全和外交文化——"东盟方式"的转型》，《南洋问题研究》2006年第3期。

Kusuma Snitwongse, "Thai Foreign Policy in the Global Age: Principle or Profit?" *Contemporary Southeast Asia*, 23 (2001).

Surin Maisrikrod, "Thailand's Policy Dilemmas Towards Indochina," *Contemporary Southeast Asia*, 14 (1992).

B.10
亚太秩序演变与中泰关系*

陈志瑞**

摘　要： 亚太秩序正在发生重大变化。特朗普政府的亚太战略出现根本性转变，在"美国优先"治国方略的指导下，重祭单边主义和贸易保护主义，强化军事力量的威慑作用，试图打破国际多边贸易体系和规则，发起中美贸易战，不仅给其亚太盟友，而且也给整个亚太安全态势带来了更大、更多的不确定性。在亚太地区，美国以及印度、日本、澳大利亚等重要行为体从各自的能力和利益出发，参与和发起各种安全和发展议程，其中"印太"的发展和演变正在改变亚太地区的地缘政治格局和态势。在东南亚，各国由于国情和禀赋差异，在内政外交方面存在竞争与合作的张力。在亚太秩序演变的不确定性态势下，中泰关系显示出强健的互信和韧性，也面临新的机遇和挑战。我们应该在"中泰一家亲"信念的指引下，全面理解和推进"一带一路"合作，在国际和地区多边机制中加强沟通和相互支持，加强民间交往中的危机风险管控，加强对中泰关系的国际关系研究，使中泰关系行稳致远，为本地区的稳定与繁荣而不断努力。

---

* 本报告原提交2018年8月在泰国举行的"迈向共同发展：'一带一路'与泰国4.0"第七届中泰战略研讨会。此次发表一仍其旧，保持原本风格，却难免仓促粗疏，仅作为对当前中泰关系的一种地区体系的、长时段的宏观理解聊备一格，敬请读者宽宥。写作期间刘文正、黄日涵等师友不吝指点支持，谨致诚谢！

** 陈志瑞，外交学院教授，《外交评论》执行主编。

关键词： 亚太秩序 中泰关系 中美贸易战 印太 东南亚国家

中泰两国的专家学者以"迈向共同发展：'一带一路'与泰国4.0"为主题展开战略研讨和交流，很有时代关怀和现实意义。"一带一路"和"泰国4.0"分别是中泰两国的重大发展议程，而我们把它们关联起来是为了推进互利合作，迈向共同发展。然而，不论是中国还是泰国，都处亚太地区，两国的发展战略和目标也都需要在亚太地区的地缘环境和条件下落实推进。这就意味着我们可以并且有必要在亚太秩序的宏观背景下审视和思考共同发展的议程。

自第二次世界大战结束以来，亚太可谓世界上变化最大、发展最为迅速的地区，放在亚太这一地缘框架之下，东南亚这一"次地区"的历史轨迹同样如此。在亚太波澜壮阔、跌宕起伏的历史进程中，最新的一些篇章是足以令人欣慰和自豪的，那就是普遍的、中长期的经济增长，因而亚太日渐成为在世界上举足轻重的地缘政治板块。然而，与最近几年整个世界的政治经济变化相一致，亚太秩序的演变也出现了一些不太明朗甚至令人不安的动向，用一个比较流行而简约的国际政治语词来概括，那就是"不确定性"。也就是说，中泰两国的重要合作是在这样一种充满不确定性的亚太秩序之中展开的。不确定性可以是创新和机遇，打开合作的可能性，但在当今的国际政治中，它更意味着重大的趋势性问题、危机和风险。我们必须正视这种不确定性，进而在这种不确定性之中把握确定性，唯有如此，我们的合作与发展事业才能行稳致远、取得成功。而确定性来自我们自身，来自中泰关系。

一 亚太秩序演变的不确定性

亚太秩序正在发生重大变化。这一变化处于不断累积和延续的历史进程之中，也带有当今时代的显著的特质。这一变化不仅体现在政治、经济和安全等领域，也反映在社会、文化以及观念思潮等方面。这一变化不仅在地区

乃至全球层面呈现出来，使相关大国、国家联盟等国际关系主要行为体卷入其中，而且几乎所有国家，不论体量和实力大小，都概莫能外，比如中国和泰国。最根本的一点是这一变化的态势和影响更加复杂微妙，既带来正面的发展机遇，又带来负面的安全风险和不确定性。不确定性既是这个时代，也是当前亚太秩序演变的首要特征。

亚太秩序演变的不确定性不仅给中国带来了难题和挑战，同样也对泰国以及中泰关系造成了严重影响。

（一）特朗普政府与中美贸易战

特朗普上台后，美国的亚太战略出现根本性转变，在"美国优先"治国方略的指导下，重祭单边主义和贸易保护主义，强化军事力量的威慑作用，试图打破国际多边贸易体系和规则，不仅给其亚太盟友，而且也给整个亚太安全态势带来了更大、更多的不确定性。

当前美国亚太战略的转变，突出表现为特朗普政府对中国等经济体发起的贸易战。中美贸易战不断发展并进入一种螺旋模式。特朗普一再声称，如果中国采取报复性措施，美国将会实施更严厉的关税政策。由此产生连锁反应，导致局势不断升级。而如果中美之间的贸易紧张关系进一步加剧，那么"城门失火，殃及池鱼"，由于当今国际贸易高度依赖区位优势、产业分工所形成的"中间产品"供应链，贸易战将会对泰国等亚洲其他经济体产生连锁效应，带来严重影响。

这场贸易战与特朗普政府的政治信念和行为风格密切相关。当今的美国由特朗普这样一位商人领导着，"他信奉交易甚于联盟，信奉双边主义甚于多边主义，信奉不可预测性甚于连贯性，信奉强权甚于规则，信奉利益甚于理想。在他的观念中，强权即正义"。[①] 特朗普的政策追求严格按照金钱和防范外国袭击所定义的狭隘的"国家利益"，特朗普的世界就是全面斗争，不存在基于共同价值观的关系，只存在实力决定的交易。这正是一个世纪以

---

① Martin Wolf, "Trump's War on the Liberal World Order," July 4, 2018, https：//www.ft.com.

前令我们陷入两次世界大战的那种世界。①"没有永远的朋友，也没有永远的敌人。只有永远的利益，而那些利益才是我们应该去追寻的。"特朗普的政策行为正是19世纪英国首相帕麦斯顿这句名言的写照。因而，特朗普政府的这种治国方略不仅体现在国际贸易争端方面，也通过大幅增加军事预算，增强核威慑力量，设立"印太司令部"，组建太空部队，美国的国际行为明显变得强硬起来。向叙利亚发动有限度但极具心理威慑力的空袭行动，向乌克兰提供"轻标枪"反坦克导弹，都表明特朗普不仅会将武力当作最后手段，而且把武力当成美国外交政策的重要合法工具。一言以蔽之，他把武力、压力和不可预测性结合起来。

这场贸易战也被认为是中美之间一场长期的潜在竞争的开始。它不仅涉及贸易和知识产权，也不仅仅是经济竞争，还是技术和军事竞争，更是一场地缘战略的竞争，关系到未来的世界秩序。②在过去几年，美国的对华战略经历了一场朝野大讨论，发生了根本性改变，从接触、包容转向遏制和对抗，中国的挑战变成美国关注的焦点，中美两国40年的相对和平共处、将近30年不断加深的双边经济一体化进程行将结束。特朗普决意挑战中国的地位，日益加剧的摩擦看似不可避免。如果说贸易战使经贸合作这一中美关系的"压舱石"出现裂痕和"脱钩"，那么中美之间的竞争正在席卷越来越多的新领域，只不过目前特朗普把经济当作杠杆。可以认为，中美关系已经跌到多年来的最低点，这场贸易战本身也只是美国与中国之间更深层对抗的因素之一。中美之间的这场关税斗争必须放在地缘政治和经济斗争的大背景下来看待，"这是一场现有的世界大国与越来越自信的挑战者之间的斗争。这也是一场体制之间的竞争"。③

这场贸易战表明，特朗普背弃世界贸易规则，战后经济和安全秩序的基础遭到质疑。贸易与和平密不可分，第二次世界大战以后，为了确保美国人追求的全球和平，美国成了欧洲和东亚的首要安全保障者，也建立了广泛

---

① Robert Kagan, "Trump's America Does Not Care," June 14, 2018, https://www.washingtonpost.com.
② 马凯:《美国和中国：巨人间的决斗》,《参考消息》2018年7月10日，第14版。
③ 马凯:《美国和中国：巨人间的决斗》,《参考消息》2018年7月10日，第14版。

的、看似强固的同盟关系，盟友们依赖美国的安全保障，依赖美国的庞大市场。而这一安全认知和利益关系如今已然发生松动，面临严峻冲击。究其本质，特朗普及其同道希望通过各种层面的更高程度的闭锁，将国际关系体系碎片化，从而降低霸权的代价。因而，对于世界，对于亚太地区，从某种意义上说，现在是重要的历史时刻。

（二）"印太"的发展和演变

在亚太地区，美国以及印度、日本、澳大利亚等重要国际行为体也从各自的能力和利益出发，参与和发起各种安全和发展议程。对东南亚国家和地区来说，这些域外行为体的介入增加了发展与合作的资源、机制和机会，同时也打破了地区原有的安全结构和态势，加剧了不同国家之间的竞争，带来了新的不确定性。其中，最值得关注的当属"印太"的发展和演变。

"国际政治既是权力博弈，也是概念建构之间的博弈。概念建构参与并塑造权力博弈的进程和结果。"[1] 正如二战后对"东南亚"以及20世纪七八十年代对"亚太"的区域建构一样，"印太"概念的产生和发展，同样经历了不断演变的过程。早在20世纪50年代，"印太"作为学术概念便被用于讨论去殖民化进程。21世纪初，随着东亚峰会扩员，印度、澳大利亚和新西兰等国参与进来，"印太"开始重新浮现，"亚太"反而显得不合时宜了，但"印太"的内涵已然改变，主要出自两个方面的理由："一是随着中国和印度海上利益及海军的发展，日益加剧的战略竞争促使原本分开的印度洋和太平洋连为一体；二是经济上的联系，尤其是东亚对中东石油的巨大需求，提升了印度洋作为能源通道的重要性，将两洋沿岸的国家和更广泛的地区国家的命运连接在一起。"[2]

尽管美印日澳等国都从各自的战略意图和利益出发，先后使用"印太"

---

[1] 林民旺：《"印太"的建构与亚洲地缘政治的张力》，《外交评论》2018年第1期。
[2] 林民旺：《"印太"的建构与亚洲地缘政治的张力》，《外交评论》2018年第1期。

这一概念，但鉴于美国的霸权地位，以及在印太地区的广泛存在，只有当美国接受并使用这一概念时，它才会产生实质性的地缘政治意义。最初，美国是在推进奥巴马政府的"亚太再平衡"战略时把"亚太"扩展到"印太"的，及至特朗普政府，美国才开始明晰并主推"印太"战略，虽然尚未完全定型，但"印太"已然从一个地理概念"蜕变"为地缘经济和地缘政治概念，在美国及其盟国日本和澳大利亚等国的操弄下，更凸显其战略和安全意涵。

"印太"的建构反映了亚洲地缘政治变迁的最新态势。2017年美日印澳四国安全对话重启，意味着"印太"概念自二轨层次的讨论逐步被纳入官方话语，并在日渐塑造新的亚洲地区安全架构。四国关系的发展以及对话机制的深化，表明亚洲地缘政治正在以"印太"区域建构为标签发生内在变化。①

经贸竞争和地缘政治博弈是美国"印太"战略构想的两大支柱。2018年6月，美国国防部部长詹姆斯·马蒂斯在香格里拉对话会上系统阐述了美国的"印太"战略构想。马蒂斯宣称，美国理想中的"印太"是一个安全、稳定、繁荣和自由的地区。具体而言，它有如下五项原则：无论国家大小，其主权和独立都需要得到尊重；每个国家都可以按照其意愿在国际水域和空域自由通行；在没有强制和胁迫的状态下，和平解决争端；自由、公平和对等互惠的贸易与投资；遵守国际规则与规范。不难看出，美国"印太"战略的核心内涵即是地缘政治和地缘经济。其中，地缘政治的重点是维系海上主导地位，遏制中国海上崛起；地缘经济则重在加强与地区内国家的贸易和投资合作，对冲中国日益提升的经济影响力。

美国"印太"战略是一种海洋地缘竞争战略，其核心地缘关切则在军事安全领域，主要是为了维系美国在西太平洋和印度洋的地缘主导地位。美军太平洋司令部更名为"印度洋－太平洋司令部"，且强化在该地区的力量

---

① 参见林民旺《"印太"的建构与亚洲地缘政治的张力》，《外交评论》2018年第1期。

部署与存在，以及通过联合军演（如美印日"马拉巴尔-2018"海上联合演习）加强与区域内重点国家的军事合作及联系，这些行动都凸显了美国"印太"战略的地缘政治色彩。①

"印太"建构冲击了东南亚国家在原来亚太体系中的核心地位，部分东南亚国家感觉可能会被美国"抛弃"，印尼等国则基于其地理位置和长远利益，不仅接受这一概念，而且以某种方式跻身其机制和进程之中。换句话说，"印太"可能加剧东南亚国家在安全和发展战略等方面的分化组合。

（三）东南亚国家竞争与合作的张力

在东南亚地区，各国由于国情和禀赋差异，在内政外交之间也存在竞争与合作的张力。东南亚地区国家大小不一、族群众多、文化多样、制度各异，因而各国的安全和发展环境也复杂多变，面临诸多既有共性更具特性的严峻问题和挑战。

经济增长和发展问题仍是大多数东南亚国家面临的头等大事。

完成现代民族国家建构是个别东南亚国家的长期政治发展议程。

宗教极端主义和恐怖主义是许多东南亚国家棘手的安全课题。

在少数国家之间仍存在传统的领土和海洋权益争端。

一些国家之间的军备竞争也呈上升之势。

半个多世纪以来，东盟共同体建设取得了举世瞩目的成就，"东盟方式"得到了广泛理解和赞赏。② 然而，其优势也是局限，在地区和国家面临重大政治、经济和安全挑战时，东盟仍然只能扮演规范和协调的角色，难以果断行动、有大作为。随着人口增长和经济发展的不平衡，环境和资源压力加大，东盟内部国家之间的矛盾也会上升，从而给东盟发展和共同体建设带来不确定性。

---

① 《美国"印太"战略挖的坑，中国怎么应对？》，凤凰网，2018年6月8日，http://news.ifeng.com/a/20180608/58635613_0.shtml。

② 参见马凯硕、孙合记《东盟奇迹》，北京大学出版社，2017。

二 中泰关系的确定性

1975年7月,中泰两国发表建交联合公报。40多年来,中泰关系在各个领域都保持着全面稳定发展的良好势头。2001年8月,中泰两国发表了关于开展战略性合作的联合公报,双边关系进入新阶段。2012年4月,中泰又发表了关于建立全面战略合作伙伴关系的联合声明,泰国成为东盟成员国中第一个与中国建立战略性合作关系的国家,两国关系达到了一个新高度。2014年12月,巴育总理访华,中泰两国政府发表联合新闻公报,双边关系继续得到稳定发展。中泰之间长期稳定的友好关系也被形象地概括为"中泰一家亲"。

纵览中泰关系的历史进程,联系中泰关系发展的重要节点,可以看到,在当前亚太秩序演变的不确定性态势下,中泰关系呈现出难能可贵的确定性和稳定性。概而言之,中泰关系这种长期稳定的确定性主要基于以下几个方面。

两国人民传统的亲密友好关系。

基于《联合国宪章》、和平共处五项原则等国际关系准则,双方对彼此的政治制度和主权权益相互理解和尊重。

累积战略互信,不断深化双边合作,提升关系水平。从1975年建交联合公报的"发展两国和两国人民之间的和平友好关系",到2001年联合公报的"中泰睦邻互信的全方位合作关系""推进双方战略性合作",到2012年联合声明双方决定建立"中泰全面战略合作伙伴关系",再到2014年联合新闻公报"加强中泰全面战略合作伙伴关系",可以看出中泰关系历久弥坚,一直处于上升态势。[①]

与时俱进,持续扩展互利合作的领域和范围,增进双边关系的黏性和厚度。在2013年的《中泰关系发展远景规划》中,双方决定进一步发展两国

---

① 参见庄国土、张禹东、刘文正主编《泰国研究报告(2017)》,社会科学文献出版社,2017,第275~292页。

关系，加强在"政治""经贸、投资和金融""防务和安全""交通和互联互通""文教和旅游""科技与创新""能源""海洋""国际和地区合作"等各个领域的合作。①

根据国际和地区局势的变化，加强双方在国际和地区多边机制中的相互包容、支持和合作。

在泰侨民和华裔遵守泰王国法律，尊重泰国人民的风俗习惯，并与泰国人民友好相处。

比照当前亚太秩序演变的不确定性态势，中泰关系仍一如既往，显示出稳定而强健的确定性。这一长期稳定的友好关系是上述诸因素不断契合、融通的结果，传统友好关系是基础，政治和战略互信是前提，不断拓展合作领域、提升合作水平是动力，在泰华侨华人的贡献实属锦上添花，而两国历代领导人对中泰关系的远见卓识和关怀呵护则是重要保证。在当前亚太秩序演变的不确定性态势下，中泰关系也面临新的机遇和挑战，我们应该在"中泰一家亲"信念的指引下，加强战略信任和政策协调，密切经济文化交流与合作，为本地区的稳定与繁荣而不断努力。

三 当前中泰关系发展中的若干问题

进入21世纪以来，特别是在建设中国特色社会主义的新时代，中国高度重视周边外交，大力推进"一带一路"倡议，努力构建新型国际关系，已经成为塑造和影响亚太地区政治经济和安全秩序的重要角色。与此同时，在全球化和大国关系进入新阶段、国际体系和亚太秩序面临诸多不确定性的情况下，中国的内政外交也同样面临许多问题和挑战。在国际和地区层面，中国和平发展、合作发展、互利共赢的治国方略和政策主张也会引起疑虑，招致误解乃至反对，建立战略信任、加强政策沟通、增进

---

① 参见庄国土、张禹东、刘文正主编《泰国研究报告（2017）》，社会科学文献出版社，2017，第277~282页。

民间交流,始终是摆在中国政府面前的重大课题。在新的历史环境和现实条件下,为不断推进和发展中泰友好关系,双方可以从以下几个方面着手。

(一)全面理解和推进"一带一路"合作

2013年,习近平主席提出了共建"一带一路"倡议。五年来,已经有80多个国家和国际组织同中国签署了合作协议,其机会和成果惠及世界各地,尤其是"一带一路"沿线国家和地区。① 由于"一带一路"建设是全新的事物,在合作中有不同意见是完全正常的,正如习近平所说:"中国不打地缘博弈小算盘,不搞封闭排他小圈子,不做凌驾于人的强买强卖。""只要各方秉持和遵循共商共建共享的原则,就一定能增进合作、化解分歧,把'一带一路'打造成为顺应经济全球化潮流的最广泛国际合作平台,让共建'一带一路'更好造福各国人民。"② 在全面理解和推进"一带一路"合作的过程中,以下几个方面的问题值得我们深入思考:一是"一带一路"合作与现行国际经济治理机制、制度和规范的兼容性和通约性;二是"一带一路"建设与一般国际经贸合作的关系;三是"一带一路"建设中的"大"与"小"。很显然,"一带一路"面向未来,合作共赢,与构建开放型世界经济,加强二十国集团、亚太经合组织等多边框架内合作,推动贸易和投资自由化便利化,维护多边贸易体制,共同打造新技术、新产业、新业态、新模式,推动经济全球化朝着更加开放、包容、普惠、平衡、共赢的方向发展,是并行不悖的。因此,并非所有的中外经贸合作都要纳入"一带一路"倡议和进程之中加以谋划和推进,也并非"一带一路"都应该是政府间合作的大项目、大工程,从而放大和加剧投资和运营的政治、经济和安全风险。要把"一带一路"建设成为"最广泛国际合作

---

① 关于"一带一路"与中泰关系,参见周方冶《"一带一路"建设与中泰战略合作:机遇、挑战与建议》,《南洋问题研究》2016年第4期。
② 习近平:《开放共创繁荣,创新引领未来——在博鳌亚洲论坛2018年年会开幕式上的主旨演讲》,《人民日报》2018年4月11日。

平台",意味着必须从各国各地区的实际情况出发,一方面加强战略对接和协调,另一方面要为民间的经贸交流合作提供项目、资金、法规、安全、营销等政策指导、监管和支持。对于以民间中小企业为主的泰国来说,这一点尤为重要。

(二)在国际和地区多边机制中加强沟通和相互支持

在中泰政府2014年12月发表的联合新闻公报中,"双方同意继续加强在中国—东盟、东盟—中日韩、东亚峰会、东盟地区论坛、大湄公河次区域经济合作、亚洲合作对话、亚太经合组织、联合国等多边机制框架内的协调与配合"。[①]可见,中泰在这方面的相互合作和支持一直处于两国关系的重要议程之中。对新时代的中国而言,独木不成林,一花难成春,要坚持和平发展、推进合作共赢,构建新型国际关系和人类命运共同体,就必须坚持开放的基本国策,积极主动参与国际和地区的多边机制架构之中,求同存异,增进共识,累积信任,敢于担当,树立负责任大国的形象。而对于泰国而言,与中国等邻近国家一道在多边机制框架中加强协调与配合,同样有助于维护和扩展国家利益,提升自身的地区和国际影响力。而且,中泰这一战略合作伙伴在多边机制框架中的协调与配合,还可以以更加丰富、灵活的沟通与联系方式,相互借重,产生重要合力。[②]

(三)加强民间交往中的危机风险管控

"中泰一家亲"也可以说"中泰无大事",即在中泰关系中不大会发生危及双边战略互信和友好的重大问题和风险。然而,周恩来总理曾说"外交无小事",在中泰民间来往和交流中同样存在危机风险管控问题,否则在这个数字化的"后真相"时代,诸如在旅游来往、教育合作过程中发生的

---

① 参见庄国土、张禹东、刘文正主编《泰国研究报告(2017)》,社会科学文献出版社,2017,第277页。
② 在这方面,近年来泰国在东盟框架内(如作为中国-东盟关系协调国)为推动解决南海问题磋商和谈判所发挥的沟通和协调作用可为例证。

小问题、小风波就有可能被放大、扭曲，变成大事，酿成严重的危机和风险。2018年7月初，在恶劣天气影响下普吉岛附近海域发生游船倾覆事故，40多名中国游客罹难，尽管在应对这一紧急事态的过程中，泰国和中国方面通力合作、全力营救，及时披露事态信息和救援进展，但这一不幸事件引发了中国民众对泰国游的安全忧虑，一时赴泰游客锐减，而从危机风险预警和管控的角度来看，这一事故值得进一步总结和反思。①

（四）加强对中泰关系的研究

进入21世纪以来，随着中国与东南亚国家相互交往的不断扩大和深化，中国的东南亚问题研究也开启了迅猛发展和深入的新阶段，对东盟以及新加坡、越南、菲律宾、印尼等国内政外交及其对华关系的研究不断涌现新的热点和成果。比较之下，中国的泰国研究则发展相对平缓，并集中在泰国政治②和中泰关系③两个问题领域，研究的视野比较有限，理论深度不足。这种情况与中泰友好关系是不大相称的，好像"中泰无大事"反而成了研究中的问题。为了助力中泰关系不断发展深化，这种状况应该引起重视并加以改变。一是要加强对中泰关系的战略认识。中泰友好源远流长，双边关系不断提升，全面战略合作伙伴关系稳定发展，这在中国周边关系和外交中是不多见的，具有模范的"类型化"意义，值得从战略和理论高度加以提炼和总结。二是把泰国以及中泰关系置于国际和地区的多元和多边框架、制度和规范之中，找到新角度，发现新问题。三是拓展研究的理论视野，广泛运用

---

① 参见《人民日报》2018年7月7～10日的相关报道。
② 关于泰国政治，可参见王子昌《泰国政治发展的社会学分析——结构变化、精英选择与政治发展》，《东南亚研究》2002年第5期；周方冶《泰国政治格局转型中的利益冲突与城乡分化》，《亚非纵横》2008年第6期；张锡镇《泰国民主政治的怪圈》，《东南亚研究》2009年第3期。
③ 关于中泰关系，可参见张锡镇《中泰关系四十年》，《东南亚研究》1990年第2期；朱振明《中泰关系发展中的一个亮点：中泰文化交流》，《东南亚南亚研究》2010年第4期；孙学峰、徐勇《泰国温和应对中国崛起的动因与启示（1997—2012）》，《当代亚太》2012年第5期；庄国土《文化相似性和中泰关系：历史的视角》，《华侨大学学报》（哲学社会科学版）2013年第2期。

跨学科、田野调查以及案例研究等方法和路径对泰国以及中泰关系中的诸多问题展开具体、深入分析。

总之，在当前亚太秩序充满不确定性的态势下，中泰关系一如既往，显示出稳步发展的确定性，实属难得，理应珍惜。而从两国的战略、政策互动到民间交流，如何把握、巩固这种确定性，则是我们努力的方向和远景。

B.11
新形势下的中泰军事交流与防卫合作

朱振明*

摘　要： 军事交流、防卫合作是中泰关系的重要组成部分。进入21世纪以来，中泰军事交流、防卫合作不断向深度、广度扩展，成为中泰关系发展中的又一个亮点。中泰两军高层的频繁交流，两国军事交流、防卫合作形式的多样化，军事装备合作的不断增加，成为中泰军事交流、防卫合作的重要内容。与中国同东盟其他国家的军事交流、防卫合作相比，中泰两国明显走在前列。中泰军事交流、防卫合作的深入，对增进中泰政治互信、扩大两国军事交流、增强防卫力量、维护东南亚地区的安全与稳定发挥了积极而不可替代的作用。中泰军事交流、防卫合作的不断深入，大大促进了中泰关系的发展。面对国际形势复杂的变化，中泰两国需要进一步发挥潜力，进一步加强军事交流、防卫合作，为东南亚地区的和平、稳定与发展做出更大贡献。

关键词： 中泰关系　军事交流　防卫合作

中泰防卫合作是中泰全面战略合作伙伴关系的重要组成部分，中泰建交以来两国的防卫合作随着两国关系的发展而逐步深化。进入21世纪以来，中泰防

---

* 朱振明，云南省社会科学院研究员，华侨大学泰国研究所兼职教授。

卫合作不断向深度、广度扩展。近几年来，中泰双方的防卫合作发展迅速，形成了多层次、宽领域的合作局面。中泰军事交流、防卫合作水平的不断提升，成为推动中泰关系发展的重要因素，也反映了中泰关系的密切。关注和研究新形势下中泰军事交流和防卫合作，对于促进中泰关系发展具有现实意义。

一 防卫合作对中泰关系发展具有重要意义

军事交流、防卫合作是国家关系的组成部分。由于军事交流与防卫合作的敏感性，因此在国家关系中，军事交流与防卫合作往往滞后于国家间的经贸合作、科技合作、文化交流等。一般认为，军事交流与防卫合作能否开展，与国家关系的密切度有极大关系。只有双方的政治互信达到一定程度，军事交流与防卫合作才可能实现和不断发展。中泰两国军事交流、防卫合作的发展说明了这一结论的正确性。

泰国是中国的友好邻邦。现今的泰国地区是中国古代"南方丝绸之路"和海上丝绸之路所经之地，又是中国今天"一带一路"倡议的沿线重点国家。1975年建交以来，中泰关系不断发展，两国关系日益密切。随着政治互信的增强，2012年4月中泰两国决定将两国关系提升为"全面战略合作伙伴关系"，并发表了建立全面战略合作伙伴关系的联合声明。根据《"一带一路"大数据报告（2017）》，在中国与60多个"一带一路"国家的国别合作度指数测评中，泰国排在前五位，表明中泰两国有较高的合作度。这也从另一个角度印证了中泰关系的密切。2016年10月26日习近平主席特使、国务院副总理张高丽在泰国出席泰国国王普密蓬葬礼仪式时指出，中方高度重视发展对泰关系，视泰国为周边外交优先方向，愿同泰方携手努力，进一步加强高层交往，增进政治互信，推动中泰全面战略合作伙伴关系不断取得新发展。[1] 泰国副总理颂吉说，张

---

[1] 《习近平主席特使张高丽出席泰国国王普密蓬葬礼仪式》，新华网，2017年10月27日，http://www.xinhuanet.com/photo/2017-10/27/c_1121868729.htm。

高丽副总理作为习近平主席特使专程出席普密蓬国王陛下葬礼仪式,充分体现了中方对泰中关系的高度重视,是两国亲密友好的真实写照。泰方高度重视发展对华关系,将坚定不移同中方深化战略合作。[①] 2017年9月4日,习近平主席在厦门会见来华出席新兴市场国家与发展中国家对话会的泰国总理巴育时强调,"中泰一家亲",两国人民情同手足。作为泰国的亲密友好邻邦,中方高度重视发展中泰友好关系,愿一如既往尊重泰国选择适合本国国情的发展道路,并在国际和地区事务中发挥更大作用,推动两国全面战略合作伙伴关系得到更大发展。[②] 由此可知,近年来中泰军事交流、防卫合作不断提升,成为中泰关系的一个亮点,并不是偶然的。中泰关系的密切推动了中泰两国的军事交流和防卫合作,不但中泰关系走在中国与东盟国家关系的前列,而且中泰军事交流和防卫合作也走在中国与东盟国家关系的前列。

中泰两国不断深化的军事交流和防卫合作既是中泰全面战略合作伙伴关系发展的重要内容,也是中泰政治关系的组成部分。中泰两军在军事交流和防务领域的友好合作既有利于两国各自的国防和军队建设,也有利于保持地区的和平与稳定。防卫领域合作的不断深入和扩大,不但促进了两军关系不断迈上新的台阶,而且巩固了中泰政治互信,成为推动中泰全面战略合作伙伴关系发展的重要一环。

因此,在中泰两国签署的发展中泰关系的文件中都把中泰军事交流和防卫合作列为重要内容。例如《中华人民共和国与泰王国关于二十一世纪合作计划的联合声明》《中泰战略性合作共同行动计划》《中泰关系发展远景规划》等涉及中泰关系的重要文件中都有中泰军事交流和防卫合作的内容。在《中泰关系发展远景规划》中更是具体写明:"双方同意加强两军交流与互访,深入开展两国国防部年度防务安全磋商,加强应对非传统安全威胁的联合军事演习和训练,扩大双方在人道主义援助、救灾和国防科技工业领域

---

① 《习近平主席特使张高丽出席泰国国王普密蓬葬礼仪式》,新华网,2017年10月27日,http://www.xinhuanet.com/photo/2017-10/27/c_1121868729.htm。
② 《习近平会见泰国总理巴育》,人民网,2017年9月4日,http://cpc.people.com.cn/n1/2017/0904/c64094-29514492.html。

的合作","双方同意深化安全和执法合作,加强预防和打击恐怖主义、贩毒、贩卖人口、非法移民、电信诈骗、洗钱、网络犯罪和双方关注的其他犯罪活动,深入推进湄公河流域执法安全合作机制建设。双方同意加强网络安全领域交流与合作"。[1] 由此反映出中泰双方对加强中泰军事交流和防卫合作的重视。

二 中泰军事交流和防卫合作的起始

其实,中泰两国的军事交流和防卫合作并非始自今日。1975年中泰建交后,由于东南亚地区形势的变化,中泰两国的军事交流、防卫合作就已逐步开展起来。可以说中泰军事交流、防卫合作是在中泰两国共同反对地区霸权主义的斗争中逐步形成的。1978年越南军队入侵柬埔寨,1980年6月侵柬越军大举入侵泰国东部领土,泰国军队奋起还击,双方交火持续两天两夜,才迫使越军后撤。1984年底越军发动第七次旱季攻势以后,侵柬越军进犯泰国领土的事件越来越频繁。侵柬越军对泰国的国家安全造成严重威胁。原先对柬埔寨问题持"中立"立场的泰国政府开始调整政策,反对越南入侵柬埔寨,明确支持柬埔寨抗击侵略者。泰国国家安全委员会秘书长巴颂明确表态说"我们要公开地从军事上支持柬埔寨人民,直到他们把越南强盗赶出自己的国家"。[2] 与此同时,泰国积极寻求中国在政治、经济、军事上的支持,抵御越南可能的入侵,以维护国家安全。针对侵柬越军对泰国的侵犯,中国表示坚决支持泰国维护国家领土安全的斗争。

当时,中国与泰国及东盟在柬埔寨问题上有着共同或相近的立场和主张。1989年10月27日邓小平在会见泰国总理差猜·春哈旺时指出:"东盟、泰国、中国在柬埔寨问题上做出了共同的贡献。中泰两国要求恢复柬埔寨的独立、和平、中立、不结盟的地位,结束越南侵略。在这方面,中泰是

---

[1] 全文参见《中泰关系发展远景规划》,新华网,2013年10月12日,http://www.xinhuanet.com/world/2013-10/12/c_117692332.htm。
[2] 参见《人民日报》1985年3月3日。

一致的。"① 由于具有共同的立场，中泰两国在反对越南入侵柬埔寨的斗争中相互支持，在政治、军事上密切配合，为促进柬埔寨问题获得全面、公正、合理的解决，进行了卓有成效的合作。

在共同反对地区霸权主义，维护东南亚和平的斗争中，中泰两军保持了密切的联系，不断加强交流与合作。为了支持柬埔寨的抵抗力量，中国向柬埔寨提供了军事装备、药品、食品②，其中很大一部分是通过泰国军队转运的。中国也向泰国提供了坦克、装甲运兵车、火箭炮、高射炮、反坦克炮等武器和军事装备。1989年中泰双方还在泰国建立了装甲运兵车工厂，对装甲运兵车进行维修和批量生产。

此外，中泰两军为了加强合作，协调立场，在柬埔寨问题的政治解决中发挥作用，在整个20世纪80年代，两军的领导人及军事代表团互访不断，为落实双方高层的意见而奔走，促进了军队的交流和合作。这些都为后来中泰两国建立战略合作伙伴关系后的军事交流和防卫合作打下了基础。

三 中泰军事交流和防卫合作的新进展

中泰两国的军事交流和防卫合作经历了一个不断发展的过程，随着美国"亚太再平衡战略"的推行，东南亚和亚太地区形势发生新变化，东南亚地区出现许多不确定因素，东南亚各国面临新的安全挑战。面对新形势，中泰双方的军事交流和防卫合作显著加强和深化，主要体现在以下方面。

第一，中泰两军交流频繁。中泰建交后双方的军事交流随着形势的变化而发展。特别是自2007年中泰两国签署《战略性合作共同行动计划》以来，中泰双方的军事交流活动增加，两国的军队领导人互访频繁。两军领导人的频繁互访，有利于加强两军的相互了解，相互学习，有利于进一步密切

---

① 参见《人民日报》1989年10月28日。
② 谢益显主编《中国当代外交史（1949—2009）》，中国青年出版社，2009。

两军的联系，对中泰全面战略合作伙伴关系的巩固发挥了积极作用。

此外，两国军队人员的交流也不断增加，除了双方的军事代表团组互访外，泰国的不少高级将领还到过中国的国防大学等军事院校学习、培训，中国的军官也参与了泰方军队的活动。通过这些军事交流活动，中泰两军之间的相互了解和互信不断加深，合作水平不断提高。

第二，中泰两军积极开展联合训练和演习。泰国是最早与中国开展联合军事训练和演习的国家。早在2005年，中国就向泰国无偿提供了一批扫雷器材和防护装具，并派出专家组培训泰方扫雷人员。这是中国第一次在亚洲国家开展专项扫雷援助行动。经过三个月的培训和演练，泰国军队的扫雷人员掌握了扫雷的基本技能。2007年7月，中泰陆军在中国举行了代号为"突击-2007"特种作战分队联合训练。这是中国军队首次与外国军队举行陆军联合训练，开辟了中国军队与外军合作交流的新形式，成为中国军队走向世界的一个新举措，具有突破性意义。2008年7月，中泰两国的陆军特种作战部队又在泰国举行了代号为"突击-2008"的反恐联合训练。联合训练以应对恐怖主义威胁为背景，分为基础训练、技能训练、战术训练和综合演练四个阶段，采取混合编队、联合指挥的方式进行。

2010年中国海军陆战队两栖特战分队100多名官兵，与泰国海军进行名为"蓝色突击-2010"的军事训练。中泰两国参训官兵在同一平台上展开机动巡逻与反伏击、要员警卫、野外生存、甲板机降与人质营救、登陆战斗等课目联训。这是中国海军陆战队首次走出国门与外军进行联合训练，对进一步巩固和深化中泰两国海军友谊、增进了解互信、促进军事交流合作、提高反恐作战能力，具有重要而深远的意义。

2013年12月，中泰陆军特种作战部队在泰国举行了代号为"突击-2013"的反恐联合训练。这是双方第四次举行陆军特种作战部队联合训练。中方参训兵力、出动装备为历届之最。参加训练的中国广州军区陆航旅，创下远距离、跨国境机动多项飞行纪录。中泰两国通过多次联合训练，交流了经验，达到了共同提高的效果，增进了相互了解，深化了两军交流，特别是加强了在反恐等非传统安全领域的合作，有利于共同维护地区和平与稳定。

不仅开创了中国军队与各国军队开展务实合作的新路子,也为中泰两军友谊谱写了新篇章。

2015年2月在中国国防部部长常万全访问泰国期间,中泰双方商定,未来5年将加强两国军队从情报共享到打击跨国犯罪的军事合作,并增加联合军事演习的次数。

第三,中泰两国的防卫合作从陆地扩大到海洋、天空。2008年泰国皇家海军舰艇编队首次访问中国南海舰队,此后中泰两国海军开始了相互访问,交往增多。到2017年10月4日中国海军远航访问编队访问泰国为止,两国海军舰艇编队的互访已开展了多次,并且已形成了常态化。两国海军的交流合作进一步增进了双方的理解与信任,在共同维护和平稳定的和谐海洋方面发挥了积极作用。

2015年11月中泰两国空军在泰国空军呵叻基地举行了"鹰击-2015"联合训练,拉开了两国空军合作的序幕。2017年8月中国空军6架战机又从云南一军用机场起飞,飞抵泰国参加中泰空军"鹰击-2017"联合训练。这是中泰两国空军第二次开展联合训练,对深化两国空军合作交流、检验战术战法、促进装备发展、提高部队实战化训练水平起到了积极作用。

第四,建立中泰防务安全磋商机制。建立和健全与外国军队的对话机制、磋商平台,通过这些对话平台,加强战略互信,促进政策沟通,增进友好关系。这是中国对外军事交流和防卫合作的重要方面。2001年,中泰两国的国防部举行了第一次安全防卫磋商,随后形成了年度磋商机制。双方利用这一机制就国际和地区安全形势、国防和军队建设、两国两军关系等共同关心的问题进行深入讨论,达成广泛共识。通过这一机制,中泰两军加强了理解和沟通,两军的交流与合作不断巩固和发展。到2017年为止中国已经与28个国家和国际组织建立了防务战略磋商机制。

第五,中泰两国在军事装备技术领域的合作成为关注点。巴育执政以来,中泰军事合作得到进一步加强。除了两军高层的互访、军事训练和演习持续进行外,中泰军事合作的另一个显著特点是,双方军事装备合作进一步

加强。

最近两年，泰国加强了对中国生产的军事装备的采购，此事在泰国和国际社会都受到关注。2015年泰国政府宣布从中国采购潜艇，但消息报道后遭到国内舆论的反对，反对者认为国家的资金应该更多地用于解决经济问题，购买先进武器并非当务之急。不久此事便被叫停，直到一年后才重启该项目。2016年6月，泰国军方批准以10亿美元价格从中国引进3艘出口型号为S-26T的元级潜艇。2017年1月，泰国军方宣布，将于年内从中国采购潜水艇，并采取"政府对政府"的采购方式。3月21日巴育总理正式宣布，泰国将从中国购买2艘潜艇，并将提交内阁会议批准。在购买中国生产的潜艇不久之后，泰国又决定向中国购买步兵战车和装甲运兵车。4月12日泰国陆军网站透露，泰国皇家陆军已经签署采购中国的32辆代号为"雪豹"的ZBL-09步兵战车，总价值20.95亿泰铢，预计在2020年交货。2017年6月14日泰国皇家陆军司令差林猜上将又宣布，将从中国采购34辆VN-1装甲运兵车，并指出这次采购是中泰最新达成的防务协议，也是两国军事关系良好的最新迹象。媒体先前报道称，这是泰国首次列装中国制造的装甲车。差林猜上将指出，这一计划经过了陆军一个委员会的认真研究。

泰国军队重视与中国在军事装备方面的合作，主要出于以下几个原因。

一是西方国家谴责泰国，认为其政权更迭违背西方国家的民主价值观，不应支持。泰国之前都从美国等西方国家采购军事装备，但2014年后泰国政府与西方国家关系变冷，向西方国家采购武器受阻。

二是泰国的武器系统老化，已经不适应当前东南亚地区的形势变化。购买一些先进军事装备，有助于军队提高战斗力。泰国军方指出，泰国海军的老式日本潜艇退役后，潜艇领域成为空白。而东南亚地区的越南、马来西亚、印度尼西亚和新加坡等国都先后引进了潜艇，泰国必须填补无潜艇的空白，以保护重要水域航行自由和港口安全，应对变化的形势。

三是中国的军事装备质量上乘，价格低于西方国家的同类装备。正如泰国陆军司令差林猜上将所说,"从西方购买武器现在有难度,从中国采购武器物超所值"。他还就向中国购买步兵战车和装甲运兵车一事指出,军方委员会在对比了俄罗斯和乌克兰等数个国家的投标,综合考虑了价格、性能和售后维修等因素,最后进行了评估,认为"中国的装甲车性价比最高"。①2018年1月泰国陆军对从中国采购的VT4主战坦克进行公开测试,并邀请媒体记者参观。由于泰国主流媒体对泰国政府决定采购中国坦克一事进行过持续跟踪报道,其中既有支持的声音,也不乏反对调门,对VT4坦克的测试向媒体开放,也是用事实回应质疑的一个良好机会。当天有30余家泰国主流媒体近百人前往采访。测试内容包括坦克的急速行驶、爬坡、涉水、实弹射击等,同时通过释放烟幕弹、敌我识别等测试坦克的战场生存能力。测试结果为泰国军方对该型坦克的各项性能表示满意。②一些媒体甚至评价为"泰国军方向各界炫耀新式武器"。有媒体评论称,相比乌克兰T-84主战坦克,这次泰国陆军才算尝到了物美价廉的先进主战坦克的甜头。泰国应该是看中了VT4坦克的优异性能,才狠下心来购买的。一旦列装完毕,泰国将在东南亚地区拥有一支相当强悍的装甲力量。③

四是泰国从总体利益考虑。针对泰国舆论认为泰国已从中国采购了不少武器装备,现在泰国军队还不断从中国购买潜艇、战车等先进装备,是否有必要的质疑,泰国副总理兼国防部部长巴逸上将在2017年4月24日主持召开的国防会议上指出,政府采购武器会考虑是否必要和适合,不限定从哪个国家采购,但要保证物有所值,并且能够有效地供军方使用,保证采购流程的透明,符合国家长期战略和稳定的需求,维护泰国的海洋权益,作为与其他国家沟通的军事力量筹码,保证国家的总

---

① 《外媒称泰军方为采购中国装甲车辩护》,参考消息网,2017年6月16日,http://www.cankaoxiaoxi.com/world/20170616/2125479.shtml。
② 《泰国满意中国坦克测试表现》,新加坡《联合早报》2018年1月31日。
③ 《泰军方一月两次炫耀中国产坦克 高度评价性能》,亚太日报网,2018年1月29日,https://cn.apdnews.com/junshi/818481.html。

体利益。

五是中泰两国两军具有密切关系。中泰关系走在中国与东盟国家关系前列。中泰两军多年来一直保持密切交往，在维护东南亚地区安全方面有着共同的利益。中国为泰国军队装备的改进和提高提供了技术支持，有利于增强泰国军队的装备水平。中泰军事装备的合作已经有较好的基础，泰国军队对中国军事装备的掌握和使用都已经比较熟悉。

四 中泰防卫合作的特点

从近几年中泰军事交流和防卫合作的发展中，我们可以看出以下几个特点。

其一，中泰防卫合作不针对第三国，重在提高两国的防卫水平。中国军队坚持共同安全、综合安全、合作安全、可持续安全的安全观，发展不结盟、不对抗、不针对第三方的军事关系的对外防卫合作原则。中国与泰国发展防卫合作并不针对特定的对象，目的是加强双方的战略互信，提高防卫水平。中泰双方对此有着明确的共识。

其二，中泰防卫合作的广度、深度不断扩展。中泰双方不但在军事训练、人员交往方面有所发展，而且在防卫装备的增加和防卫装备技术等领域的合作也不断取得新的成就。2017年8月21日，中国国务委员兼国防部部长常万全在北京会见来访的泰国武装部队最高司令素拉蓬上将时指出，中泰两军保持着多层次、宽领域的合作，中方愿与泰方一道，在巩固现有成果的基础上，不断加强战略协作和深化务实合作，推动两军关系持续向前发展，共同维护地区和平与稳定。[1] 素拉蓬表示，泰方愿与中方共同努力，继续深化两军在联演联训、装备技术、人员培训、多边安全等领域的合作，不断提升双方军事合作水平。目前中泰两军在联

---

[1] 《常万全会见泰武装部队最高司令》，中国政府网，2017年8月21日，http://www.gov.cn/guowuyuan/2017-08/21/content_5219351.htm。

演联训、装备技术、人员培训等领域的合作，与中国和东盟其他国家的防卫合作相比，已遥遥领先。

其三，中泰两国两军高层的顶层设计推动着中泰防卫合作的发展。中泰防务安全磋商机制的建立和长期运作，中泰战略性合作共同行动计划、中泰关系发展远景规划的形成，以及中泰双方达成的加强两军交流与互访，深入开展两国国防部年度防务安全磋商，加强应对非传统安全威胁的联合军事演习和训练，扩大双方在人道主义援助、救灾和国防科技工业领域的合作等一系列共识，都是在两国高层设计下确定的，这为中泰防卫合作的发展指明了方向，也使防卫行动计划的落实获得了保障。

其四，中泰防卫合作与中泰关系的发展相辅相成。中泰关系的发展促进了中泰防卫合作的开展，而中泰防卫合作的不断发展又有力地深化了中泰关系。中泰军事交流、防卫合作成为观察中国与泰国关系发展变化的一个指标性内容。

五　结语

21世纪以来，中泰军事交流和防卫合作水平不断提升，成为中泰关系发展中的又一个亮点。与中国和东盟其他国家的防卫合作相比，中泰两国的军事交流和防卫合作明显走在前列。中泰防卫合作的深入，对增进中泰政治互信、扩大两国防卫力量的交流、维护东南亚地区的安全与稳定发挥了积极而不可替代的作用，促进了中泰关系的发展。中泰军事交流和防卫合作的深化适应了东南亚、亚太安全格局的变化，也是两国推进军事改革的需要。目前中泰军事交流和防卫合作已经有了深厚的基础，军事交流和防卫合作的领域还在不断扩大和延伸。尽管2019年初泰国将迎来大选，政府将"还政于民"，但我们相信，中泰军事交流和防卫合作不会因泰国政权的更替和政局的变化而止步。

中国共产党第十九次全国代表大会确定了决胜全面建成小康社会、开启全面建设社会主义现代化国家新征程的目标，中国特色社会主义进入

了新时代。中国的发展将为中泰关系的发展带来新的机遇。在中泰两国的共同努力下,"中泰一家亲"的传统友谊将继续发扬光大,中泰关系发展前景广阔,中泰军事交流和防卫合作也将在新形势下获得更大发展,为促进中泰全面战略合作伙伴关系的发展,维护东南亚地区的和平、稳定与安全发挥积极作用。

参考文献

庄国土、张禹东、刘文正主编《泰国研究报告(2016)》,社会科学文献出版社,2016。

庄国土、张禹东、刘文正主编《泰国研究报告(2017)》,社会科学文献出版社,2017。

中华人民共和国国防部:《中国国防白皮书(2013)》,2013。

谢益显主编《中国当代外交史(1949—2009)》,中国青年出版社,2009。

《中泰又签新军贸合同》,《环球时报》2017年6月15日。

《常万全会见泰武装部队最高司令》,新华网,2017年8月21日,http://www.xinhuanet.com/world/2017-08/21/c_1121518460.htm。

《"突击-2013"中泰陆军特种部队反恐联合训练举行开训仪式》,新华网,2013年12月10日,http://news.xinhuanet.com/world/2013-12/10/c_118485017.htm。

《中泰空军举行"鹰击-2017"联合训练》,中新社,2017年8月17日,http://www.chinanews.com/mil/2017/08-17/8307271.shtml。

《泰国满意中国坦克测试表现》,新加坡《联合早报》2018年1月31日。

《中泰关系发展远景规划》,新华网,2013年10月12日,http://www.xinhuanet.com/world/2013-10/12/c_117692332.htm。

B.12
当前美泰安全关系:现状、挑战及前景

王迎晖*

摘　要： 美泰安全关系以美泰同盟为基础，是美泰双边关系的核心内容。然而，冷战后的美泰同盟始终是美国同盟体系中较为薄弱的环节，发挥的作用也较为有限。当前美泰关系在经历起伏后趋于稳定，但也缺乏进一步提升的动力和抓手。制约美泰关系的因素主要有泰国自身的外交传统、泰国国内政治、中国因素、南海问题等。未来美泰同盟仍会继续维系，美泰同盟仍是美国同盟体系中不可缺少的一环，但同时也难以恢复到冷战期间的紧密状态。当前美泰同盟可以被形象地称为"结盟的伙伴"关系。

关键词： 泰国　美国　安全关系　安全同盟

美泰自冷战以来关系稳定发展，建立了稳固的安全联盟，美国将泰国视作其实施东亚战略的一个支撑和依托。然而，冷战结束后，美泰安全关系经历了从紧密同盟到"漂浮"状态的演变，双方关系受到中国因素、泰国国内政治因素、泰国外交传统等一系列变量的制约和挑战。未来美泰保持同盟体系的可能性仍然较大，但也缺乏进一步提升关系的动力，美泰安全关系将越来越表现为一种"同盟"形式下的伙伴关系。

---

* 王迎晖，国防大学联合作战学院外军系副教授。

一 美泰关系的历史回顾

第二次世界大战结束后不久,美苏迅速从合作走向对抗,冷战随之拉开序幕。为了对抗苏联阵营,美国在全世界建立了以同盟体系为基础的安全架构。1950年10月,美国与泰国签订了《军事援助协定》等一系列协议,开始介入泰国的政治、经济、军事、社会教育等各个方面。[1] 美泰安全同盟从此成为美泰双边关系的支柱,一直延续至今。冷战前期,泰国被看成美国在东南亚"安全行动的中心"。[2] 作为中南半岛上美国唯一的盟友,泰国为美国提供了重要的地区军事、情报、政治、心理行动的基地。为了促使泰国支持其立场,美国在1950年将泰国纳入军援名单,提供1000万美元援助。[3] 泰国由此改变了一贯的中立立场倒向美国,承认了南越的保大政权。1950年,朝鲜战争爆发,泰国积极支持美国立场,并为韩国提供大米援助,随后派遣4000人的部队参加朝鲜战争,成为亚洲第一个宣布参加"联合国军"的国家。

1954年9月,美国与英国、法国、澳大利亚、新西兰、菲律宾、泰国以及巴基斯坦在马尼拉举行会议,签订了《东南亚集体防务条约》及附件《东南亚集体防务条约议定书》和《太平洋宪章》,规定对成员国的武装力量进行统一协调,以达到集体防御的目的。1962年3月,泰国外长他纳(Thanat Khoman)和美国国务卿腊斯克(Dean Rusk)在美国华盛顿缔结并发表《美泰外长联合声明》[4],要求缔约双方在其中一方遭到外来攻击时给予另一方军事援助。该声明还规定美国向泰国提供最大限度的人力和物力支持,以促进泰国的发展和安全。《东南亚集体防务条约》和《美泰外长联合声明》两个条约共同确立了美泰安全同盟关系,不仅给予了泰国所需的安

---

[1] 1950年10月17日,美国与泰国签订了《军事援助协定》。
[2] "Dulles to the Embassy in Thailand," *Frus* (1955–57), October 22 (1957): 933–934.
[3] *Frus*, VI (1950): 40–41, 43, 79, 80.
[4] 又称《腊斯克-他纳联合声明》。

全保证,也巩固了美国在东南亚的主导地位和影响力。①

越战期间,美军使用了泰国的7个空军基地。美国飞机从1964年开始部署在泰国,泰国空军基地的任务是轰炸北越、进行空中侦察和营救美国飞行员。美军轰炸北越的飞机有80%从泰国起飞。在整个越战期间,乌塔堡空军基地是美军最重要的运输和加油基地,同时还是美军B-52轰炸机的起降基地,执行轰炸北越的任务。与此同时,美军在泰国北部和东北部建立了数个情报站,以监视越南和老挝共产党的军事行动。根据两国达成的协定,美国政府还可无限期"自由使用"该基地及其设施。美军在泰国修建了战备公路,将梭桃邑扩建为大型深水港。1965年,越战美军开始把泰国作为后方疗养基地,每年在泰国花费约2200万美元。②

1969年尼克松上台后实行全球战略收缩,调整了亚洲政策,积极改善中美关系,并于1973年结束越南战争。美国这一战略调整对东南亚国家造成很大冲击,也成为美泰关系由盛转衰的标志。基于对形势的判断,泰国迅速对近20年追随美国的政策做出调整,恢复传统的灵活外交政策,开始要求美国撤出在泰国的军队。1976年,美军全部撤出了泰国。

20世纪60年代末70年代初中美关系开始松动,泰国敏锐地感觉到,需要改善与中国和越南的关系,以应对美国撤出之后周边出现一个强大而统一的共产主义越南的局势。泰国开始发展"大国平衡"外交,以改善单独倒向美国的被动局面。美泰同盟在泰国外交中的重要性相对降低。1975年7月1日,中国与泰国正式建立外交关系。之后,在越南入侵柬埔寨时期,中国为泰国提供了直接军事支持,缓和了泰柬边界的军事紧张关系,也提升了中泰双边关系。

冷战结束,对于东南亚和美国的关系,包括对美泰关系都是一个重要里程碑。在冷战结束,美国失去主要敌人,成为唯一超级大国的背景下,美国

---

① "东南亚条约组织"于1977年解散,但《马尼拉协定》中第四条第一款成员国"根据宪法程序应对共同危险"仍然有效。
② 转引自刘莲芬《论1950—1970年代的美泰关系》,《东南亚研究》2008年第1期。

认为在东南亚维持昂贵的军事设施意义不大。随着美国撤出在菲律宾的基地，美国在东南亚的永久军事基地不复存在，美泰同盟也在冷战后进入"漂浮"状态，然而，美泰之间的安全防务合作得以继续。美国出于冷战后维持全球霸权的考量，与盟友保持了紧密的军事合作，泰国仍然是美国在周边热点地区采取军事行动的一个"重要的加油和中转站"。[1] 美泰年度"金色眼镜蛇"演习[2]开始于1982年。1984年，演习规模得以扩大，美国陆军也加入其中。1994年，新加坡和澳大利亚等国成为观察员国。1998年，美军派出太平洋总部各军种约1万人的部队参加演习，泰国则派出6000人的各军种部队。2000年，演习规模进一步扩大，美国派出约14000人，泰国派出约5000人，演习内容包括多军种协同行动、两栖作战和医疗救助等。除了"金色眼镜蛇"演习，美国和泰国每年还会进行40场联合演习和训练。1996年，美泰两国签订了《采办和军种间协定》，规定泰国对美国及其盟国在战争状态下应使得后勤保障更加便利化。1997年，克林顿政府在乌塔堡空军基地部署了由550人组成的特遣部队。[3] 大批泰国军官在"国际军事教育与培训"（IMET）机制下参加了美军的培训和教育课程。美国的军工企业对东南亚市场始终保持关注。考虑到军火销售的巨大利润，克林顿政府积极采取多种措施促进军售，包括国防部的"对外军事资助"（FMF）项目和"对外军事销售"（FMS）等机制。通过"对外军事销售"项目和直接购买，泰国和新加坡在20世纪90年代成为美国在东南亚的最大武器出口国。

值得一提的是，在冷战期间，美国和泰国军队保持了很好的关系。美国通过扶持泰国精英、王室、资本家，尤其是军队来对当地政治权力进行控制，默认泰国军队在泰国社会上的重要角色。泰国军队数次发生军

---

[1] 参见刘琳《冷战后美国东亚安全战略研究》，军事科学出版社，2008，第340～341页。
[2] 演习可以追溯到1965年美泰之间的"团队演习"（Operation Team Work），包括反潜、拆除水雷和两栖作战等内容。首次"金色眼镜蛇"演习参加的部队包括泰国海军和空军，以及美国的海军和海军陆战队。
[3] 白雪峰：《冷战后美国对东南亚的外交：霸权秩序的建构》，厦门大学出版社，2011，第77页。

事政变掌握政权，但美国在保证其在泰国安全利益的前提下，都表现出相当大的容忍度。

二 21世纪的美泰关系发展

进入21世纪，美泰关系因两次美国全球战略调整而得到加强，分别是"9·11"事件之后的全球反恐战争和奥巴马上台后实施的"亚太再平衡"战略。然而，美泰安全关系由于外部和内部的一系列因素出现起伏。尤其是在2014年之后，两国关系一度出现疏远和紧张，影响了两国之间的认知和互信。美泰"漂浮"的关系状态至今并未有实质性提升。

（一）"9·11"事件在一定程度上提升了美泰安全合作关系

2001年"9·11"事件的发生给美泰同盟的复兴带来契机。"9·11"恐怖袭击发生后，美国开始在全球建立反恐联盟。为了取得东南亚国家对美国反恐行动的支持，美国与东盟国家开展了情报、反恐训练、军事援助等方面的紧密合作。在泰国正式支持全球反恐战争之后，美泰之间的安全合作迅速提升，美国对泰军事援助大幅增加，美泰同盟也有了新的内涵。

美国在其主导的伊拉克和阿富汗战争中，将菲律宾和泰国提升为主要非北约盟友地位，给予泰国在援助和武器购置方面的优先权。在全球联合反恐的目标下，美泰在反恐领域的合作明显增加。美国继续通过"对外军事资助"项目向泰国出口装备，还通过"剩余防务设备项目"（Excess Defense Articles Program）赠予泰国二手军事装备。泰国方面则给予美国飞越领空权和在乌塔堡空军基地添加燃料权，允许美国军舰访问泰国港口，为美国对阿富汗的战争提供后勤支援。美国还在泰国设立了5处美泰联合军火库用于战略物资储备。在伊拉克和阿富汗战争期间，泰国的梭桃邑海军基地和乌塔堡空军基地集中了大量的美军和武器装备。此外，还为美军参与西太平洋地区的人道主义救援提供便利，在2004年印度洋海啸和2008年缅甸飓风的救援

行动中发挥了重要作用。之后，这两个基地长期作为美国在亚太地区实施救灾行动的物资转运基地。美泰在情报方面的合作也大幅加强。两国共同建立了联合反恐情报中心（CTIC），提升双方安全部门的协调，并一度进行了每日反恐情报共享。此外，两国在反麻醉品、毒品走私、武器走私和人口贩卖等方面也进行了合作。美国和泰国在"9·11"事件之前就建立了美泰国际法律行政学院（ILEA），为地区国家进行反麻醉品、打击犯罪、执法等技能培训。在"9·11"事件发生之后，该学院支持了地区反恐能力建设和国际犯罪执法培训。

可以说，在20世纪最初的10年，美泰安全关系出现稳步上升的态势，即使在2006年泰国发生军事政变后也没有受到太大影响。军事政变发生后，美国对泰国实施了制裁，包括停止军事援助、训练和军售。但泰国很快于2007年举行了大选，民选政府恢复执政，由此美国将制裁措施控制到了最小限度。2007年的"金色眼镜蛇"演习也并没有受到影响，而是照常举行。

美泰关系提升的同时双方也并非没有矛盾。在他信时期，美国对其政策严厉批评，指责他在南部反恐和禁毒议题上严重违反人权。而他信也没有对美国采取亦步亦趋的态度，他认为亚洲国家应该自己制定国际贸易和金融体系规则，积极推进亚洲国家之间的合作，"亚洲合作对话"成为他信时期外交的主要倡议。他信一开始对美国领导的全球反恐战争也是有所犹豫的，认为反恐议题并不是美泰联盟所涵盖的内容。[①] 此外，泰国也不愿将全球反恐和南部的叛乱联系起来，因此，泰国将与美国的反恐合作放在联合国框架下来阐述，而不是放在美泰同盟的框架下。

（二）奥巴马执政初期试图提升美泰安全关系

奥巴马上任之后，在以对冲中国影响力为目标的"亚太再平衡"战略的指导下，把东南亚地区作为其东亚战略的重点，在经济、外交、军事等各

---

① Pongphisoot Busbarat, "Thai-US Relations in the Post-Cold War Era: Untying the Special Relationship," *Asian Security*, 13 (2017): 264.

个方面大幅增加了投入。美国"再平衡"战略的支柱之一就是深化与泰国、菲律宾、新加坡等传统盟友的伙伴关系，以及发展与马来西亚、印尼、越南的"新伙伴关系"。作为东南亚的两个安全盟友之一，泰国无疑成为"亚太再平衡"战略的一个重要支点国家。奥巴马上台后明确表示要提升美泰关系，并对同盟关系进行新的定义。2012年11月，美国国防部部长帕内塔访问泰国，与泰国防长素旺那达举行会谈，双方签署了"将美泰同盟带入21世纪"的《2012年美泰防务联盟共同愿景声明》（以下称《声明》），这标志着1962年之后美泰安全关系的再次升级。《声明》明确了未来美泰军事合作的四个领域，即共同行动能力、军事合作关系、维护地区和平和维护亚太稳定。帕内塔还强调了泰国在地区安全行动中的重要作用和美国对该同盟的信心，承诺继续协助泰国军队提升能力等。紧接着，奥巴马于2012年11月访问泰国，重申"密切的政治、经济和安全联系"，并致力于提升两国全方位合作。从这份声明来看，美泰两国计划基于当前地区形势和未来前景，对冷战时期的盟友关系进行重塑，在维持地区稳定，尤其是在维护海事安全、开展人道主义救援与维和行动方面发挥更大作用。

在奥巴马任内，泰国承办的"金色眼镜蛇"多边联合军演成为美泰军事合作的核心，参演国家数量和人数都创历史新高，美军人数达到每年八九千人。演习内容也不断拓展，涵盖反恐、人道主义救援与救灾、维和演练等。美国希望通过与南海周边国家的联合军事演习，确保在东南亚的军事存在和主导权，提升与地区盟友伙伴的协同作战能力，同时在南海问题上对中国形成威慑。

（三）泰国对"亚太再平衡"心态复杂

泰国对于美国"亚太再平衡"的心态是复杂的。许多泰国媒体对于《声明》可能影响当前紧密的中泰关系表示关切。尤其是反对他信的"黄衫军"媒体，他们把美国重返东南亚看作对中国的遏制和挑衅，最终会对泰国和整个地区的利益造成负面影响。尽管美国驻泰大使克里斯提·凯尼（Christie Kenney）反复强调美国"亚太再平衡"政策不会造

成地区分裂，泰国人仍然认为该政策会影响泰国的中立地位。[1]

英拉政府推迟美国航空航天局（NASA）申请使用乌塔堡空军基地一事，就充分说明了泰国人对"亚太再平衡"的复杂心态。2012年3月，美国航空航天局向泰国提交了一份关于东南亚地区气象研究的空军科研项目（SEAC4RS），请求使用乌塔堡空军基地。[2] 这一项目将使得美国航空航天局有权在乌塔堡收集地区气象数据。泰国民众对这一项目的意见发生了巨大分歧。支持者认为这是合理请求，因为冷战后泰国一直在为美国提供军事设施的准入权，乌塔堡基地在美国的军事战略布局中是一个重要的前沿部署点。因此，他们认为这属于美国军方的例行要求，而且也为泰国提供了重要的科研机会，能够从美方得到先进技术和精确数据，提高自身的气象研究能力。反对团体认为这是华盛顿在东南亚加强军事存在以遏制中国的阴谋。[3] 有些泰国人还声称美国人会利用乌塔堡基地从事针对中国的间谍活动。[4] 批评者们还警告，如果泰国答应美国的请求，不仅会损害泰国的主权，还会影响到泰国在中美之间的中立立场，进而会损害北京对泰国的信任，从而影响到中泰之间的经济政治合作。[5] 美泰还讨论在乌塔堡基地建立人道主义和减灾中心的事项，使得这一议题变得更具争议性。最终，为了避免与美国发生冲突，泰国政府决定在8月采取公开议会辩论的方式，征求民众意见并进行审查，经过批准之后美国才能使用该基地。这一决定推迟了美国航空航天局的申请。然而就在议会辩论之前，美国航空航天局撤销了这一请求。最终，许多观察者将此事件解读为，泰国不愿进一步开放领土帮助美国进行战略再平衡，因而无法履行其作为美国盟友的义务，而泰国也失去了一次重新加强美

---

[1] Sasiwan, Chingchit, "After Obama's Visit: The US-Thailand Alliance and China," *Asia Pacific Bulletin*, 189 (2012).
[2] "Questions Over NASA Request to Use Thailand's U-Tapao," *Jakarta Post*, 4 June, 2012.
[3] "No to America's Use of U-Tapao," *The Nation*, June 8, 2012.
[4] "Social Network Claims 'NASA' will Use U-Tapao until October, and Found Planes for Spying on China," *Manager Online*, June 22, 2012.
[5] Pongphisoot Busbarat, "Thai-US Relations in the Post-Cold War Era: Untying the Special Relationship," *Asian Security*, 13 (2017): 247.

泰同盟的机会。①

泰国对"亚太再平衡"战略心存疑虑的另一原因是经济利益考虑。泰国从中国发展中得到巨大利益,中国是泰国最大的出口市场,中泰双边贸易几乎是美泰的两倍。由于泰国从中国经济和软实力外交中受益良多,因此对于奥巴马的"亚太再平衡"战略心态复杂,实际上采取了一种"对冲"战略来回应,在与美国加强关系的同时并没有疏远中国。

(四)军事政变导致双边关系急剧下降

尽管奥巴马政府希望提升美泰安全关系,但其任期内泰国内部政局的急剧变化使得美国对泰国实施了严苛的惩罚性政策,从而引发双边关系的较大波动。

在2006年政变之后,泰国政治进入不稳定的阶段,政府更迭频繁,司法激进主义、政治分裂、街头政治、政治暴力和军事干预频繁。2010年,阿披实对抗议活动进行镇压,造成85人死亡和超过2000人受伤,是自1976年以来泰国最严重的一次暴力事件。对于泰国国内政治混乱,美国一开始并没有介入太深,只是发出声明支持各党派进行谈判。然而,奥巴马是一个"价值观"总统,对盟国的民主人权议题十分关注,将其与双边关系和经济军事援助挂钩。因此,奥巴马政府深度介入了泰国政治角力当中,希望通过促使泰国军人放弃干政,支持民主来稳定泰国的民主制度,从而向其他东南亚国家推广,对缅甸等国家形成示范。2010年5月,主管东亚及太平洋事务的美国助理国务卿坎贝尔访问泰国,他建议泰国阿披实政府与红衫军领袖谈判,并会见了红衫军的领导人。这在泰国政界引发轩然大波,泰国政府认为这是美国对其内政的粗暴干涉。② 泰国外长卡席特(Kasit Piromya)当即召见美国驻泰大使并批评了美国介入泰国内政的立场。美国之后采取的行动更加激化了双方矛盾。2010年6月,美国将泰国列入人口走私

---

① Pongphisoot Busbarat,"Thai-US Relations in the Post-Cold War Era:Untying the Special Relationship,"*Asian Security*,13(2017):249.
② Shawn W. Crispin,"US Slips,China Glides in Thai Crisis,"*Asia Times Online*,July 20,2010.

观察的名单。当月，美国还与柬埔寨进行了联合演习，招致泰国军方的不满和黄衫军的反对，因为柬埔寨曾在他信流亡之后为其提供住所。此外，2010年10月，美国人权委员会邀请他信访美，允许其在美国发表批评皇室的言论，此举遭到泰国强烈反对，认为美国实际上是在暗中支持他信。

2014年5月，巴育上台执政。许多民众因发表反对言论人身自由遭到限制。美国对此次事件的反应的严重程度超过了2006年的泰国军事政变，审查了所有对泰国的政府援助，随即宣布对泰国的制裁，包括削减原本每年援助泰国的1000万美元其中470万美元与安全相关的援助项目。包括350万美元的"对外军事资助"，即直接军事援助、泰国警方的武器训练项目、泰国高级警官的赴美学习项目，以及每年大约130万美元的"国际军事教育训练"，这两个项目都是根据"强化拨款方案"（Consolidated Appropriations Act）进行的。①② 同时，美国当即宣布暂停与泰国的军事接触，还多次向巴育施压，促其尽快举行大选。

在2015年1月，负责东亚事务的美国助理国务卿拉塞尔在朱拉隆功大学讲演时，批评泰国政府在民主改革方面没有进展。实际上，巴育政府这时正在启动新宪法的起草，为改进国家的政治体制做准备。这个时期的军政府对于评论非常敏感，对拉塞尔的言论极度不满。尽管这之后，美泰双方都做出了缓和关系的努力，但美泰安全关系仍在2014年之后降到冰点。美国曾经有一年多的时间没有向曼谷派遣新的大使。

美国的制裁措施显然在双方之间产生了隔阂。实际上，美泰对于对方的期待是不一致的。泰国希望美国能够理解其国内形势，认为出于稳定的考虑，需要军政府控制局势；而对于奥巴马政府而言，推进民主是其对外政策的主要目标之一，泰国军政府实施独裁对奥巴马推行民主的战略造成困扰，

---

① Thitinan Pongsudhirak, "An Unaligned Alliance: Thailand-US Relations in the Early 21st Century," *Asian Politics & Policy*, 8(2016): 71.
② 《美国针对泰国军事政变削减对泰援》，新华网，2014年6月26日，http://news.sina.com.cn/w/2014-06-26/070030424786.shtml。

也使美国无法和泰国军方正常接触。①

学者布斯巴拉特（Busbarat）认为，冷战后的美泰关系充满严重的不一致。美国没能给予泰国所需要的帮助，反而在2006年和2014年惩罚并制裁泰国，这被认为是对泰国内部事务的不合理干涉。泰国精英阶层和民众都对美国表示不满，认为其对泰国这个小盟友不够容忍和同情，说明美国不珍惜美泰之间的友谊。②

（五）美泰军事演习保持基本稳定

尽管冷战后美泰安全关系起伏不定，但即使在最紧张的时期，双方仍然保持着一定的安全合作。在美国对泰国制裁期间，"金色眼镜蛇"演习成了维系双方安全合作的唯一议题。2014年，"金色眼镜蛇"受到美泰关系恶化的影响，但还是得以举行，只是美军参演人数从前一年的8900人下降到4300人，2015年进一步下降到3600人。③ 这一数字一直维持到2017年。特朗普上台后，并不把民主和人权议题放在美泰关系的优先事项，为两国关系改善创造了条件。2018年2月，美泰联合军演"金色眼镜蛇"在乌塔堡海军航空基地举行。美军出动6125名官兵，泰国派出4007名官兵参加演习。④ 大约30个国家的官兵在泰国实施了维和、减灾和人道援助等项目的演习。

三 当前美泰安全关系存在的挑战

当前，美泰安全关系进展缓慢，缺乏共同安全目标和议题来加强安全合

---

① Pongphisoot Busbarat, "Thai-US Relations in the Post-Cold War Era: Untying the Special Relationship," *Asian Security*, 13 (2017): 267.
② Pongphisoot Busbarat, "Thai-US Relations in the Post-Cold War Era: Untying the Special Relationship," *Asian Security*, 13 (2017): 257.
③ Pongphisoot Busbarat, "Thai-US Relations in the Post-Cold War Era: Untying the Special Relationship," *Asian Security*, 13 (2017): 268.
④ 《美泰联合"金色眼镜蛇"演习13日举行中国参加人道救援演习》，环球网，2018年2月8日，https://m.huanqiu.com/r/MV8wXzExNTkyNTA3XzEzOF8xNTE4MDQ4NDgw。

作。影响双方安全关系的主要挑战包括美泰在南海问题上立场的差异、中国因素和泰国国内政治和外交传统等。

（一）美泰在南海问题上立场不一致

在南海问题上，泰国采取了谨慎态度，保持了中立立场。泰国在多个场合表达支持《南海各方行为宣言》，主张以和平方式通过谈判解决争端，积极推动"南海各方行为准则"的谈判。泰国并不主张域外大国介入南海争端，以免东盟成为中美外交对抗的战场。在中美两个大国的战略竞争中，泰国作为第三方最希望看到的是中美之间实现良性互动，因为中美之间的任何冲突和对抗都可能导致泰国等地区国家面临选边站队的困境。泰国对南海问题的这些立场符合中国对东盟国家的期待。而另一方面，泰国作为美国的盟友也不可能站到美国的对立面。因此，泰国既没有像菲律宾、越南那样充当马前卒，对美国重返亚太战略热心配合，对中国进行防范和遏制，也不像柬埔寨、老挝等国那样在南海问题上支持中国。

美国在南海问题上的期待是东南亚的盟友伙伴都能够加入平衡中国的阵营。因此，美国曾多次努力劝说泰国采取与中国对立的立场，像澳大利亚和日本那样完全追随美国。但对泰国来说，在南海问题上采取与中国对立的立场，并不符合其利益。在美国看来，泰国在对冲中国影响方面发挥的作用有限，而东盟的南海争端国显然更为有效，能够冲到前台给中国制造麻烦。因此，美国的另一个盟友菲律宾从美国得到了更多的军事援助，与美国的安全关系也因在南海的共同目标而迅速提升。

（二）中国因素的影响

中泰之间有着"中泰一家亲"的传统友谊。就当前情况来说，由于在南海没有领土声索，泰国并不像个别东盟国家那样对中国充满疑虑。在泰国人眼里，中国是很好的贸易伙伴和武器供应商，中国的发展给本国经济发展提供机遇，同时还能够提供更为廉价的武器装备且不附加政治条件。而中泰关系的稳步发展显然成为影响美泰安全关系的一个关键因素。

中泰之间发展关系有着良好的基础。首先，中泰之间保持着传统友谊，而且有着人文血脉联系，泰国大约有14%的人口是华人，仅次于泰族。泰国还是少数与中国不存在任何领土争端的国家。在泰国1997年遭受亚洲金融危机重创和2011年遭受洪水灾害后，中国都给予了坚定的支持和援助，加强了两国的友谊和互信。其次，两国在经贸领域合作前景广阔。中美在和泰国打交道的方式上有较大的区别。中国奉行"不干涉内政"的原则，与泰国的合作侧重于经贸领域。中国"21世纪海上丝绸之路"的提出为泰国经济发展提供了重要契机，尤其是互联互通和基础设施建设方面的合作能够推动泰国落后地区的城镇化和工业化。未来中泰两国在经济利益上的契合度和互补性都比较高。可以说，由于中国经济的引擎作用，与中国保持紧密关系已经成为包括泰国在内的多个东南亚国家政府执政合法性的来源之一。最后，中泰在防务合作上也越来越紧密。由于近年来美国削减了对泰防务援助支出，泰国转而向中国寻求更多支持。2017年4月，泰国第一次从中国购买3艘潜艇，总价值超过1亿美元。

（三）泰国外交传统和国内政治因素

泰国历史上形成了中立、平衡的外交传统。曾有泰国学者将泰国外交命名为"随风起舞的竹子"或"竹子外交"，其含义是"扎根稳固，但为了生存可随风摆动"。[①] 在灵活性和务实性原则的指引下，泰国在整个现代历史中总是能够化险为夷，在重大安全威胁面前保全自身。

近代以来，泰国外交始终坚持中立、平衡原则和实用主义路线。早在19世纪中叶，被称为朱拉隆功大帝的拉玛五世就指出："泰国是一个小国，

---

① Pongphisoot Busbarat, "Bamboo Swirling in the Wind: Thailand's Foreign Policy, Imbalance between China and the United States," *Contemporary Southeast Asia*, 38 (2016): 235.

人口有限,不能与列强进行战争,必须与人无争,不能过分亲近某一强国,亦不可过分疏远某一强国。"① 泰国的外交传统认为,过分依赖一个大国是不明智的,因此泰国在过去几十年里尽量避免选边站,保持在各大国之间的平衡。与东盟"大国平衡"政策类似,泰国在冷战后基本形成了在中美之间平衡的外交政策,与美国保持安全同盟,和中国深化经济和政治关系,努力同时推进与各个大国的关系,实现自身战略利益最大化。因此,可以预期的是,泰国特色的中美平衡外交在未来仍占主导,不会完全倒向中美任何一方。

泰国国内政治显然也愈加成为美泰安全关系的制约因素。实际上自从20世纪末的亚洲金融危机以来,泰国民众对美国持负面观点的比例不断上升,而对中国的态度越来越积极正面。泰国的两次军事动荡都遭到西方世界尤其是美国的谴责和制裁。尤其是2014年动荡引发的美泰关系交恶到今天仍在延续。泰国军方和支持者们反过来批评美国不了解泰国政治的复杂性。当前,很多泰国观察者认为泰国巴育政府正在打"中国牌"来针对美国。② 泰国国内政治家认为,当前不大可能发生威胁到泰国主权的行为或军事侵略,但是反对外国干涉泰国内部事务的民族主义呼声很高。③ 因此,国内压力已经成为泰国外交决策的重要变量。也就是说,泰国政策制定者可能因为民族主义和维护主权等国内压力而调整外交政策,包括对美政策。

四 未来美国对泰政策展望

冷战期间,美泰之间建立了"特殊关系",双方都调整自身政策去满足对方的核心关切。冷战之后,由于缺乏明确的共同安全目标,美泰同盟

---

① 朱振明:《当代泰国》,四川人民出版社,1992,第279页。
② Patrick Jory, "China: Winners from Thailand's Coup," East Asia Forum, June 18, 2014, http://www.eastasiaforum.org/2014/06/18/china-is-a-big-winner-from-thailands-coup/ >.
③ Pongphisoot Busbarat, "Bamboo Swirling in the Wind: Thailand's Foreign Policy Imbalance between China and the United States," *Contemporary Southeast Asia*, 38 (2016): 241.

体系逐渐弱化。而亚洲金融危机之后的20年时间里，美国在泰国需要支持的时候大都没有支持这个盟友，并且，美国还在泰国内部事务如知识产权、人口走私和人权问题等议题上批评惩罚泰国，影响了美泰关系的发展。尽管美泰同盟在形式上维持下来，但双方关系的紧密程度在下降，互信也在削减。

特朗普上台之后，其亚太政策仍在调整当中，对包括泰国在内的东南亚国家并没有出台明确的政策。从美泰关系的历史脉络和特朗普当前的亚太政策来看，未来影响美泰关系的主要变量仍是中美战略竞争，并可做出几点基本判断。

一是特朗普政府对泰政策将趋于稳定，但不会给予更多关注。

对于东南亚国家来说，特朗普总统与奥巴马总统有一个显著不同。特朗普并不是一个"价值观"总统，他对盟友国内的民主人权纪录并不感兴趣，2017年4月还与泰国总理巴育通了电话，并确认要改善美泰两国的关系。在香格里拉会议等不同场合，美国还重申了东南亚地区的战略重要性和同盟的意义。2017年10月2日，巴育总理访美，与特朗普会面。从美国释放的信号看，显然美国已经调整2014年以来奥巴马政府对泰国的制裁和惩罚政策，两国关系正在恢复正常。可以预见的是，美泰关系未来将趋于稳定，美国与泰国在民主人权问题方面将减少摩擦，对泰国的制裁或批评在特朗普任期内将较少出现。然而，未来美国政府对泰国政策的提升空间并不大。特朗普提出"美国优先"的执政理念，将美国自身利益置于首位，退出《跨太平洋伙伴协议》，要求盟友承担更多的防务费用，未来对盟友的战略投入可能不像奥巴马时期那样坚定，反而更多地要求盟友履行义务。另外，特朗普当前亚洲政策的焦点在朝核问题，对于东南亚国家的关注也远不如奥巴马总统。在此背景下，本身缺少热点的泰国就更加吸引不了美国的关注。因此，未来泰国在美国亚太棋盘当中是一个并不醒目的角色。

二是美泰联盟将继续处于美国联盟体系中的薄弱环节。

一方面，美泰两国在战略上仍然相互需要，同盟仍然有意义。在同盟关系中，美国从泰国得到多处训练场地和军事设施，在反恐、反武器扩散、地

区减灾行动中得到泰国的协助等。泰国从同盟关系中得到更先进的武器装备、军事条令的更新、教育训练和演习的机会,从而得以进行军队现代化建设。从这一点来看,双方都有继续维持同盟的动力。而另一方面,冷战后泰国自身安全威胁大大降低,与中国关系发展良好,担心"被美国抛弃"的心态并不明显,这一点与其他几个东盟国家有很大不同,因此没有积极加强关系的意愿。从美国的角度看,在南海问题上,泰国没有站在坚决支持美国的立场上,而且作为非声索国,可发挥的作用不大。因此,美国提升与发展对泰关系的意愿并不强烈。而对于泰国来说,其政策制定者们已经得出结论,泰国在美国最紧密盟友队伍中的地位在逐渐下降[1],因此没有必要同美国无条件合作。尽管当前美泰联盟仍然存在,但这种联盟关系已经演变成为矛盾和合作并存的关系。

从事泰国研究的学者庞苏迪拉克(Thitina Pongsudhirak)认为,美泰关系正在经历从"盟友"到"结盟的伙伴"的转型。[2] 也就是说,美国和泰国在形式上仍然是盟友,而在共同关切和利益角度看却只是伙伴关系。当前由于国际和地区格局以及泰国内部形势的变化,美泰之间再也难以恢复冷战期间的紧密盟友关系。

三是泰国未来在中美之间会继续保持基本平衡,中泰关系可能在泰国战略考量中愈加重要。

泰国不少学者认为,自2014年以来,出于中国因素和泰国国内政治的影响,泰国正在更多地向中国倾斜。[3] 未来20年,美泰关系无法恢复到像冷战时期那般紧密,而与中国的关系则可能因为强劲的经贸合作而持续提升。但也有泰国学者认为,中国在泰国战略框架中的地位越突出,泰国就越需要美国这个盟国作为平衡;泰国与中国走得太近是不明智的,因为中泰关

---

[1] Pongphisoot Busbarat, "Thai-US Relations in the Post-Cold War Era: Untying the Special Relationship," *Asian Security*, 13 (2017): 269.
[2] Thitina Pongsudhirak, "An Unaligned Alliance: Thailand-US Relations in the Early 21st Century," *Asian Politics & Plicy*, 8 (2016): 72.
[3] Pongphisoot Busbarat, "Thai-US Relations in the Post-Cold War Era: Untying the Special Relationship," *Asian Security*, 13 (2017): 238.

系过于紧密可能将泰国拖入复杂的大国竞争中。他们认为,美泰关系对两国来说仍然都是有利的。① 泰国仍然是美国军队在东南亚的战略中转地;而美国仍然是泰国的重要安全提供者和武器装备来源国。更多的学者认为,泰国应该保持灵活务实的外交传统,更为成熟地驾驭外交事务,把握大国之间的平衡,不能离中国太近,也不能离美国太近。

综上所述,美泰同盟关系在冷战后日益失去动力,即使在当前中美地缘政治博弈的背景下,美泰安全关系由于种种掣肘仍难以有实质性提升。未来,随着亚太格局的演变和中国地区影响力的不断加强,美泰之间很可能继续保持较为松散的联盟,或者说,是一种"结盟的伙伴"关系。

参考文献

朱振明:《当代泰国》,四川人民出版社,1992。

白雪峰:《冷战后美国对东南亚的外交:霸权秩序的建构》,厦门大学出版社,2011。

刘琳:《冷战后美国东亚安全战略研究》,军事科学出版社,2008。

刘莲芬:《论1950—1970年代的美泰关系》,《东南亚研究》2008年第1期。

曹筱阳:《美泰同盟的合作形式、机制及其前景》,《东南亚研究》2015年第5期。

江涛:《美国重返亚太背景下的中泰关系》,《华侨大学学报》(哲学社会科学版)2014年第2期。

Thitina Pongsudhirak, "An Unaligned Alliance: Thailand-US Relations in the Early 21st Century," *Asian Politics & Plicy*, 8 (2016).

Pongphisoot Busbarat, "Thai-US Relations in the Post-Cold War Era: Untying the Special Relationship," *Asian Security*, 13 (2017).

Pongphisoot Busbarat, "Bamboo Swirling in the Wind: Thailand's Foreign Policy Imbalance between China andthe United States," *Contemporary Southeast Asia*, 38 (2016).

---

① Thitina Pongsudhirak, "An Unaligned Alliance: Thailand-US Relations in the Early 21st Century," *Asian Politics & Plicy*, 8 (2106): 73.

B.13
泰国华社的新特征：变迁与发展

杨保筠*

摘　要： 在世界各国的华侨华人群体中，泰国华侨华人是一个比较特殊的群体，他们在居住国的社会地位较高，对居住国的认同感较强，与居住国其他族群的融合程度较深，彼此关系也更为和谐。长期以来，随着中泰两国国内政治经济形势的变化以及国家间关系的发展，特别是在中国实行改革开放，经济获得高速发展以及中泰在政治、经济、文化等各方面的联系日益深化的大背景下，泰国华人华侨界也出现了许多新现象，得到新发展。其中最明显的特点是：其一，泰国华社，尤其是新生代华人与中国的联系进一步增多；其二，改革开放以来大量移居泰国的中国新移民成为泰国华社的新群体，其存在感和影响力逐渐加强。

关键词： 泰国　华侨华人　新生代　新移民

一　泰国华社的演进与发展

出于地理位置缘故，泰国是中国人早期移民的主要目的国之一，因此泰国华社的历史相当悠久。早在13世纪素可泰王朝建立初期，就有中国

---

* 杨保筠，巴黎第七大学博士，北京大学国际关系学院教授，泰国法政大学比里·帕侬荣国际学院教授，长期从事东南亚地区、亚欧关系和华人华侨等领域的研究。

工匠前往素可泰附近的宋家洛协助发展当地的陶瓷制作业，同时，在暹罗湾沿岸的市场和港口定居。到16世纪初期，在大城已经形成华人区，而曼谷地区的华人移居区则在17世纪上半期逐渐形成。①1767～1782年吞武里王朝时期，华裔国王郑信在率军击败入侵缅军，恢复国家的独立和统一之后，就大力鼓励从中国招入侨民，以帮助其在吞武里营建新都和恢复被破坏的国家经济。据记载，当时泰国有华人大约23万，约占总人口的4.8%。②曼谷王朝初期，华人人口保持迅速增加的势头。当时，为了使华人能够在泰国的经济活动中充分发挥才能，赋予华人自由择业并到各地经商的权利和赋税优惠。1882～1910年的曼谷王朝拉玛五世王时期实行大规模的社会改革，为了促进社会经济的发展，需要大批自由劳动力，这使华人来泰受到了史无前例的鼓励，这一时期到泰国来的中国人数量，从以前的每年1万多增至6万多。1891年，拉玛五世下令修建华人聚居的街区，赐名"耀华力路"，即今天的曼谷"唐人街"。此后，1918～1931年的第一次世界大战后的景气时期和1946～1949年由于中国的内战以及泰国经济的繁荣和华南遭受自然灾害，华人移居泰国的数量达到了历史上的最高水平。③泰国政府对华人采取的比较温和的同化政策取得了巨大成功，大批华人自愿归化。例如，20世纪60～70年代，泰国华侨改隶泰国国籍的人数急剧增加，在华侨中人数最多的潮州人"加入泰国籍的占百分之九十五以上"。④到80年代末90年代初时，泰国华侨人数只剩下25万左右，仅占当时泰国总人口的0.46%⑤，而且其中的大多数是已退休在家的老华侨。

然而，值得特别指出的是，中国1978年实行改革开放政策之后，为数

---

① 施坚雅：《泰国华人社会：历史的分析》，许华等译，厦门大学出版社，2010，第1、4、26页。
② 转引自陈健民《泰国对华人的政策和战后华人社会的变化》，《华侨华人历史研究》1989年第4期。
③ 转引自施坚雅《泰国华人社会：历史的分析》，许华等译，厦门大学出版社，2010，第29页。
④ 吴群、李有江：《二战后泰国华侨华人社会的变化》，《云南师范大学学报》2004年第5期。
⑤ 泰国统计局统计资料，转引自许梅《泰国华人政治认同的转变——动因分析》，《东南亚研究》2002年第6期。

众多的中国人通过各种方式移居泰国，成为该国的华人新移民群体。随着近40年的发展，这些新移民在自身发展、社团建设、社会公益等方方面面的作用和贡献日益凸显，使该国的传统华社出现了新变化，同时也为其增添了新的活力。目前，泰国的华人新移民群体日渐引起人们的关注，其存在感和影响力也在不断增强。

泰国华人在政治、经济和社会文化等方面全面深入地融入泰国社会，形成了华人的知识阶层和中产阶层，并不断扩大，华人族群也以更理智、更成熟的心态不断深化与泰国社会的结合。华人族群为当地的社会、政治、经济、文化的发展尽心尽力，并以其创造的社会财富回报泰国社会，支持泰国的建设与发展。

至于对目前泰国华侨华人总数的估计，学界则一直存在很大争议。据查尔斯·艾夫·凯斯估计，现在居住在泰国的华侨与华人有600余万人（包括华侨21万余人），约占泰国6000余万人口的1/10。但潮州会馆的报道则称："一般估计，如果将有中国血统的华裔也算在内，那么在泰国的华人、华侨、华裔要占其人口的20%左右，约有1000万。"[1] 实际上，由于与东南亚其他国家相比，泰国华人的融入程度非常高，华裔人口的数量难以精确统计。

如果按方言区域来划分，移民泰国的华人主要分为潮州人、广府人、福建人、客家人和海南人。潮州人是旅居泰国数量最大的华人群体。据1998年的统计资料，潮州人占泰国华人总数的56%，客家人和海南人各占12%，福建人和广东人各占7%，来自其他地区的占6%。潮州人在泰国占绝对多数地位，是潮汕地区与泰国之间密切的商贸联系造成的。据研究，从19世纪末至20世纪30年代，暹罗和中国之间商品贸易的90%以上通过汕头港进行。[2]

---

[1] 转引自吴群、李有江《二战后泰国华侨华人社会的变化》，《云南师范大学学报》2004年第5期。

[2] Arnaud Leveau, "The Chinese Communities of Thailand / Le dragon et le Kinaree : les communautés chinoises de Thaïlande," https：//www.academia.edu/1678843/The_ Chinese_ communities_ of_ Thailand_ Le_ dragon_ et_ le_ Kinaree_ les_ communautés_ chinoises_ de_ Thaïlande.

泰国华侨华人通过建立社团、开办教育、创办报刊、倡导慈善、弘扬文化等各种方式和途径，有效地团结乡亲、亲善各族、互助互利、捍卫权益。一方面保持着与祖籍国和中华文化之间的密切联系；另一方面也积极融入当地社会，与当地民族和睦相处，并为泰国的经济和文化发展做出了有目共睹的重要贡献。

泰国华人融合于当地社会经历了一个漫长的渐进演变过程，它既是一种自然的融合，又有当权者的倡导和制约。早在700多年前的素可泰时代，中泰两国就建立起良好的外交关系，而民间的交往和友谊更是源远流长，形成了"中泰一家亲"的局面。泰国政府对已经入籍的华人采取"一视同仁，不加歧视"甚至特别优待和重用的政策，使泰国华人对当地政治的参与程度相当高。在历史上，泰国华人很早就参与当地的政治活动。阿瑜陀耶王朝时期，泰国王室就给一些对泰国社会做出重要贡献的华人封官赐爵。虽然泰国也曾出现过短时期的排华现象，但政府不久便取消了对华人的政治歧视，使他们获得与泰人同样的选举权和被选举权。由于战后泰国政治体制的改革，政府官员和公务员主要通过普选、任命和公开招考的竞争方式进行征聘，一些受过高等教育和有才干的华人获得担任政府职务的机会。[①]

随着归化泰籍、文化水平和政治意识的提高，泰国华人意识到参政的重要性。他们之中有不少人通过选举步入政坛，成为政府要员。由于他们早已深深地融入泰国社会，得到泰国其他各族群的认可，因此并不必避讳自己的华裔身份。泰国学者 Vorasakdi Mahatdhanobol 认为虽然泰国华人人口仅占总人口的10%～15%，但70%的泰国国会议席及75%的省议会席位由华人华裔所占据[②]，泰国华人参政程度之深，由此可见一斑。

此外，泰国历届政府对华人的经济政策与政治上的同化政策相辅相成，

---

① 陈健民：《泰国对华人的政策和战后华人社会的变化》，《华侨华人历史研究》1989年第4期。
② Arnaud Leveau, "The Chinese Communities of Thailand / Le dragon et le Kinaree : les communautés chinoises de Thaïlande," https：//www.academia.edu/1678843/The_ Chinese_ communities_ of_ Thailand_ Le_ dragon_ et_ le_ Kinaree_ les_ communautés_ chinoises_ de_ Thaïlande.

为华人成功地深度融入泰国社会创造了有利条件。泰政府认可华人在王国经济事务中所发挥的重要作用，因此，一大批富有朝气的华人企业家在泰国的银行、制造、贸易、进出口等行业均有出色表现。一大批杰出的华人企业家在工业、金融、投资等部门担任领导职务。泰国经济的这一特色也使华人经济事实上与该国经济完全融为一体，不可分离，也没有出现其他东南亚国家所谓的华人经济从外侨经济转变为民族经济的局面，从而真正成为泰国经济中富有活力的组成部分。诚如经济学博士李国卿所言："泰国经济如不能有现代化的发展，就不会有泰华经济之现代化；相反的，没有泰华经济之快速成长，也就不会有泰国经济的快速发展。"[1]

与此同时，到泰国经商居住的华人也带去了他们的思想、生活方式、艺术和知识，为曼谷等商业城市增添了活力和清新的色彩，也为泰国社会文化的发展做出了令人瞩目的贡献。正因为如此，泰国政府的融合政策取得了成效，华人与泰人的关系十分融洽。泰国前副总理功·塔帕朗西先生曾经说道："我相信，在这个世界上，没有一个国家能像泰国跟中国这样宛如一家了，'中泰一家亲'是两国关系的基石。"[2] 他的评价反映了中泰关系的真实现状。

实际上，中泰关系的维系与稳定发展，为泰国华社的发展提供了良好条件。1975年7月1日中泰建交后，两国关系保持健康稳定发展，2013年中泰关系全面提升，两国在多领域和多层次的友好合作关系不断扩大，为泰国华侨华人在当地生活和经济活动提供了更为厚实和广阔的基础。即使是在2014年泰国国内政治形势发生重大变化之后，也未对中泰两国关系造成重大冲击。两国高层领导人之间仍然保持着密切往来，在多个场合进行了会面，促进了双方的互信和合作。这对泰国华人社会的稳定和经济的持续发展也产生了积极而深刻的影响。华侨华人作为中泰经济交往的主体，中泰两国保持持久稳定的国家关系，必然会使当地华侨华人能够直接从双边经济合作

---

[1] 转引自王望波《泰国华人政策及其影响》，《八桂侨史》1996年第1期。
[2] 《"中泰一家亲"是两国关系的基石——专访泰中友协会长功·塔帕朗西》，国际在线网，2014年9月22日，http://gb.cri.cn/42071/2014/09/22/6071s4701223.htm。

中受益。近年来，中泰经济合作处在大发展的重要时期，其主要指标就是中国对泰国投资急速增加，而高速增长的中国投资必将给泰国华侨华人带去更多的创业和发展机会。

2013年，中国提出建设"丝绸之路经济带"和"21世纪海上丝绸之路"的倡议，得到泰国方面的积极回应。泰国是中国与东盟互联互通的枢纽，大批当地的华侨华人企业不仅能够从参与"一带一路"建设中获益，而且可得到长远的发展机会。正因如此，泰国华侨华人对"一带一路"规划满怀憧憬，希望利用泰国所拥有的独特区位及资源优势，积极拓展商机，共创双赢局面。

中泰关系的全面发展和加强，也在一定程度上拉近了华侨华人与祖籍国中国的距离。中国领导人访问泰国时，非常重视参加华社的活动，以彰显中国政府对华侨华人的高度重视。这也是泰华各界长期以来团结和谐，在全力建设泰国的同时，竭诚关注并积极参与祖籍国的建设事业，为深化中泰友谊和合作交流，弘扬中华文化，促进中国和平统一等做出贡献的重要动力。许多泰国侨团和侨商继承祖辈的优良传统，力图在创造出更好的业绩的同时，努力回报家乡的父老乡亲。同时，泰国华人与祖籍国中国在文化、教育等领域的交流与合作也不断增强。

二 新生代华人逐渐成长

在泰国华社的发展演变过程中，"新生代"华人的成长和所发挥的作用已经成为人们关注的重要问题。

本报告所称"新生代华人"主要是指泰国的第三、四代华人，即华裔青年群体。他们与祖辈和父辈有着明显的差异，因此他们对自身身份的认同，成为一个值得深究的课题。

如前所述，泰国华人无论在血统上还是在文化上，融入泰国社会的程度都比较高。研究泰国华人的著名学者史金纳（G. William Skinner）根据泰国华人的同化状况提出了华人的同化模式，认为华人同化于当地社会和

民族，不仅是历史上普遍存在的现象，也是历史发展的必然趋势。他甚至预言，第三、四代华人将不复存在，会被同化于泰国的社会文化中。① 事实上，泰国政府对华人所推行的同化政策，也正是主要体现为教育的全面泰化，目的也是让华人青少年尽早建立起对自己作为泰国国民的身份认同。

总体来看，虽然泰国华人无论在血统上还是在文化上融入泰国社会的过程与东南亚一些国家的情况相比，都显得比较平和，但不可否认的是统治者的介入对泰国华人融入当地社会发挥了关键作用。特别是近代以来，泰国政府非常重视通过教育这一途径来加强全民的国家认同感。正是基于这一考虑，泰国政府在对华人推行同化政策时，特别注重在教育方面对华人的全面泰化。泰国1932年政变发生后，新政府为了强化民族意识，加紧对华侨华人实施同化政策，严格贯彻此前已经颁布但并未全面执行的《暹罗民立学校法》和《暹罗强迫教育实施条例》。具体做法包括：在华文学校开设泰文班，强迫7~14岁的华侨华人子弟每周学习25个小时的泰文，而华文只能够作为一门外国语，每周讲授时间不得超过6小时。此外，新政府还经常派遣调查员视察各地华校，如果他们认定哪些华校不合乎条例规定，就勒令停办。1933~1935年，被政府查封的华校达100余所。1938年銮披汶上台执政，实行排华政策，对华文教育做出进一步限制：华文学校教授华文的时间每周不得超过2小时；华文教师须经过泰文小学四年级师资考试方可任教。銮披汶政府还限制华语在学校中的运用；华校有关规则、课程及课本都必须符合当局所定条例，凡有触犯者，即行封闭。1940年底，当局借口华校办学违背民校条例，查封华校242所，另有51所华校自动停办。1944年銮披汶败选下台后，泰国的华文教育曾经有过短暂复兴，但1947年11月銮披汶再次上台执政后，又对华文教育采取了限制政策。如每周中文课程不得超过

---

① Walwipha Burusratanaphand, "Chinese Identity in Thailand, in Southeast Asian Journal of Social Science," *The Ethnic Chinese of Thailand*, 23 (1995): 43 – 56; Charles Keyes, "G. William Skinner and the Study of Chinese in Thailand and the Study of Thai Society," https: // www. academia. edu/16415295/G_ WILLIAM_ SKINNER_ AND_ THE_ STUDY_ OF_ CHINESE_ IN_ THAILAND_ AND_ THE_ STUDY_ OF_ THAI_ SOCIETY.

10 小时，领取政府津贴的华校每周讲授中文的时间限为 6 小时；华校使用的必须是由泰国教育部编写的中文教材，内容不得提及中国的历史、文化、习俗。还规定华校校长必须是泰人，华校教师在华校之间的调动，事先要经泰国公安局批准。政府还禁止开设新的中等华校。与此同时，为了同化华人子弟，规定华裔学生必须采用泰文名字，穿着统一的校服，在学校只能使用泰语，行为举止也必须与泰人相同。学校对不遵守校方规定的华人学生给予各种处罚，以促使其自小就树立起他们是泰人的观念。①

对于泰国的新生代华人来说，他们的祖辈和父母辈基本上都经历过这一时期，也都基本上完成了被同化和融入泰国社会的过程。因此，除了因家庭内部交流之需保留了一定的方言表达能力之外，大多数华人对汉语和汉字的使用能力已经基本消失。在这样的情况下，他们的后代子孙——新生代华人普遍不识汉字，有的甚至连祖家的方言也不会讲，其泰化更是难以避免的事情了。这也造就了新生代华人所具有的一些基本特点：自出生之日就享有泰国国籍，系泰国公民；使用泰国的姓名，对泰国和泰国王室效忠；自小接受泰国的文化教育，使用泰语，接受很多泰国的习俗，包括合掌问候礼，同当地人民一起庆祝"宋干节"等泰国传统节日；进泰国上座部佛教寺庙礼拜，男孩也大多遵循泰族习俗举行成年剃度出家仪式等。

但是，这也并不意味着新生代华人对其祖先的文化一无所知，并否认自己的华裔身份。2017 年 3 月在泰国一所高校的"中国研究专业"的近百名应届毕业生中所做的问卷调查报告②结果均显示，他们百分之百地认为自己是"泰国人"，与此同时，大多数人也会承认自己的华裔身份。例如，这些接受问卷调查的泰国青年大学生（其中 95% 以上为新生代华人）在首次见

---

① 参见李屏《泰国华文教育史研究综述》，《东南亚纵横》2012 年第 8 期；符翠兰《泰国的华文教育——过去、现况与未来》，http：//r9.ntue.edu.tw/activity/multiculture_conference/file/2/7.pdf。

② 笔者曾组织和指导 2017 年毕业班学生就"华人的认同问题"、"为什么选学中国研究专业"及"泰国人看中国和中国人"三个主题开展问卷调查和相关结果的研究。参加调研的该届毕业生共 96 名，其中大多数为新生代华人，也有少数泰族及外籍学生。

面自我介绍时，都会说自己是"泰国人"，有70%左右的学生会主动说自己是华人或者华裔。当被问及"有没有华人血统"时，除了少数泰族和外籍学生之外，其他来自华人家庭的学生也都会承认自己的华裔身份。

与此同时，从上述对毕业班学生的认同观的调查结果来看，大部分受访者表示自己从出生时起就按泰国人的方式生活，因此认为泰国的华人华裔跟泰族人一样，都是泰国公民。虽然泰国和中国有文化方面的差异，但泰族和华族有很多相似的价值观，如尊老爱幼、感恩父母。因此华泰两族可以和睦相处，共同生活。观察和调查结果还显示，泰国的新生代华人对祖籍国中国和中华文化的认可度也比较高，因此很多学生选择学习汉语，利用各种机会去中国学习、旅游。这些都说明泰国新生代华人并未因融入泰国社会而完全丧失对自己的华裔身份的认同。

如上文所述，20世纪50~60年代泰国对华人的同化是从"泰化"教育开始的，而取缔华文教育是其中的一个重要手段。然而，在当今泰国，人们学习汉语的兴趣大大提高，汉语教学如火如荼，出现了"汉语热"，那么，这一态势对华裔青年又会产生什么影响呢？

20世纪80年代后期，泰国政府逐渐放宽对华文教育的限制，1992年宣布全面开放华文教育。当年，泰国民间最大慈善机构——泰国华侨报德善堂董事长郑午楼博士借该堂成立80周年庆典之机，倡导建立"华侨崇圣大学"，号召华人踊跃捐资完成该校的建设，以响应国家发展教育事业、培育大专人才的方针政策。1992年5月，泰国普密蓬国王钦赐"华侨崇圣大学"校名，使其成为泰国唯一一所获此殊荣的私立大学。同年6月，学校正式开学。1994年3月，普密蓬国王亲临学校主持揭幕典礼，使该校再获殊荣。正是在郑午楼等一大批热心中华文化的老华人的推动下，泰国华文学校的办学高潮再度兴起。此后，泰国教授中文课程的学院、学校、补习班如雨后春笋般出现，社会上学习中文的人数亦日益增多。

实际上，20世纪90年代初的泰国"华文热"是有其深厚的国内外背景的。自1975年中泰建交以来，两国之间的友好关系在全方位合作过程中不断发展，中国改革开放取得的成果也使泰国看到深化与中国关系的必要性和重要性。在1997年首先爆发于泰国的亚洲金融危机中，中国所采取的一系列有利于阻止危机恶化的措施及对泰国提供的及时有效的援助，使泰国政府更加重视与中国的关系。与此同时，泰国政府也认识到为了发展与中国的关系，汉语人才的培养非常重要。1999年11月，泰国教育部部长秘书颂博·乔披集曾明确表示："华文对于泰国的未来将与英文同样重要，因泰中两国各方面交流越来越频仍。"[①] 说明泰国政府是将华文作为一门对中泰交流至关重要的外语来看待的，其地位和作用与英语等其他外语并无二致。此外，现在的华文教育由泰国政府主导，泰国教育部制定培养师资、课程设置计划，负责组织编写教材等，也使其具有从宏观角度把握华文教育方向的能力。

大批新生代华人积极学习汉语，原因有多方面。

首先，从官方层面来看，虽然泰国政府为迫使华人增强对泰国的认同感和归属感而对华人特别是华文教育采取了一系列限制措施，但与东南亚地区其他国家的同类政府政策相比，还是比较宽松的。例如：尽管华文教育受到限制，但泰国政府并未禁止使用华文。唐人街上的华文招牌仍然盛行，而且华文报刊也得到保留。尤其是华人的传统和习俗仍然得以完整保存，泰国华人依然能够对中华民族的各种传统节日进行庆祝。春节、清明、端午、中秋以及佛教的盂兰节等均是华人的重要节日。一份泰国报刊在1937年春节期间刊载的文章也认为："华人后裔并未因接受泰国文化而完全抛去原有的文化习俗。"[②] 而广大华人民众普遍参与的节庆习俗和群众活动，成为华人对本族群文化及其来源——祖籍国文化认同和传承的主要平台。由此可见，泰国政府对华人同化政策的实施，并非在于彻底剥夺华人的民族特性，清除华人的民族意识，而是增强他们对泰国的认同和效忠。这就使得新生代华人的父母辈虽然失去了学习汉语的机会，但仍然能够保留中华文化的传统和精

---

① 转引自吴群、李有江《二战后泰国华侨华人社会的变化》，《云南师范大学学报》2004年第5期。
② 许国栋：《从华人宗教信仰剖析泰国的"同化"政策》，《华侨华人历史研究》1994年第2期。

髓,并将其传授给子女,使他们自小就受到中华传统文化的熏陶,并留下深刻的印记。

其次,从家庭方面来看,父母对新生代华人的族群认同所施加的影响,无论是有意还是无意,都会产生最直接的效果。实际上,新生代华人的父母大多是出生在泰国的第二代华人,虽然受到泰国政府的限制和同化政策的直接影响,但父母仍会经常向他们谈论祖先来自中国的渊源,并向他们强调保持中国文化传统的重要性。为数众多的新生代华人学生家长或者与他们年龄相仿的华人和华裔人士虽然出生在泰国,但由于受到来自中国的父母的直接影响和督促,对中华传统文化的感情还是比较深厚的。很多人表示,尽管自己出于种种原因而未能学习和使用汉语,但仍然希望子女能够了解和保留中华文化传统。越来越多的家长把孩子送到中国的大学、高中甚至初中就读。

正因如此,泰国的新生代华裔青年中,仍有相当多的人使用中文姓名。据说,他们的中文名字多为祖父或外祖父所起,也有些是父辈或亲戚所起。这些华裔在和中国人交流时,只要他们会写,一定会在名片上或纸片上郑重地写下自己的华文姓名,以确认自己的华人身份。这些现象说明,很多新生代华人家庭仍然具有较强的传统宗族观念,希望通过家族的姓氏和使用中文名字来保持和传承华人血脉。而新生代华人中广泛存在的乐于保持和使用自己的中文姓名,甚至一些原本没有汉文姓氏的华裔青年也乐意取一个中文姓名的现象,也反映出他们在父母和家庭的影响下,具有较强的对自身华族身份的认同意识。这里以一个泰国客家华人家庭为例。主人公是位经商的华人,出生在泰国,父亲来自中国,母亲是一位泰族妇女。但父亲一直教育他千万不要忘记自己是中国人的后裔。他的妻子是潮州人和泰族人的后代,虽然不会讲普通话,但粗通潮州话,特别是对潮州人的各种节庆和祭祀活动了如指掌,因而对中国传统节庆的祭祀和庆祝活动非常重视,从不遗漏。同时,夫妇俩也非常重视孩子的中国语言文化教育问题。他们做的虽然只是小本生意,算不上富商贾巨,却尽全力把三个孩子都送到中国留学。其中,老大已经自费学成回国,在曼谷的一家著名商场做与中国游客有关的奢侈品生意；老二获得奖学金，正在中国高校攻读硕士研究生；老三则仍在北京自费读本科，即将毕业。由此可见他们为让孩子保持祖先的文化传统所付出的心血。在和这三位年轻人交谈时，他们也都认为父母的熏陶和安排是使他们重视自己的华裔身份，了解中国文化并前往中国学习的主要因素。这位客家华人在解释自己的选择时，说这样做的目的很简单，就是要完成父亲的嘱托，中华文化的传递不能够在他这一代中断。

再次，新生代华人自身的因素。很多华裔青年表示，父母和家庭确实对他们的华裔身份认同产生了深刻的影响。华人家庭带领孩子祭拜祖先、庆祝中华民族传统节日等活动是保持其血脉和文化的主要途径。这方面的因素在学习汉语、对中国文化有所了解以及到过中国的新生代华人中表现得尤为突出。据笔者所接触到的学生介绍，虽然他们之中很多人的家长已经不会讲汉语、识汉字，但家里仍然保持着中国的传统文化和习俗，将春节、元宵、清明、端午、中元、中秋等传统节日看得很重，特别是对祖先的祭拜格外重视。即使是泰华混合的家庭，也会同时过泰国和中国的重要传统节日。他们表示，正是这些家庭活动使他们了解到一些中国的传统文化和习俗，也使他们从小就知道自己所具有的华人血统和身份。他们解释说，由于从小就跟着父母长辈参加各种庆典和祭祀活动，所以认为一切都是自然而然的，并无特别之处。后来随着年龄的增长，或者通过家长的讲述，或者因为自己知识的积累，逐步了解和认识到这些活动是从中国来的，是华人的传统。有些学生还在毕业论文中详细描述了这一心路历程。此外，去中国旅游、留学等实际经历，往往也会成为进一步唤醒他们族群认同意识的重要因素。例如，在被问及"何时才开始认识到自己的华人身份"时，不少同学认为是在到过中国之后。原来，他们去中国时经常被问及："你是中国人吗"？这一现象引发他们的思考。过去，即使父母长辈告诉过他们自己的家庭与中国的渊源，但他们自小与当地孩子相处，也从未感觉到自己和他们有什么不同。而被多次问到这个问题时，他们所产生的问题就是我真的那么像中国人？因而也就会比过去更多地思考自己与中国及中国文化的关系，无意之间，也会对自己的华裔身份更加看重。

最后，中国的因素也不可低估。中国改革开放以来所取得的成就以及中国在泰国和东南亚地区各国影响力的扩大，对泰国新生代华人的族群认同也产生了相当深刻的影响。在上述对学生进行的问卷调查中，在问及他们"对中国和中国人的看法"时，有76%的受访者表示愿意跟中国人一起工作。学生们在分析问卷调查结果时认为，其主要原因是中国的经济发展又好又稳定，已经成为经济上的"超级大国"之一。中国的经济发展方向是开拓海外市场，这使与中国有着悠久友好关系的泰国成为中国企业的重要投资对象，泰国劳动力也因此而有了更多跟中国人一起工作的机会。加之中国人办事认真，工作尽心尽力，泰国人愿意跟中国人一起工作。因此很多新生代华人寻求到在泰国的中资企业工作，或者从事与中国有关的业务，并认为他们的华裔身份对他们的求职和职业生涯是有利的，他们对自己的华裔族群的认同感也会由此而得到增强。

三　华人新移民群体迅速扩大

中国实行改革开放政策以来，旅居泰国的华人新移民群体不断扩大，在泰国华社中占据重要地位，其影响力也在不断增强，引起泰国学界的高度关注，并出现了不少关于旅泰华人新移民的研究成果。

中国学术界对于迁移中时间的理解是广义的，"新移民"不仅包括已经在他国入籍或未入籍的永久性定居移民，还包括未在他国入籍但在他国工作、生活的短期（一般在一年以上）移民。就泰国的具体情况而言，有学者认为，泰国的华人新移民主要有四个次社群组：第一个次社群是中国1978年实行改革开放政策之后，通过各种方式移居到泰国的新移民；第二个次社群是目前居住在泰北山区的当年国民党军残余和随军撤退的一些云南籍平民及其后裔；第三个次社群是来自中国台湾的华人新移民；第四个次社群是在20世纪70年代从印支三国移民到泰国的华人难民。① 由此可以看出,泰国"华人新移民"的构成是相当复杂的。本报告所探讨的旅居泰国的中国新移民,主要是指改革开放后移居国外的中国公民②,并不包括其他华人新移民。

目前,由于各方面的原因,尚缺乏有关泰国华人新移民数量的权威统计数据。据估算,1987~2007年涌入泰国的中国新移民人数为40万~50万③,由于近年来中国人移居泰国的数量继续增加,这一数字势必已经有较大增长。

改革开放后大批中国人移居或较长时间到泰国居住的原因很多,与老华侨相比,中国新移民移居泰国的动因和方式更加多元。泰国学者的研究将其归纳为:以前曾经到泰国旅游,因而喜欢上了泰国,希望能够在这里找到工作,定居下来;为数颇多的汉语志愿者教师在合同期满后决定留下来,有的继续教学,有的经商,有的务工;通过与泰人结婚而留在泰国;由于学费和生活费用成本低而来泰国大学或研究生院长期就读;等等。④ 泰国学者的这些看法不无道理。例如,有多位旅泰中国人曾经说起,他们第一次到泰国出差或旅游时,就被当地的环境和民风所吸引,认为这里才是他们的生存之地,因此决心在此地定居,并付出各种努力,最终实现了愿望。有很多生活在泰国的年轻人曾经是到泰国教汉语的志愿者或就读于泰国高校的留学生,在工作期满或学成毕业后留住此地,其原因也大多是由于钦慕泰国的社会人文条件。此外,在中国新移民中,与当地华裔或泰族配偶结婚成家的亦颇常见。既有在中国成婚

---

① 曹云华:《泰国新华人管窥》,载《泰中学刊》,泰中学会出版社,2002。
② 张秀明:《国际移民体系中的中国大陆移民——也谈新移民问题》,《华侨华人历史研究》2001年第3期。
③ 庄国土:《东南亚华侨华人数量的新估算》,《厦门大学学报》(哲学社会科学版)2009年第3期。
④ Supang Chanthawanich and Dr. Chada Triamwithaya, "The New Chinese Migrants in Bangkok," in Summary of the Seminar on New Chinese Migration in Thailand and the Mekong Region Dipak C. Jain Room, 1st Floor, Sasa Niwet Building Chulalongkorn University, May 19, 2016.

后移居泰国的，也有在泰国相识而终成眷属的，其中以中国男子娶泰籍女子的现象更为多见。

旅泰中国新移民对自己移居泰国的解释也是多种多样的。去泰国的中国新移民大都年富力强，在国内积累了一定的资金或工作经验，且受到在泰亲友的启发，认为泰国比较发达，基础设施相对完善，民风较为开化和温和，因此到泰国寻求商机。他们或者开商店、经营餐馆，或者给人打工等。

有些来泰国就读的年轻新移民则认为，考取泰国的留学生相对容易，而泰国高等院校也乐于招收留学生，泰国的学费和生活成本也较欧美国家低许多，又有很多业余打工的机会，因而情愿在此长期就读和停留。有些在泰国就学的青年学子还表示，如果有就业和通婚的机会，则会在毕业后定居泰国。

在新移民中，也有不少人是为泰国的生活氛围和环境所吸引。相比国内的很多城市，泰国的大小城镇显得更为干净整洁，空气质量也更好。加之泰国的旅游业比较成熟和发达，当地的生活方式和生态环境具有很强的吸引力。随着中国经济的发展和中产阶级队伍的扩大，到泰国养老已经成为不少人的选择，因为这里的生活消费要比中国大多数省会城市低，气候和环境条件也比较适合老年人，泰国政府规定超过50岁的外国人可以办理养老签证，也比较方便。此外，很多新移民认为，相比中国的许多城市，泰国的总体物价水平比较低，食品安全也较有保障。

还有为数不少的新移民是为宗教信仰而来。泰国是个以佛教为国教的国度，一些中国信众认为在国内修行有颇多不便，而在泰国修佛则比较自由，不少人把大部分业余时间用于禅修。在泰国的一些华人寺庙，可以看到很多来自中国的佛教信徒，他们积极参加各种禅修班或宗教活动，并以居士身份为寺庙提供义工服务。

由此可见，改革开放以来数量庞大的中国新移民移居泰国，有其时代背景和原因，中泰两国关系的发展是中国新移民出现和延续的最重要动力，它们构成了中国新移民前往泰国的"推力"和泰国吸引中国新移民的"拉力"。一些在泰国长期存在并不断拓展的移民网络，则为人口迁移活动提供了有效支持。

由于华人有喜好聚居以便相互扶助共谋生计的传统,旅泰中国新移民大批抵达之后也和老华人一样,很快就在泰国的一些主要城市形成了聚居区,即新兴的"唐人街"。其中,以曼谷辉煌区布拉查腊邦蓬(Pracharatbamphen)街一带被称为"新中国城"的中国新移民聚居区的名气最大。这条街虽然只有短短的400米,但十分繁华。大量中国色彩十足的汉字广告牌引人注目,商店里各类中国商品应有尽有,中餐美食比比皆是,中国游客来来往往。

对于该街区迅速成为新移民聚居中心的原因,朱拉隆功大学亚洲移民研究中心学者的研究结果认为有如下几点。一是该区靠近中国驻泰使馆,周边旅游景点、商场和娱乐场所众多,交通方便。二是该街区的房屋租金相对较低,人们租得起。三是有朋友住在同一街区,可以使用中文交流,便于彼此互相帮助。四是该地区历史较久,拥有比较完善的日常生活设施和服务,当地的泰国人也比较友善。[①] 这些因素促使大量新移民最终选择了这一街区作为立足和共同发展之地。

从2013年开始,大批中国学生和汉语老师居住在此,一条崭新的商业街遂迅速成形。居住在该街区的中国人主要来自广西和云南,他们通常是以旅游、学习或工作为目的而暂居泰国的新一代年轻中国人。他们中有些人在留学签证到期后滞留泰国,从事将泰国水果干、青草药膏、蜂蜜和橡胶枕等产品销往中国的"代购业务",并随着生意的扩展而将亲戚朋友招来泰国一起开店。辉煌区政府的数据显示,目前布拉查腊邦蓬街区的181家商店中,中国商店占据相当大的比例,包括物流公司27家、化妆品店20家、货物寄存仓储17家、中国餐馆14家、橡胶枕头店5家、泰式按摩店5家、皮具店3家、燕窝零售店2家、面包店1家、美容诊所1家、旅行社1家,而其中

---

① Supang Chanthawanich and Dr. Chada Triamwithaya, "The New Chinese Migrants in Bangkok," in Summary of the Seminar on New Chinese Migration in Thailand and the Mekong Region Dipak C. Jain Room, 1st Floor, Sasa Niwet Building Chulalongkorn University, May 19, 2016.

未经注册的商店多达44家。①

据泰国研究人员估计,目前居住在该街区的新移民有5000余人,约占该地区人口的30%。大量中国新移民在辉煌街区聚居兴业,也给这一地区带来了房租迅速上涨、街区卫生及治安环境变差、邻里关系特别是新移民与当地泰族居民之间的关系紧张等负面影响。②

与早期移民相比,改革开放以后来到泰国的中国新移民有一些明显的特点。

第一,他们的来源地要广泛得多。过去由于地理和交通条件的限制,移民主要集中在东南沿海,来自广东潮汕地区的移民人数最多,其次是客家人和海南人。而新移民则来自中国各地,除原来的东南沿海继续保持其移民趋势外,内陆移民到泰国的人数逐渐增多,甚至出现了来自东北地区的较大数量的移民。据笔者观察,近年来中国内陆,如河南、陕西、四川、重庆等省份的新移民数量不断上升,人员往来大幅度增加,加之旅游业快速发展,亚航等航空公司纷纷开辟通往这些省份的航班和包机服务,以满足需求。

第二,新移民的总体受教育程度明显高于老华侨。早期移民多是迫于生活压力而下南洋,刚到泰国时都是从做苦力开始。跟他们相比,新移民受教育的程度确实比较高,大部分人在国内接受过中等教育或高等教育。例如,泰国朱拉隆功大学的调查显示,在曼谷辉煌地区"新唐人街"的中国移民中,有68.9%的人拥有学士学位。③ 在旅泰华人新移民中,有不少是学习泰语出身的,语言优势为他们在泰国停留和发展提供了有利条件。较高的受教育程度,也有利于新移民尽快了解和熟悉泰国当地的社会

---

① 《辉煌,冉冉升起的曼谷"新唐人街"》,泰国网,2016年8月29日,http://www.taiguo.com/article-43730-1.html。
② Supang Chanthawanich and Dr. Chada Triamwithaya, "The New Chinese Migrants in Bangkok," in Summary of the Seminar on New Chinese Migration in Thailand and the Mekong Region Dipak C. Jain Room, 1st Floor, Sasa Niwet Building Chulalongkorn University, May 19, 2016.
③ 《泰媒:中国在泰国新的移民将不同以往》,新浪网,2016年9月19日,http://news.sina.com.cn/o/2016-09-19/doc-ifxvyrit2774078.shtml。

经济和语言文化，有助于他们在当地扎根和打拼，并取得成果。

第三，与老华人相比，赴泰中国新移民的职业结构发生了重大变化，突破了老华侨以"三把刀"（菜刀、剪刀和剃刀）为主的从业取向，朝着职业多元化方面发展，涉及科技、教育、商业和金融服务业，并且有相当大一部分人已崭露头角。新移民职业多元化首先与他们自身的受教育背景有关。新移民在出国前已经具备一定的工作经历和职业背景，移民到泰国后自然会尽量寻找接近自己原来工作的机会。新移民职业多元化还与移居国劳动力市场的需求有关。在经济全球化进程对泰国国际分工的影响之下，以及中国事务在泰国对外关系中地位的上升，现在泰国的劳动力分工与老移民时代已大不相同，造就了泰国对各种涉华人才的迫切需求，从而给新移民创造了很多难得的就业机会。因此，人们在曼谷或泰国的其他主要城市经常能碰到形形色色的中国新移民，他们有的是华文教师，有的是音乐工作者，还有的是书法家，等等。尽管新移民出现了职业多元化的趋势，但他们并不能完全脱离职业的经济取向。新移民移居泰国后的首要需求是立足和谋生，因此绝大部分新移民仍从事经商等经济型工作。即使目前在泰国有较多人从事文化工作，但也是以其经济效益为主，将其作为基本的谋生手段。有的新移民不得不放弃自己的理想，放弃自己原有的职业爱好和知识积累，转而从事能够满足其立足和谋生需求的行业。

第四，新华人具有较大的流动性，逐利趋向也比较明显。他们可以在有商机时呼朋引伴来泰国经营，也可能在遇到挫折或问题时回国另谋发展。由于泰国移民法规比较严格，许多人因为签证管理问题而成为"候鸟式"移民。比如，在需要去移民局报到时回国处理业务，再入境后的停留时间就可以顺延。也正是此类原因，一些泰国学者认为，中国新移民打算一旦赚到足够多的钱，就返回中国。确实也有一些新移民华商，曾因在泰国经营不顺而返回家乡，又因家乡创业环境不佳重回泰国打拼，并最终得以立足。

随着中国新移民的大批进入及他们之间互助需求的增加，为数颇多的华人新移民社团异军突起。据称，由新移民建立的社团已达数十个，其中较具规模的有近20个。长期以来，地缘因素在华人社团建立过程中占据重要地位，这一现象在泰国的中国新移民中也有明显表现。在新移民社团中，因地缘而建立的社团仍然占据主要地位。旅泰中国新移民大多依然怀有相当浓烈的地域认同意识，因此新华人社团也大多以地域因素而建立。例如，以陕西、河南、上海等省份命名的"同乡会""总商会"均颇具规模。此外，以省份以下行政区划构成的地缘社团也如雨后春笋般出现。许多成员在加入这些由"老乡们"建立的社团时，都表示此前在泰国常感"孤独"和"空空落落"，现在终于有了"回家的感觉"。因此，他们对参与社团的活动也表现出较高的积极性。

由于旅泰新移民中经商者占有很大比例，他们的经济实力也能够为社团的发展提供支持，因此有不少新移民的地缘社团不再采用"同乡会"的名称，而以"商会"为名，把"地缘"和"业缘"密切结合，突显出其特点。例如，成立于2016年12月12日的"泰国温州商会"，宗旨第一条是"加强同乡情感交流，联络乡亲情谊"，点名了其地缘特征；紧接着便是"促进同乡经济交流，增进商贸合作"，揭示了其在地缘基础上的业缘功能。[①] 又如，颇具规模的河南人社团也是以"泰国河南总商会"作为名称。不过，随着形势的发展和开展业务的需要，泰国华人新移民社团的章程虽然仍以为某地域籍乡亲服务为宗旨，但实际上地域限制并不严格，很多外地籍贯的人也可加入地缘性社团或参与其活动，使这些基于地缘而建立的华人社团显示出越来越强的开放性和包容性。

随着科技尤其是网络和信息技术的发展，加之新移民由于受教育程度较高对新事物了解、把握、运用能力较强，在旅泰中国新移民中出现了以新科技技术为依托的组织和活动方式。其中，应用最多的当属各种各样的社交及自媒体软件，已经成为新移民交流信息和沟通情感的主要途径之一。例如很多新移民利用微信等社交软件，建立起各种类型的微信群。其

---

① 泰国温州商会网，http://www.tccwz.com/zh/%E5%95%86%E4%BC%9A%E7%AE%80%E4%BB%8B。

中，既有以地缘为依托的交流群，如某地在泰老乡群；也有以业缘为主的群体，如在泰留学人员群等。这些微信群体未必与相应的地缘或业缘社团有联系，但因通过微信软件建群非常方便，也不必缴纳会费，进退自由，而通过微信发布的信息又非常及时和丰富，因此深受新移民的欢迎。

改革开放以后的新移民，由于他们的经营和生存环境与国内有着千丝万缕的联系，对国内形势的发展和变化相当关注，对中国的内外政策也非常关心。例如，在所谓"南海仲裁"结果出笼后，泰国的一批中国新移民社团就率先发表声明，表示支持中国政府的严正立场和维护南海主权的一切行动。每当中国遭受洪涝灾害之际，新移民社团也会发起募捐赈灾活动，以援助祖国的受灾民众。又如，在2018年7月5日泰国普吉岛发生沉船事故造成40余名中国游客罹难的重大事故发生后，各新移民社团纷纷行动起来，为帮助遇难游客和他们的亲属提供各方面的援助，得到泰国各界的普遍好评。

同时，泰国的中国新移民社团，特别是地缘社团也与原籍地保持着多方面的密切联系。例如，2017年10月18日，泰国陕西总会在曼谷正式成立，陕西省侨办、陕西省归国华侨联合会及陕西省海外交流协会等部门的负责人均亲莅祝贺，并将该会确定为"陕西省侨办海外联络处"之一。该会在筹办期间，也曾多次组织泰国著名侨领到陕西省各地进行投资考察并为泰国与陕西之间建立友好城市关系积极引线搭桥，在中泰交流中发挥了一定的作用，同时也扩大了该社团在泰国侨界的影响。类似的情况还有许多。

在努力了解和融入泰国社会的过程中，中国新移民对接纳他们的泰国也怀有深深的感恩之心，深感自己能够在泰国立足和生存，得益于泰国人民的友善和宽容。因此，在泰王拉玛九世驾崩后，许多新移民社团在第一时间通过各种方式表达对泰王的哀悼，与泰国人民同悲，举行悼念会，在华文报刊上刊登大幅吊唁广告。一些新华人社团还和老华人社团及泰国的各社团或非政府组织一样，自发组织成员前往王家田广场等参加吊唁活动的人员集中的地区，从事派发食物饮水、清扫保洁等公益活动。另外，也有不少新华人商户通过华人的慈善机构和网络为吊唁民众提供食物、饮用水及其他所需物资，得到当地民众的赞许。这也充分表明新移民试图尽快了解和融入泰国社会的愿望。

同时，一些来泰国较早，特别是与当地人结婚生子的新移民开始面临许多具体的认同问题。如上文所述，在泰国成家者中有为数众多的中国男性新移民与泰国的华裔或泰人联姻，而这些男性新移民希望加入泰国国籍的愿望并不强烈。但是，随着孩子的成长，孩子的选籍以及教育，包括教育方法以及是否让孩子接受汉语教育等成为实实在在的问题。夫妻双方也可能因此而发生一些矛盾。此外，子女也面临与新生代华人相似的问题。一些现已成年的早期华人新移民子女都认同自己是泰国人，同时对中国和中华文化有感情。尽管父母也常送他们去中国短期学习，但是他们的汉语能力仍远逊于父母或其中的一方。他们的父母对这一现象也表示担忧，希望他们本科毕业后能够到中国去读研究生，以期在学习专业知识的同时，提高汉语水平。由此可见，新移民家庭，尤其是另一方为华裔的家庭，对子女的汉语能力及子女对中国文化的了解程度还是比较在意的。还有一些来自中国的年轻夫妇对孩子的汉语能力并不在意，认为他们将来在泰国学习和生活，首先要学好泰语，再熟练地掌握英语就足够了。但这类年轻夫妇基本上都已经能够比较熟练地使用泰语，与孩子之间的沟通不存在大的障碍。

至于旅泰新移民今后的去向，他们大都希望能够在泰国定居下来。但他们在做出这一选择的过程中，大多也经历过一些比较复杂的心理斗争。例如，旅泰中国新移民以经营为主，但大部分以小本商贸为业，即使其中一些已经较有实力的新移民也仍处在创业和资本累积阶段，而且他们所从事的业务也与国内业界和市场有着密切的联系。总体而言，旅泰中国新移民的整体经济实力和社会影响力还都不够强。也正是由于此类原因，一些泰国学者认为，中国新移民"打算一旦赚到足够的钱，就返回中国"。[1] 然而，虽然新移民对中国的国家认同感较强，但并不妨碍他们寻求在泰国安家扎根的机

---

[1] Supang Chanthawanich and Dr. Chada Triamwithaya, "The New Chinese Migrants in Bangkok", in Summary of the Seminar on New Chinese Migration in Thailand and the Mekong Region Dipak C. Jain Room, 1st Floor, Sasa Niwet Building Chulalongkorn University, May 19, 2016.

会,这也往往出于经济和家庭的考虑。正如一位温州新移民华商所言:"过去确实想在赚够钱后落叶归根,返回中国。但现在不得不考虑的问题是如今孩子、房子和财产都在这里,回去的话怎么办?因此,还是要从现在起就认真地考虑如何在泰国扎根。"可以肯定的是,他的话语绝非仅代表少数旅泰中国新移民的想法。

结　论

综上所述,泰国华社在漫长的发展过程中,始终受到中泰政治经济和两国关系的影响。泰国华社通过自身的调整,来适应新形势以改善生存和发展条件。自中泰两国建交以来,特别是中国实行改革开放和经济发展取得巨大成就以来,泰国华社出现了一些新的特点和发展趋势。全面认识和深入研究泰国华社的变化和新特征,有利于进一步促进华社的发展,发挥其在两国官方和民间交流中的桥梁作用,也有助于"一带一路"倡议在泰国的具体实施。

B.14
泰国当前外来移民形势及其应对

宋清润 刘倩*

摘　要： 泰国是亚洲国家中接受外来移民较多的国家之一，近年来，泰国的移民问题成为国际焦点问题之一。目前，泰国共吸引各类外来移民300多万，有合法移民，也有非法移民。外来移民对泰国经济社会发展有一定好处，但有的外来移民在泰国开展非法活动，甚至与国内外极端主义勾连，给泰国造成较大挑战。泰国政府也积极应对，尽量化解外来移民产生的风险。

关键词： 泰国　外来移民　移民工人

一　泰国当前外来移民情况

泰国是亚洲第二大移民输入国[①]，其外来移民种类较多，有合法的也有非法的。

（一）外来移民的定义

国际移民组织对移民的定义是：任何人正在或已经从本国居住地迁移至

---

* 宋清润，博士，中国现代国际关系研究院南亚东南亚及大洋洲研究所副研究员，主要研究方向为泰国、缅甸、大湄公河次区域合作、东南亚问题、美国与东南亚关系等；刘倩，北京大学东南亚协会青年智库研究员，主要研究泰国问题。
① "Top 25 Destinations of International Migrants," Migration Policy Institute, http://www.migrationpolicy.org/programs/data-hub/charts/top-25-destination-countries-global-migrants-over-time.

本国其他地方或者跨越国界至他国，不论该人的行为是否合法，不管这个行动是自愿的还是非自愿的，不管引发移民的原因是什么，不管其在他地的居住时间长短。① 维基百科的定义是，外来移民是指向某目标国（一般是非祖国）的一种国际人口迁移，尤其是指非该国居民想获得该国永久居留权或者成为归化公民，或者在该国暂时获得就业机会。② 外来移民的产生有很多原因，包括贫困、战乱、犯罪、政治迫害等。从移民产生原因的性质来讲，简而言之，可分为自愿移民和非自愿（强迫）移民。

（二）泰国当前外来移民情况

目前，在泰国居住和工作的外来移民主要包括外来工人、难民和其他形式的移民。

1. 外来（外国）移民工人

外来（外国）移民工人，本报告简称"移民工人"，是指已经、正在或者即将在非祖国从事获得报酬行为的人。③ 据泰国媒体报道，截至2018年初，泰国共有约380万移民工人，其中约200万移民工人是合法进入泰国务工，其余的100多万人则缺乏合法务工手续。④

在这些移民工人中，只有约10万人从事高技能职业或管理工作，主要来自日本、美国、欧洲、中国、印度、菲律宾等国家和地区。这些人多在跨国企业驻泰分部、国际机构和组织驻泰办事处等机构工作，他们在泰国的收入较高，而泰国的生活成本比发达国家又低，因此，这些高级蓝领或者白领人士在泰国过着优越乃至奢侈的生活，这是他们在本国工作和生活可能得不

---

① International Organization for Migration, http://www.iom.int/who-is-a-migrant.
② Wikipedia, https://en.wikipedia.org/wiki/Immigration.
③ "International Labor Organization, International Convention on the Protection of the Rights of All Migrant Workers and Members of Their Families," General Assembly Resolution 45/158, December 18, 1990, https://www.ohchr.org/en/professionalinterest/pages/cmw.aspx.
④ Olivier Languepin, "Thailand Rushes To Register 1.6 Million Undocumented Migrants," *Thailand Business News*, March 28, 2018, https://www.thailand-business-news.com/visa/68498-thailand-rushes-to-register-1-6-million-undocumented-migrants.html.

到的较高待遇。①

不过，总体而言，泰国移民工人中的绝大多数来自老挝、柬埔寨、缅甸等邻国，多数在农业、渔业、食品加工、纺织、建筑等行业工作，大多从事文化和技能要求低、工作环境不佳（有时较差）、收入不高的工作，主要是弥补泰国产业工人的不足，因为泰国人不喜欢从事这些"又脏又危险又不太赚钱"的行业。而且，随着泰国人口老龄化的加剧，近年来，泰国15～39岁的青壮年人口每年减少20多万，这导致泰国年轻的产业工人比较缺乏，只能寻求增加移民工人来弥补本国劳动力的不足。② 而缅甸、老挝、柬埔寨等国的经济发展水平比泰国差不少，这些国家的人在本国收入很低，甚至失业，愿意到泰国从事这些不被泰国人喜欢的职业。泰国的这种移民工人状况已经持续了二三十年，移民工人数量近年来大致呈增长趋势，他们对泰国一些产业的发展和部分企业的发展起到了积极作用，这些移民也获得了收入，经常汇款给国内家人，对缅甸、老挝、柬埔寨等国的很多家庭的生活起到了重要作用，也对这些国家的社会稳定起到了一定的积极作用。从这个角度而言，移民工人对泰国及其三个邻国而言，是有一定互惠互利成分的。

2. 外来难民和寻求（政治）庇护者

难民是指因为遭遇战争、暴力等迫害而被迫逃离祖国的人。难民在特定的社会团体中，因为受到种族、宗教、政治等方面的迫害而有强烈的恐惧感，不敢回家或者不能回家。其中，战争以及种族和宗教暴力等是难民逃离祖国的主要原因。③ 而寻求（政治）庇护者是指那些寻求避难所的请求仍在被处理中的人士。④

泰国是亚洲地区接收难民最多的国家之一。截至2017年上半年，根据

---

① "Thailand Migration Report 2014," International Organization for Migration, https://thailand.iom.int/sites/default/files/document/publications/EN%20-%20Thailand%20Migration%20Report%202014.pdf.
② "Asia-Pacific Migration Report 2015, Migrants' Contributions to Development," United Nations, Economic and Social Commission for Asia and the Pacific, http://www.unescap.org/resources/asia-pacific-migration-report-2015.
③ The United Nations Refugee Agency, http://www.unrefugees.org/what-is-a-refugee/.
④ Ibid.

联合国的数据，泰国总计接收了约10.3万外国难民，其中大多数来自邻国缅甸，难民主要居住在泰缅边境的难民营，也有部分人居住在清迈、曼谷等城市。缅甸难民大多是因为国内部分地区的武装冲突、宗教冲突、贫穷等问题逃亡到泰国，很多人长期生活在泰国，不敢回国，或者是不愿回国。还有大约8000名在泰国的难民来自索马里、叙利亚、伊拉克等动荡国家，这些难民居住在曼谷等地。①

3. 其他形式的外来移民

一类外来移民是长期在泰国居留的人士，一般是每年更新一次签证，这些人大都拥有合法签证。因为亲属关系跟随家人在泰国长期居留，比如泰国人的外国配偶（尚未入籍者），长期在泰国工作者的配偶，在泰国办理养老签证者，在泰国的外国留学生。这类人的总量在15万~20万，数量每年基本都有增长。②

还有一类外来移民是非法进入泰国滞留或者非法进入泰国再到其他国家的人士，包括来自东南亚、南亚、非洲、中东、中国、韩国、拉美等地的人士。这些人有的持合法证件进入泰国，但他们的工作期限或者居留期限经常超出合法期限。有些人则直接以偷渡等形式进入泰国，从事非法活动，如，非法务工、诈骗和黑社会犯罪等。还有些人是被非法贩卖到泰国的，或者是被非法贩卖到泰国后又去往他国。这类难民的确切数量较难统计，但估计不少。

二 泰国当前在外来移民问题上面临的挑战

泰国政府近年来对外来移民采取人道主义原则，给予安置，在此方面付

---

① "Refugees in Thailand," European Commission, May, 2017, http://ec.europa.eu/echo/files/aid/countries/factsheets/thematic/refugees_thailand_en.pdf.
② "Thailand Migration Report 2014," International Organization for Migration, June 26, 2018, https://thailand.iom.int/sites/default/files/document/publications/EN%20-%20Thailand%20Migration%20Report%202014.pdf.

出了大量的人力、物力、财力，得到国际社会的肯定。不过，近年来，泰国外来移民问题受到国内外广泛关注，泰国也承受着较大的国内外压力，主要原因有以下几个。一是，泰国前几年经济形势不太好，国内有些工人本身就业就困难，而移民工人却很多，要的工资又低，这导致本土工人和部分移民工人"抢工作"的矛盾有所凸显，泰国很多中小企业更愿意雇老挝、缅甸、柬埔寨等国的工人，因为可以给他们比本国工人低的工资。二是，泰国媒体及国际媒体频频爆出移民工人在泰国工作环境差、待遇差、遭虐待等情况，引发国际舆论乃至联合国的高度关注。三是，泰国成为地区人口贩卖的转运站，部分被贩卖人口在泰国受伤、死亡等事件时有发生。四是，在泰国的有些外来移民因为较难融入泰国社会，与泰国人存在文化冲突等利益矛盾，外来移民也存在抢劫、杀人等犯罪行为，这些跨国犯罪引发泰国与邻国的关注。因此，近年来，泰国为缓和国内民众的不满情绪，改善自己的国际形象，加大力度清理在泰国的非法外来移民，引发了一些纠纷，也引发了缅甸、老挝、柬埔寨等国的高度关注，因为泰国此举涉及这三国很多人的切身利益。

（一）人口偷运、贩卖与泰国腐败问题

尽管泰国与老挝、柬埔寨、缅甸等国在移民认证与管理方面签订了备忘录或者协议，但这三国人员从合法渠道进入泰国务工的话，手续办理时间较长，花费较高，对这三国的穷人而言是较大负担。因此，一些非法人士和组织发现这是个商机，便采取边境偷渡等方式将这三国的一些劳工弄进泰国。比如，据报道，一个柬埔寨劳工从合法渠道进入泰国务工需要花费约750美元，但从非法渠道进入泰国只需要150~200美元。[①] 老挝工人和缅甸工人通过合法和非法渠道进入泰国务工在费用方面的差别也类似这样。这个合法与非法入境的费用差价对一个本身就穷的务工者而言是有诱惑力的。而如果

---

① "Asia-Pacific Migration Report 2015, Migrants' Contributions to Development," United Nations, Economic and Social Commission for Asia and the Pacific, http://www.unescap.org/resources/asia-pacific-migration-report-2015.

有大量非法劳工偷渡,则会使非法偷渡机构和人士赚取高额收入。同时,有些泰国小企业因为缺乏工人,有时也顾不上(或不愿意)去鉴别来自三个邻国的工人是否具有合法身份,有些泰国企业主则唯利是图,雇非法入境的移民工人比雇合法入境的工人更便宜,因为雇合法的移民工人需要按照泰国政府的规定给予他们很多福利待遇。这些情况就催生了围绕泰国入境劳工的偷渡和人口贩卖市场。据联合国毒品和犯罪问题办公室数据,每年大约有50万来自老挝、柬埔寨、缅甸等国的劳工被偷运至泰国,这些活动每年约产生1.92亿美元的利润,被人口贩卖集团收入囊中。[①] 而这些偷渡进入泰国的非法劳工因为"见不得光",在泰国大多从事打鱼、海产品加工、低端制造业、家政等行业,乃至(被迫)参与卖淫等活动。这些人的工作条件艰苦,待遇低,有些人还受到雇主虐待,身心遭受痛苦。这种状况也引发雇主与工人之间的矛盾和暴力冲突,甚至引发非法工人因为生活艰难或者仇恨社会而抢劫、强奸、杀人等暴力犯罪,产生一些跨国官司。这些现象近年来引发泰国、泰国邻国以及国际舆论的更多关注。

尽管泰国有法律打击人口贩卖、偷渡等活动,泰国政府、非政府组织、一些商业联盟组织等也联合打击上述非法活动,但因为多种因素的掣肘,很难根除外来人口走私(偷渡)、贩卖和外来非法务工问题。人口走私(偷渡)、贩卖产生的巨大利益和泰国部分官员的腐败有很大关系。因为,涉及管理人口入境的一些边检人员(也包含边境口岸警察、官员等),在打击外来非法劳工入境问题上,因为获得非法利益而对一些非法入境人员"放水"。这在泰国是常见的现象,尤其是在泰国与老挝、缅甸、柬埔寨等国交界的地区,非法人口偷渡或贩卖组织与一些地方官员、警察等勾结犯罪,这在泰国是众所周知的,甚至还牵扯到一些高官。由于近年来泰国在外来移民问题上爆出的丑闻增多,泰国舆论对在此问题上牵扯到官员腐败也感到不满。其中,2015年12月,一名逃到澳大利亚的泰国少将级警官称,他出逃

---

① "Migrant Smuggling in Southeast Asia," United Nations Office on Drugs and Crime, https://www.unodc.org/southeastasiaandpacific/en/what-we-do/toc/smuggling-of-migrants.html.

是因为担心生命有危险,他负责调查泰国人口走私问题,该问题牵扯到泰国政府、警界、军界的一些有影响力的人物。该新闻爆出后,引发舆论高度关注。① 因此,泰国总理巴育承诺对外来人口走私等问题采取"零容忍"政策,承诺要根除痼疾。② 不过,由于很多人涉案,要彻底清除泰国的外来人口走私、偷渡等毒瘤,尚需时日。

(二)泰国安置外来移民难题及其面临的相关国际压力

如前文所述,长期滞留泰国的难民数量较多,泰国在安置方面也面临多种挑战,有时甚至是"出力不讨好",还面临一些国际指责。

尽管泰国不是1951年《关于难民地位的公约》或1967年议定书的缔约国,但泰国政府一直向国际社会承诺保护外国难民权益。不过,泰国不承认"外国难民的难民身份",以避免引发很多国际责任,因为一旦认可大量外来难民的身份,泰国所承担的国际责任就很大了,而且可能要长期保障这些人的基本生活,甚至还要处理这些人的入籍申请。于是,泰国称这些人为"逃离战乱者"、临时避难者等,在法律层面将其定义为"非法入境者"。

2015年,泰国及其周边地区爆发严重的难民危机,引发国际舆论高度关注。据联合国难民署估计,在东南亚海域的偷渡者中,当年第一季度大约2.5万名罗兴亚人和孟加拉人登上了"人蛇集团"的船只,其中,约300名难民因饥饿、脱水或被船员虐待而丧生。这些难民或者落脚泰国,或者经泰国转至马来西亚等国。同年5月初,泰国南部宋卡府一个乱坟岗发现数十具干尸,警方初步判断,那里先前是偷渡者的中转营地,死者可能来自缅甸和

---

① "Revealed: Thailand's most Senior Human Trafficking Investigator to Seek Political Asylum in Australia," *The Guardian*, December 10, 2015, https://www.theguardian.com/world/2015/dec/10/thailands-most-senior-human-trafficking-investigator-to-seek-political-asylum-in-australia.

② "Thailand Vows to Sustain Anti-trafficking Efforts," Royal Thai Embassy Brussels, April 27, 2015, https://www.thaiembassy.be/2015/04/27/thailand-vows-to-sustain-anti-trafficking-efforts/?lang=en.

孟加拉。随后，就在泰马边境的这些坟地周围，马来西亚警方又发现28个人口贩卖营地及139个疑似埋葬难民的乱葬岗。在这次"罕见的难民危机"中，泰国不仅面临强大的搜寻和安置难民压力，也在人权等方面遭遇国际高压，因为有些国际媒体和组织指责东南亚此次难民危机产生的原因之一是，当年泰国（马来西亚等国也是）加大对非法外来移民入境的打击力度，很多非法移民的船只无法靠近泰国海岸，造成一些难民死亡。其实，泰国当局此举也是被逼无奈，因为"人蛇集团"在泰国及其周边的贩卖人口行为太猖獗了，长期容忍他们，会刺激国际犯罪，导致更多难民源源不断地进入泰国或者中转泰国去他国。其实，难民危机的罪魁祸首应该是这些"人蛇组织"。① 同年5月底，泰国在曼谷主办由17个国家和联合国难民署等国际组织官员参加的"印度洋非法移民问题特别会议"，美国、日本、瑞士也派了观察员参会。这是解决东南亚难民问题的首次国际会议，具有开创性意义。会议"取得一些建设性成果"：与会的17个国家会后发表声明，承诺加强搜救海上难民，允许联合国官员接触难民，承诺解决难民问题产生的根源，向缅甸等相关国家提供经济、人道及安全方面的协助。② 不过，2015年7月27日，美国公布的人权报告指出，泰国仍处于第三类排名，因为其仍存在人口贩卖等问题。泰国排名较靠后，受到美国的压力。此后几年，泰国仍持续打击人口走私问题，多次抓获"人蛇集团"。泰国政府也与周边国家及国际社会合作，以联合打击跨国人口贩卖行为。③

（三）部分外来移民的犯罪活动恶化泰国治安形势

由于泰国前些年对外来移民的管控较松，因此，一些国家的人在泰国组建了多个跨国帮派搞犯罪活动，包括贩毒、绑架勒索、走私、人口贩

---

① 《东南亚海上难民问题愈演愈烈》，《人民日报》2015年5月20日。
② "Boat People Meet: Immediate Help but Long-term Problems Unsolved (UPDATED)," *Bangkok Post*, May 30, 2015, http://www.bangkokpost.com/learning/learning-from-news/576619/thailand-hosts-boat-people-conference-today.
③ 《人权排名原地踏步 巴育：不在乎》，泰国《世界日报》2015年7月29日。

卖、组织卖淫、伪造证件、制造假冒伪劣商品、洗钱、收保护费等。有些则以合法生意为掩护，暗中从事非法生意。这些非法移民和组织增加了泰国的犯罪率，威胁了社会安全。① 同时，很多非法外来移民在泰国较难融入主流社会，其合法务工、经商等存在困难，故经常抢劫、偷盗等以维系生活，有些人则报复泰国社会，产生犯罪行为。泰国当局常年对上述犯罪活动予以打击。

三 泰国近两年加强管理外来移民

前文已介绍过泰国打击非法外来移民的一些举措，如打击"人蛇集团"，打击非法偷渡的极端分子，打击外来移民黑帮，等等。此部分内容不再赘述上述举措，而主要分析泰国近两年来加强对外来移民工人管理的举措。

2017年，泰国劳工部加强了对移民工人的管理，大规模清理非法移民工人。泰国新的移民法令原定2017年6月17日开始生效，其宗旨是控制进入泰国打工的外国劳工，至于那些在自己业务范围内雇用没有劳工证和工作许可证的老板将被罚以40万~80万泰铢（后者约合23500美元）。这个新法令对泰国大量企业（尤其是中小企业）和300多万外国劳工产生极大震撼，泰国一些商界人士认为，新法令对企业及国民经济的负面影响不小，因为泰国本国劳工缺乏，本国工人工资待遇要求高，而老挝、柬埔寨、缅甸的移民工人要求的待遇低，且工人数量大，对泰国很多企业至关重要。同时，移民工人的活跃分子也在争取多方支持，并向泰国政府和企业施压。老挝、柬埔寨、缅甸三国的政府也多次和泰国政府交涉，请求泰国政府不要立即驱逐三国在泰的大量非法劳工，给予一定宽限处理。② 在国内外多重压力之

---

① Piyanut Tamnukasetchai, "Over 20 Big Foreign Criminal Gangs Here", *The Nation*, September 14, 2014, http://www.nationmultimedia.com/national/Over-20-big-foreign-criminal-gangs-here-30243229.html.

② Jon Fernquest, "New Foreign Labour Law: Harm Potential to Thai Economy," *Bangkok Post*, June 29, 2017, https://www.bangkokpost.com/learning/advanced/1277819/new-foreign-labour-law-harm-potential-to-thai-economy.

下,泰国延迟了该法令的生效时间,将非法移民工人可以合法注册领取签证和工作许可证的时间延期至2018年3月31日,并未从2017年6月开始就大批驱逐这三国的移民工人。

在2018年3月31日这个完成合法注册手续最后期限到达时,泰国大约有200万移民工人完成合法的移民与工作手续,这个工作不仅涉及众多外国工人,程序也非常复杂,需要泰国企业雇主和外国工人共同努力,完成确认工人身份、体检、移民登记、发放"身份卡"等手续,如此才能使企业雇这些工人合法化,使这些外国工人在泰国工作合法化。这些工人此次获得合法移民手续后,可在泰国继续工作两年。两年后,其工作手续需要重新办理。很多缅甸移民工人在2018年3月为了赶在最后期限前办完合法手续、避免被驱逐回国,多日排队在泰国曼谷等地的移民局办公室前,晚上直接睡在广场上或路边上,场面让人同情。①

此外,近年来,泰国还采取其他举措来加强对移民工人(尤其是手续不全或者非法的移民工人)的管理,并重视维护移民工人的权益。一方面,采取更先进的拍照、扫描、指纹等先进技术和电子管理系统,加强对移民工人的监管。同时,泰国政府和企业也投入更多资源来改善移民工人的生产生活条件,保障工人的基本权益,截至2018年3月初,泰国卫生部门已经完成对近200万外来移民的体检,其中,99%的人是健康的,有慢性病的人、孕妇等会得到照顾,而有传染病的移民被遣返回国。对于那些雇用非法移民工人的泰国企业或人士,泰国政府2018年3月初也决定减轻惩罚,将此前对每雇一个非法劳工的企业主的罚款从40万~80万泰铢减少至1万~10万泰铢,以减轻企业负担。但如果企业经常非法雇移民工人,企业主将面临被判1年有期徒刑、5万~20万罚款以及3年内不准雇外国工人的严厉惩罚。另一方面,泰国也正在与缅甸、老挝、柬埔寨等国磋商,敦促这些国家规范向泰国输送劳工的行为,并

---

① Zaw Htwe, "Thousands of Myanmar Workers Miss Thai Deadline", *The Myanmar Times*, April 5, 2018, https://www.mmtimes.com/news/thousands-myanmar-workers-miss-thai-deadline.html.

合作打击非法劳工，合作打击从事办理非法劳工业务的机构和人员。而且，在出现在泰国的这三国非法移民因为担心被罚款或入监狱而仓促逃离泰国的情况后，泰国经过与这三国协商，把处理这三国非法移民的截止时间延后，给予这些移民更长的时间来办理合法手续，并减轻对这些人的惩罚，如泰国政府2018年3月初决定，将对非法务工者的罚金从此前的每人2万~10万泰铢减少至0.5万~5万泰铢。①

同时，泰国政府为了避免外国移民工人太多而严重威胁本国人就业机会，2018年4月，泰国议会通过管理移民工人的法律（同年7月1日生效），其中一条就是，将工业企业和服务业企业雇用移民工人占工人总量的比例上限定为20%，如果某个企业想雇用超过这个上限的移民工人，则需要缴纳罚款。②

尽管泰国移民部门非常努力地工作，但由于手续不全的非法移民工人太多，有些移民工人也一再拖延注册时间，因此短期很难办完所有合法手续。2018年3月31日最后期限到达时，仍有约10万移民工人未能办完合法手续，陷入被驱逐回国或者被处罚的窘境，而雇用他们的泰国企业也被惩罚。尽管这些移民工人确实可怜，但他们确实也有"拖延症"，因为，自2014年起，泰国就在全国76个府设立了80个"一站式"服务中心，对老挝、柬埔寨、缅甸三国的移民工人进行登记，颁发给他们签证和工作许可证，并在2017年和2018年初加大宣传和督促"非法移民办理合法手续"的力度，但这些泰国企业雇主和外来移民工人仍未在最后期限前完成合法登记手续，不仅失去工作，失去合法移民工人可以在泰国享有的医疗、教育等权益，还被严厉处罚。他们的这种遭遇也是一个反面教材，提醒将来到泰国的外国工

---

① Olivier Languepin, "Thailand Rushes To Register 1.6 Million Undocumented Migrants," *Thailand Business News*, March 28, 2018, https://www.thailand-business-news.com/visa/68498-thailand-rushes-to-register-1-6-million-undocumented-migrants.html.
② Penchan Charoensuthipan, "Foreign Labour Cap Set at 20% under New Law," *Bangkok Post*, May 7, 2018, https://www.bangkokpost.com/news/general/1459641/foreign-labour-cap-set-at-20-under-new-law.

人一定要提前办好合法手续再去工作，否则可能会得不偿失。①

泰国外来移民工人数量未来可能有所波动，到底是整体增多还是整体减少，取决于影响外来移民增减的因素此消彼长的态势。因为，泰国目前既有有利于移民增多的因素，尤其是有利于移民工人增多的因素，比如，泰国正在大力发展东部经济走廊，涉及曼谷东南部的罗勇府、春武里府等地区，将来要提升这些地区的基础设施水平和工业发展能力，仍需要大量产业工人，东部经济走廊地区经济基础本来就好，泰国政府又重点发展这个区域，其工作机会、收入水平、社会环境等在吸引移民工人方面有较大的区域优势，因为，至少在十年之内，泰国比缅甸、老挝、柬埔寨等邻国的经济社会发展水平和工资水平总体还是要高的；不过，也有一些限制外来移民的因素，比如，泰国加强对移民工人的合法管理，打击"人蛇集团"，泰国邻国自身经济发展水平的持续提升促使这些国家在泰国的移民工人陆续回国，因为，当这些国家的工资差距与泰国日益缩小时，很多人就更愿意回国工作了，回国工作还能和家人团聚，而泰国的邻国也急需这些曾在泰国当过产业工人的人回国报效国家。

泰国外来移民形势的发展，以及泰国外来移民对泰国和区域所产生的复杂影响，已经不仅影响泰国发展与稳定，对地区发展与稳定也有影响，对东盟经济共同体、政治安全共同体、社会文化共同体的建设也有影响。因此，泰国外来移民问题的处理，不仅仅应该由泰国自己来努力，更需要地区国家的协同努力，以防止泰国及其周边国家的外来移民问题再度引发类似 2015 年那样的区域性移民危机。在区域国家协同应对泰国移民问题的举措中，减少区域发展差距、打击跨国人口犯罪、加强地区打击极端主义和恐怖主义的能力等举措，是重中之重。东盟组织在这些问题上可以发挥一定的协调作用。

---

① Zaw Htwe, "Thousands of Myanmar Workers Miss Thai Deadline", *The Myanmar Times*, April 5, 2018, https://www.mmtimes.com/news/thousands-myanmar-workers-miss-thai-deadline.html.

B.15
制约大湄公河次区域发展的因素分析
——以昆曼通道为例

赵姝岚*

摘　要： 基于地区发展需求提出的大湄公河次区域合作，在实际推进中受到政治、经济和文化几方面因素的制约。昆曼通道是亚洲开发银行和中国联合推进的大湄公河次区域南北经济走廊的中线，连接中国和东盟两个大市场。但从2013年全线贯通以后一直难以突破发展瓶颈。昆曼通道的发展限制从一个侧面反映出大湄公河次区域发展的共性。各国对湄公河的不同诉求和制度上的差异，是制约湄公河次区域发展的政治因素。各国在经济发展水平上的差距和难以形成互补，造成现阶段次区域合作长期停滞在一个阶段。各国对发展的不同理解，造成地区力量难以协调整合。尽管存在各种制约因素，但经济合作的大门一旦打开，经济需求便会突破层层制约，推动区域合作不断深化。中泰两国昆曼通道依然有广阔的发展前景。

关键词： 昆曼通道　大湄公河次区域　结构性问题　经济互补　文化差异

1988年泰国前总理差猜提出了"变印支战场为商场"的"印支倡议"。

---

* 赵姝岚，史学博士，云南省社会科学院东南亚研究所研究员，主要研究方向为东南亚国际关系。

1992 年，亚洲开发银行与中国和湄公河五国共同发起了六国七方参与的大湄公河次区域（Great Mekong Subregion，GMS）合作计划。昆曼通道作为大湄公河次区域南北经济走廊之一，至今经历了 20 余年的发展。这 20 多年来，GMS 合作取得了巨大成绩，但其深化发展所面临的瓶颈也日渐凸显。昆曼通道的发展，从一个侧面折射出大湄公河次区域发展中存在的问题。2013 年中国国家主席习近平提出了共建"一带一路"的倡议。2015 年中国国家发展与改革委员会确定在"一带一路"倡议下推进六条经济走廊。其中的一条就是"中国—中南半岛经济走廊"。昆曼通道是"中国—中南半岛经济走廊"的一个组成部分。分析这些问题不仅有助于推进 GMS 合作，而且也能为"中国—中南半岛经济走廊"的推进提供借鉴。

昆曼通道 2008 年通车，2013 年 12 月老挝会晒与泰国清孔之间的湄公河大桥建成并投入使用，昆曼通道实现全线贯通。自 2008 年昆曼通道通车至今已经 10 年。云南省与泰国之间的贸易量与直接投资都在不断增加。双方人员往来规模也在不断扩大。云南与泰国的经济联系日益增强。然而遗憾的是，昆曼通道仍未从交通走廊升级为经济走廊，这其中的因素是多方面的。本报告通过分析昆曼通道难以从交通走廊升级为经济走廊的因素，管窥制约中国与 GMS 合作的因素，并尝试提出推进昆曼通道发展的建议。

一 昆曼通道发展的现状

昆曼通道，狭义上是指昆曼公路，它始于昆明，途经玉溪、元江、普洱、景洪，从磨憨口岸出境至老挝磨丁口岸，经老挝的南塔，从波乔会晒沿湄公河大桥进入泰国境内的清孔，经清莱、清迈到达曼谷，全程 1818 公里。昆曼公路属于亚洲公路网的重要组成部分，是连接中国和东盟两个大市场、惠及 18 亿人口的"国际大通道"，也是近百年来中国与东南亚国家合作发展的历史上一项前所未有的大工程，被亚洲开发银行学者称为"亚洲公路网中最激动人心的一个路段"。广义上的昆曼通道包含了公路、铁路、湄公河航运线路和航空运输线路。

本报告主要讨论狭义上的昆曼通道，即昆曼公路。昆曼公路全线由中国段、老挝段和泰国段组成。中国境内段长688公里，老挝境内段247公里，泰国境内段883公里。昆曼公路的建设前后历时约10年，自2008年12月通车至今，其物流、人流量稳步增长，政治、经济和社会效益初步显现。但由于诸多因素限制，发展现状并未达到预期。

（一）磨憨口岸人员与货物的出入境现状

2008年昆曼通道通车时，预计随着中国—东盟自贸区的建成和双边贸易额的大幅增加，物流、车流和人流都将出现井喷式增长，每年将有1000辆以上的15吨位~20吨位的载重卡车在此路段上运输，每年将有500万人次的公路游客从此经过。目前，出入境人次和公路总运输量达到了预期，但是货值与预期差距较大。这从昆曼通道上中国与老挝边境的磨憨口岸的人员与货物流量可以看出。

1. 人员出入境情况

2012~2016年磨憨口岸出入境人员数量和交通工具数见表1。

表1 2012~2016年磨憨口岸出入境人员和交通工具数据

单位：人，辆

	出入境人员			出入境交通运输工具		
	合计	入境	出境	合计	入境	出境
2012年	643053	316151	326902	112258	55444	56814
2013年	752354	369192	383162	23952	11763	12189
2014年	922463	459569	462894	148192	73185	75007
2015年	1167243	575118	592125	370377	180873	189504
2016年	624328	310151	314177	202164	100493	101671

资料来源：根据2012年至2017年《云南商务年鉴》的统计数据整理而成。

如表1所示，磨憨口岸的出入境人员和交通工具数量相类似，都从2012年开始逐步增长，2015年时达到116万余人和37万辆车，但在2016年时出现下降。

昆曼通道出入境车辆国籍占比，以 2014 年上半年为例，磨憨口岸验放车辆 142490 辆次，同比上升 25.69%。其中，中国籍车辆 102930 车次，同比上升 29.79%；老挝籍车辆 38773 辆次，同比上升 12.18%；第三国籍车辆 787 辆次，同比上升 15.33%。①

游客国籍占比，以 2014 年上半年为例，2014 年上半年，通过磨憨口岸的旅客为 432152 人次。其中，中国籍旅客 288010 人次，同比上升 25.07%；老挝籍旅客 116208 人次，同比上升 9.32%，第三国籍 27934 人次，同比上升 6.5%。从磨憨口岸出入的第三国人员来自泰国、美国、日本、马来西亚、韩国、英国等 130 余个国家和地区，总数仅次于昆明口岸，持用护照类证件总数为 206075 本，在云南省陆地口岸中位列第一。②

昆曼通道旅游团队出入境国籍比例，以 2014 年上半年为例，磨憨口岸验放旅游团队 1087 团 19553 人次，同比增长 43.8% 和 14.3%。旅游团队主要来自泰国、马来西亚、英国、德国等国家。

2. 磨憨口岸贸易情况

近年来，在云南省的口岸中，磨憨口岸对外贸易总额在全省排名第二。2014~2016 年磨憨口岸进出口货运量如表 2 所示。

表 2　2014~2016 年磨憨口岸的进出口货运量

单位：吨，万美元

	货物			货值		
	合计	出口	进口	合计	出口	进口
2014 年	1531527	567065	964462	273839	115355	158484
2015 年	1588104	721170	866934	175200	128428	46772
2016 年	1621018	328101	1292917	75293	40213	35080

2013~2017 年磨憨口岸进出口总体呈现增长态势。2013 年，磨憨口岸进出口货运量完成 113.92 万吨，同比增长 24.9%；进出口货值完成 224974

---

① 根据云南省商务厅发布的相关数据整理得出。
② 根据云南省商务厅发布的相关数据整理得出。

万美元，同比增长117.6%。2017年磨憨口岸进出口货运量达407.6万吨，占西双版纳州总量的80%，同比上升40.02%；进出口贸易额达到20.76亿美元，占西双版纳全州总额的82%，同比上升40.02%。2015年和2016年对外贸易由于老挝限制珍贵红木进口，且中国红木市场低迷，加上价值较高的电子类产品出口量减少等因素的影响，总额下降幅度较大。[1] 但这个情况随着水果和农产品进出口量的扩大在2017年得到较大改观。2018年第一季度磨憨口岸的货运量为148.6万吨，继续保持增长态势。

（二）滇泰贸易现状与不足

昆曼公路开通后对滇泰贸易有较大促进。随着昆曼公路的通车，两地运输更加便利，企业在将泰国的商品运到云南时有了更多的选择，贸易量也逐步增加。但是由于昆曼公路道路等级低、运输成本相对较高，中泰以及滇泰贸易的物流方式，主要还是海运，而不是昆曼公路。加之，受云南整体与泰国进出口贸易量较小的影响，昆曼公路的物流与贸易难以出现预期的井喷式增长。此外，昆曼通道还存在滇泰贸易不平衡的问题。

2011年，滇泰进出口贸易额为7.4亿美元。[2] 2015年前5个月，双方贸易额达28.9亿元，同比增长45.9%。[3] 泰国出口云南的商品主要是橡胶、水果、电子产品等，从云南进口的商品主要包括鲜花、蔬菜、磷化工产品、机电产品。云南通过陆路对老挝、泰国的进出口量2013年以来大幅增长。

滇泰贸易在云南省与东盟国家的贸易中，所占比例较小。2012年云南

---

[1] 《磨憨经济开发区发展概况》，载《云南商务年鉴（2016）》，云南人民出版社，2017，第469页。
[2] 《滇泰物流提速大通道》，云南经济网，2012年8月17日，http://special.yunnan.cn/2008page/ynjjrb/html/2012-08/17/content_2359605.htm。
[3] 《专访：昆曼公路让滇泰更近了》，中国—东盟中心网，2015年12月10日，http://www.cafta.org.cn/show.php?contentid=76635。

对东盟出口额为36.5亿美元,其中对泰国贸易额只有1.5亿美元,占4%。① 2015年,云南省与泰国的进出口额为16.8819亿美元,在云南省与东盟国家进出口总额中占12.8%,其中出口额为149912万美元,进口额为18907万美元。② 由此观之,滇泰贸易在云南东盟贸易中所占比重较低,受此影响昆曼通道上滇泰贸易规模也较为有限。

昆曼公路上滇泰贸易还存在贸易不平衡问题。从昆明至曼谷的流量较大,但从曼谷至昆明的流量较小。贸易不平衡也增加了运输成本。云南与泰国进出口贸易不平衡,大宗进出口商品单一,受季节影响较大,单向运输物流大大增加了贸易交易成本。③ 泰国向云南出口的主要是热带果蔬、大米、海鲜等食品和橡胶、矿产等工业原料,云南向泰国主要出口鲜切花和蔬菜、机电产品、日用消费品等。2013年云南与泰国进出口贸易额10.5亿美元,其中出口6.64亿美元,进口3.87亿美元,比例接近2:1。

为促进滇泰贸易发展,2008年中国和泰国在两国有关部门的提议和推动下签订了《中泰蔬菜换成品油易货贸易总的框架协议》,计划以易货贸易方式,云南向泰国出口蔬菜1000万吨,从泰国进口成品油50万吨。这个项目依托滇泰两方各自优势,实现了优势互补。2013年蔬菜换石油项目,在跨国电子交易平台上达成了200亿美元的进口项目。④这个项目虽然因昆曼公路"通而不畅",曾在2009年被搁置,在2010年因泰国政局变动受到巨大影响,然而由于这个项目基于双方需求和优势,故能一直持续至今。不仅部分满足了云南对成品油的需求,同时也将云南的高原特色农业推向世界。但遗憾的是,昆曼公路上类似依托双方需求和优势发展起来的贸易项目,并不多见。目前还需开发更多类似"蔬菜换石

---

① 《5类项目助推滇泰贸易》,《西部时报》2013年7月23日。
② 《2015年云南省与东盟分国别贸易总值表》,《云南商务年鉴(2016)》,云南人民出版社,2017,第201页。
③ 陈铁军:《昆曼国际大通道存在的问题与对策研究》,《东南亚南亚研究》2010年第2期。
④ 陆昱:《云南易货贸易发展研究——以"蔬菜换石油计划"为例》,《学理论》2015年第5期。

油"这样的既符合云南省和泰国实际需要又能促进双方优势产业发展的项目。

(三)昆曼公路的物流现状

昆曼公路的物流成本一直很高,表现在以下几个方面。

1. 公路运输成本高、效率低

跨境物流综合运输成本偏高。云南省交通运输主要依赖于公路,山高路远,物流成本远高于中国平均水平,公路货运量占比超过90%,货运周转量占比超过60%,且以运输环节为主的物流模式长期未能得到明显改善。[1]一批货从曼谷到广州,用货柜运输,海运总价为160元/吨,而走曼谷经云南到广州运价总额将达到680~800元/吨。这个成本中包括了曼谷到泰国北部地区的运价加报关费250元/吨,泰国北部地区到云南省西双版纳州的运价200~250元/吨,西双版纳到昆明的汽车运价180~260元/吨,昆明到广州的火车运价大约为300元/吨。由此可知,海运成本仅相当于公路运输成本的1/3。

此外,老挝和泰国境内还存在道路运输效率低造成运输周期长的问题。泰国境内从清莱经清迈抵泰老边境清孔约有200公里仍是二级公路。老挝磨丁到会晒的路段相当于中国的三级公路标准,路况相对较差,弯多路险,塌方和路基塌陷路段较多,由于缺乏基本维护和雨季导致的山体滑坡,路况损毁严重,加上老挝自身经济限制,未能及时对损毁路段进行翻修改造。部分路段车速只能维持在每小时30~40公里,限制了大规模的客运和货运。

2. 跨境物流的基础设施落后,未能满足发展需求

仅以中国境内云南省的边境口岸为例。尽管通过多年努力,云南在公路、铁路、水运、空运、管道运输等基础设施方面取得了巨大的成绩,但是,伴随云南省经济总量的加大和跨境贸易规模的扩大,这些设施依然无法

---

[1] 李严峰、汝宜红:《"一带一路"背景下的云南物流发展现状与对策研究》,《中国物流与采购》2016年第3期。

满足经济快速发展和国际经济合作的需要。特别是物流基础设施方面，许多规划的物流设施没有得到落实。磨憨口岸查验快速检测等设备缺乏，联检部门人员编制严重不足，长期超负荷工作，口岸信息化及信息共享程度不高，口岸通关效率难以进一步提升，与提高通关便利化效率的要求不相适应。老挝和泰国境内口岸也存在口岸基础设施规模和功能无法满足发展需求的问题。

3. 口岸通关时间成本和报关费用高

昆曼通道途经三国，四个边境口岸，全程运输至少需要三天。在三国口岸边检，重复查验货物也造成时间上的浪费。办理4次出入境手续，各国通关收费标准、种类不同，过关手续比较烦琐。以固定货物为例：一个标准货柜在中国、老挝、泰国三国四个口岸的报关费用就得花费500～1200元。而且不能拼货，货品不同需要增加报关费用，报关费较高。在老挝境内，面临收费状况混乱、强要小费、通关效率低下等问题。

4. 换装的时间和费用成本高

2017年中国和泰国签署了《关于实施〈大湄公河次区域便利货物及人员跨境运输协定〉"早期收获"的谅解备忘录》（以下简称《"早期收获"备忘录》），但目前很多车辆依然无法"来去自如"。加之由于尚未签署中国、老挝和泰国三方运输协定，中泰车辆无法实现直接互通，都必须在老挝境内换成对方的交通运输工具，大大增加了物流时间。加之，货物过境老挝存在强制驳货问题，理论上20个小时的路程，实际加上通关与换装时间需要两三天。

中国的物流成本约占GDP的18%，云南的物流成本约达24%。在昆曼公路上，物流费用占货物总成本的30%～40%。昆曼公路的物流优势或仅剩下物流周期。昆曼公路的运输周期是海运周期的1/3～1/2。但是如果物流运费和通关成本无法降低，企业很可能依旧选择海运途径。

二 制约昆曼通道发展的因素分析

制约昆曼通道发展的因素是多方面的。一是政治方面的因素，主要是各国在制度上存在的差异和各国对GMS的诉求不同，难以协调形成合力推进昆曼公路从交通走廊升级为经济走廊。二是经济方面的因素，主要是昆曼公路沿线的物流基础设施发展水平参差不齐、边境贸易的优势受到制约、沿线国家产业优势未能充分发掘，制约昆曼公路甚至 GMS 整个区域的发展。三是文化方面的因素，主要是各国对效率和发展的认知不同，对古代与中国交往历史的认知偏差，制约 GMS 国家间的合作。

（一）政治因素

制约昆曼公路发展的政治因素，主要是指中国与泰国在制度上存在的差异和中泰 GMS 合作中存在的结构性问题。制度层面，政府决策机制、交通管理制度以及通关和检验检疫制度存在巨大差异，严重阻碍昆曼公路从交通走廊升级为经济走廊。各国在 GMS 合作中结构性问题是指，口岸所具备的多种职能无法平衡发展，中泰对昆曼经济走廊乃至整个 GMS 合作的诉求和定位不同。

1. 制度性问题

制度层面的问题体现在以下几个方面，一是决策流程存在差异；二是管理标准未能统一；三是关于边境合作的制度或政策开放性的不对称。

（1）决策流程和效率方面存在差异

中国和泰国在国家决策流程和效率上存在巨大差异。泰国是君主立宪制国家，实施某个项目或通过某项政策需要的程序与周期与中国有很大不同。笔者在就相关问题调研时接触的多位泰国企业家和政界人士都认为，泰国国会提出一项决议，无论是在昆曼公路沿线的清莱建立工业区还是修建从清孔到清迈的高速公路，都需要经过从地方到中央的层层论证，这个论证过程极为漫长。同时，决策能否成功与能否找到资金渠道紧密相关。依据调研中了解到的信息，资金来源无法保证，是很长一段时间内清孔至清迈之间的高速公路修建无法提上议事日程的因素之一。此外，泰国政局不稳定也严重影响决策效率。如 2013 年中泰之间交通运输便运协定达成前夕，由于政权更迭，造成新上任政府不认可前任政府的决策，中泰政府间关于便运协定的谈判需要再次延长。

与泰国相比较，昆曼公路中国段的修建效率较高。这与中国政府的政策稳定和资金来源稳定密切相关。

（2）相关监管标准未能达成一致，增加监管或执法成本的同时严重影响通道的通畅

这表现在两个方面。一是中国和泰国的道路交通管理标准不统一，交通执法难。如前所述，2017年中国和泰国已经签署了《"早期收获"备忘录》。但是，中老泰三国交通执法标准未能统一，交通执法信息交换不到位，造成交通执法难度大。如无论在云南境内跨境运输的机动车驾驶员，还是在泰国自驾的中国司机，因对当地交通法律法规不熟悉，加之语言上的障碍，交通违法行为较多。迄今为止，中国和泰国的法律法规对跨境运输车辆和驾驶者涉及的交通违法、事故处理尚未有明确且统一的管理办法，交管部门在执法过程中也缺乏可操作的统一工作规范。交通执法标准难以统一，难以保障道路通畅。

二是中国和泰国的通关与检验检疫的标准存在巨大差异，严重阻碍交通走廊升级为经济走廊。比如，关于检验检疫在《大湄公河次区域便利货物及人员跨境运输协定》第四部分第九条食品、动植物检验检疫中只做出了符合国际卫生组织和国际协定的规定。中老泰检验检疫管理体制不尽相同，法律和标准制度差异较大，加之信息交流不畅，导致推进"一站式"检验检疫工作较为困难。2011年4月21日，中国检验检疫局和泰国农业合作部签署了《关于双方经昆曼公路进出口水果检验检疫要求的议定书》，标志着中泰水果以一般贸易形式进出口。但是，蔬菜的进出口检验检疫标准仍未统一。这严重制约了云南省与泰国的农产品贸易，造成中国和泰国各自具有优势的农产品无法顺利地进入对方市场，抑制了昆曼公路上的贸易发展。

（3）关于边境合作政策开放程度存在不对等

边境合作政策开放程度的不对称严重制约昆曼公路的发展。这突出表现在两个方面。

一是中国和泰国针对跨境自驾游车辆的通行政策不对等。从2008年昆曼公路通车后，泰国允许中国自驾游游客在车辆管辖部门所在地办理完相关

手续后进入泰国全境。但在此项政策上，中国给予泰国自驾游车辆的政策存在不对等性。中方要求泰国车辆赴北京办理完相关手续后，才能进入中国境内。加之泰国通行车辆和中国车辆存在较大差异，泰国方面认为中国车辆进入后，容易诱发交通事故，并考虑经济受益问题，2016年泰国政府提出入境中国车辆禁止进入泰国全境。双方在这个政策方面的不对称性、中泰两国车辆构造的差异性造成的安全隐患，以及中泰交通安全相关规则方面尚未达成一致，最终造成泰国于2016年6月实施了自驾车辆新规定，即《陆路交通法规》。规定外国车辆只允许在发放许可标签的当地府行驶，如跨府自驾，需换成泰国本地右舵车辆。①

二是在中国老挝边境经济合作区的推进过程中，中老双方的支持政策不对称。磨憨口岸是昆曼公路上唯一的中国口岸。中方一直期望通过推动磨憨口岸的发展，带动昆曼公路沿线以及老挝东北部的发展。合作区的中方磨憨区域享受的是省级层面的政策，而合作区老挝方磨丁区域享受的是老挝政府给予的政策。这就造成两个区域决策权限的不对称，要想共同推进一些创新性的工作，几乎不可能。这也导致中老磨憨—磨丁边境经济合作区的发展现状未能达到预期。

2.结构性问题

以上制度性问题的产生或源于结构性制约因素。这里所指的结构性问题包括两个层面。一是口岸城市具备的多重功能不平衡所造成的问题。二是各国在GMS地区的地缘位置与社会发展需求不同，造成对昆曼公路的定位和诉求不同。

（1）口岸城市多重功能间的不平衡

位于边境地区的口岸城市被赋予多重功能。一方面，口岸作为与周边国家合作的前沿，肩负着对外开放的经济功能。另一方面，作为国家的门户承担着某些安全职能，特别是非传统安全职能。由于受到走私、人口拐卖、病

---

① 《自驾新规"挡"中国游客　泰国协调各部门解决》，齐鲁网，2016年7月29日，http://news.iqilu.com/china/gedi/2016/0729/2932295.shtml。

虫害侵袭和流行病扩散以及零星恐怖事件爆发等的影响，国家对口岸的非传统安全功能的关注，似乎抑制了口岸经济功能的发挥。这或是磨憨口岸所具备的事权与磨丁口岸不一致，以及中国一直未对等允许泰国自驾车进入中国全境的因素之一。

此外，在中国口岸城市的发展过程中，磨憨已呈现出口岸职能明显高于城市职能的问题。口岸与城市互相促进程度较低，口岸的流通地位显著，口岸发展水平远远高于城市发展。与此同时，城市却无法为口岸进一步发展提供足够的支撑，这在一定程度上也制约了口岸的发展，让口岸难以从枢纽型口岸发展为门户型口岸。磨憨口岸难以从进出口贸易为主的枢纽口岸，升级为以落地加工为主具备制造业吸引力的门户型口岸，也在很大程度上抑制了昆曼公路从交通走廊升级为经济走廊。

（2）各国对GMS合作的诉求不同，造成对昆曼公路的定位与诉求不同

各国在昆曼公路以及整个GMS中所处的地理位置不同，社会经济发展水平的差异，发展诉求的不同，最终决定了各国对昆曼通道的定位也不同。各国对于各自在GMS地区格局和国际分工中的定位自然也不同，各国在合作中的出发点、利益点、紧迫感等不一致，都成为影响合作的不确定因素。云南省是中国的欠发达地区，云南省的关注点是让云南省的边境地区能够脱贫致富得到发展，让云南从中国的边远地区成为中国的开放前沿。因此，云南省迫切期待通过磨憨口岸的带动，推动勐腊县以及磨憨—磨丁过境沿线的充分发展。为表示对昆曼公路发展的足够诚意与发展意愿，昆曼公路中国境内段在2008年通车，在2017年9月实现全程高速化。

泰国的关注则与之不同。泰国更关注本国经济、社会的发展能否更多地依托中国市场，搭上中国经济发展的快车，以及泰国能否在次区域合作中发挥主导作用。中国属于超大规模经济体，对地区事务做出的任何一项决定，如果缺乏充分沟通，都容易引起周边国家对中国的误解或曲解。如2013年至2017年，笔者在泰国实地调研和参加国际会议时所接触到的泰国学者，绝大部分对昆曼公路的贸易量和人流量的扩大抱有

疑虑。他们担心一旦让昆曼公路泰国段升级为高速公路、实现一站式通关，会有大量中国商品流入泰国，冲击泰国市场，会有大量中国劳动力进入泰国，抢夺泰国人的工作机会。加之，近年来大量中国游客涌入泰国后，部分人因不了解当地法规和文化习俗行为失当，泰国民众出现了厌华情绪。以上因素或许是泰国方面对昆曼公路基础设施建设和通关便利化持观望态度的深层原因。这就不难理解，为何中国与泰国间关于跨境运输便利化协定从2012年就开始谈判，但直到2017年才签署了《"早期收获"备忘录》。

（二）经济因素

制约昆曼通道发展的经济因素，除沿线国家经济发展水平不同造成各自的侧重点有所区别外，还有以下几个方面：物流基础设施不健全，边境贸易的优势被政策的劣势制约，沿线国家的优势产业未得到充分发展，各方的发展诉求未能得到协调。

1. 物流基础设施不健全

一是基础设施建设需求与能力不相适应，道路状况不同。昆曼公路中国段实现了高速公路化，但是泰国境内清孔至清迈段仅属于省级公路。不仅如此，泰国境内大部分路段未封闭，机动车、人和牲口混行的路段非常多。公路路面建设水平不一致，严重影响昆曼公路的通行效率。

二是口岸基础设施建设存在问题。昆曼公路沿线口岸，大部分口岸和通道联检设施、查验场所、仓储物流配套设施，以及执勤、办公、生活用房等基础设施建设滞后，不能满足"一关两检"和国际物流业的发展需要。这些问题造成昆曼公路未能实现"一站式"通关。

因而，目前昆曼公路通关环节多，交易成本高；运输环节多，装卸成本高；公路收费环节多，运输成本高；公路等级低，货物破损率高；物流周期长，贸易成本高等。这些问题造成昆曼公路物流成本缺乏比较优势。[①]

---

① 陈铁军：《昆曼国际大通道存在的问题与对策研究》，《东南亚南亚研究》2010年第2期。

2. 边境贸易的优势被政策的劣势制约

中国的关税政策，使昆曼公路沿线国家间未能真正实现减免关税，抑制了边境贸易的优势。多年的边境贸易发展，使云南边疆地区的整个经济发展对边贸的依赖很大，形成边贸兴边疆就兴，边贸衰边疆就衰的状况。但是自 20 世纪 90 年代中期以来，中国政府对边境贸易按照一般贸易政策实施，云南边境贸易的优势荡然无存。昆曼公路沿线国家也随之调整边贸的关税政策。加之，云南与周边国家贸易持续呈现不平衡走势，更让昆曼公路沿线国家的关税贸易壁垒难以消除，由此造成昆曼公路未能发挥出贸易通道的作用。

3. 沿线地区的发展诉求与发展优势缺乏平衡与协调

昆曼公路沿线地区的发展诉求与发展优势未能充分对接。以磨憨为例，磨憨目前在政策方面已经较有优势。比如，2015 年 8 月中国和老挝政府间签署了《中国老挝磨憨—磨丁经济合作区建设总体方案》，2015 年 7 月国务院批复设立了勐腊（磨憨）国家级重点开发开放试验区。2015 年至今，磨憨口岸在贸易规模上有所扩大，但是一直未能发展成为门户型口岸，除开前述制约因素，一个关键因素是缺乏优势产业。同时，也缺乏对老挝磨丁口岸所处省区的发展规划、发展诉求和发展优势的充分了解，未能形成合理且有发展特色的边境合作区发展规划。加之，磨憨所处的勐腊县属于国家级贫困县，财政困难，而且基础设施建设滞后。在未来 10 年里，预计要投入大量资金建设勐腊（磨憨）试验区和中老经济合作区，改善基础条件，提高发展能力。而且，合作区老方磨丁区域基础设施也十分薄弱，老挝国家贫穷，也需要中方提供项目和资金援助。此外，磨憨还存在人才短缺问题。合作区远离市场中心，经济不发达，信息滞后，尚未建立人才引进激励奖励机制，本地人才留不住，外地人才难引进，需要在人才体制、机制的管理上有所创新和突破。

昆明、曼谷两个大城市间 1800 公里的沿线地区，有 50% 以上经济还很落后，主要集中在云南的南部和老挝境内和泰国东北部地区。这些地区的广大群众并没有参与到昆曼公路的建设过程中，更没有分享昆曼经

济走廊发展带来的好处，也无法为中泰贸易提供可交易的商品。贫困地区仍以传统农业为主，人均收入水平低，对国际贸易的产品吸纳能力很低，可供出口的商品不多。低下的收入水平和购买力反过来抑制了市场发展，许多居民的温饱问题尚未解决，不可能产生交换的欲望和发展经济的要求。昆曼公路沿线地区，其实与磨憨相类似，发展要实现突破，或可从磨憨—磨丁开始，综合考虑边境两边地区的发展优势、发展诉求，通过实现联动发展，逐步带动昆曼公路沿线的发展。目前急需在昆明与曼谷之间近千公里的贫困带中，根据沿线各个地区的发展目标和规划，结合各地的比较优势，找到合适的产业带动发展，如此昆曼公路才能从交通走廊升级为经济走廊。

4. 沿线国家比较优势待挖掘、缺乏支柱产业

目前昆曼公路在短途物流、贸易方面有优势，在长途货物运输方面不具优势。相比之下，人流比短途物流更具优势。也就是说昆曼公路在短途旅游方面有突出的优势，昆曼公路的旅游成本要比航空旅游成本低得多，其旅游的内容也丰富多样。如中国云南磨憨口岸和老挝磨丁口岸的边境游，中国云南与泰国清孔至清莱泰北间傣泰文化圈旅游，都非常具有吸引力。但是，目前公路旅游产业或者"公路+水路"旅游产业并未得到充分开发。

此外，昆曼公路的运输成本与海运成本相比较高，但拥有运输周期短的优势，这就需要在昆曼公路两端发展"轻型"产业，如云南具有优势的生物医药产业和泰国具有优势的轻工业等，运载质量较小的产品能最大限度降低运输成本。但是，到目前为止，无论是昆曼公路沿线的旅游业，还是"轻型"产业都未能得到充分开发。也就是说，昆曼公路沿线国家未能形成具有较强竞争力的主导或支柱产业。这是阻碍昆曼公路从交通走廊升级为经济走廊的主要因素。

（三）文化因素

文化因素对昆曼通道发展的制约，表现在两个方面：一是各国间不同的

文化传统与思维方式，对经济合作的影响与制约；二是周边国家对历史上与中国交往关系的认知偏差限制了次区域的发展。

1. 各国对"效率与发展"的不同认知影响次区域发展

传统文化与传统思维会极大地影响一个民族的思维与国家战略。中国受儒家文化影响较大，注重现世作为，积极主动谋求发展，解决发展中存在的问题。为加强与周边国家合作，从运输系统入手率先改善周边国家基础设施，比如中国为昆曼公路老挝段的道路完善提供援助，并与泰国合作完成了会晒大桥的建设。行事重效率、讲实效，是促进合作的有效方式，但当追求效率异化为急功近利甚至是唯利是图时，就会极大地伤害中泰间的合作。目前，部分在泰国经商的中资企业存在"通过承包、垄断排挤泰国商家"和"坑蒙拐骗、唯利是图"的情况。在旅游业方面，中资公司名义上与泰国合资，但实际上占绝对主导。他们利用中文和资金优势，招揽中国游客，抢走泰国旅游公司的客源。[①] 在农业方面，在泰国学习龙眼种植的部分中国企业，在学到龙眼种植的核心技术后，破坏现有合作共识，抢夺泰国合作方和泰国中间商的市场，直接向中国出口龙眼，扰乱了泰国当地市场，这个情况已经在泰国造成了极其恶劣的影响。不仅如此，缺乏商业道德和诚信的"坑蒙拐骗"事件的屡屡出现，导致泰国目前只进口日本、韩国、澳洲的食品，绝对不进口中国食品。[②] 此外，中国商人与当地社区往来很少，较少履行相应的社会责任，特别是中小企业主几乎都是抱着"赚一把就走"的心态，造成泰国民间流传一种声音"中国人是生意人，不是泰国的合作者"。而在20世纪70年代初期遭遇泰国民众反对的日本商人，放低姿态与泰国开展合作，如今已经被泰国民众视为"帮助泰国者"。这其中的转变值得我们反思。

泰国是佛教国家，佛教信仰对其思维与国家战略影响较大。这体现在生活节奏与决策考虑方面。佛教信仰不仅让宗教活动成为民众日常生

---

① 张锡镇：《中泰关系近况与泰国社会厌华情绪》，《东南亚研究》2016年第3期。
② 张锡镇：《中泰关系近况与泰国社会厌华情绪》，《东南亚研究》2016年第3期。

活的重要组成,而且对生活和社会发展产生很大影响。佛教信众信仰虔诚,一般会花很多时间从事冥想、念佛等宗教活动。宗教信仰让其将重心放在彼岸世界,在行为上表现为对现世追求较为淡泊,在中泰合作中难免让人感到工作与办事效率不高。确定一个项目,或做出一个决策往往需要很长的周期。笔者所接触的在泰国工作与留学的国人,普遍表示除开曼谷泰国很多地方生活和工作节奏较慢,加之节假日远远多于中国,让国人感觉工作效率低于中国。在泰国调研期间,笔者也常被很多泰国朋友问,为什么中国人可以那么快就做出一个决定。比如修建昆曼公路,泰国人对这个问题就需要很长时间的考虑,且认为如果没有较长时间对可能产生的负面效果进行考察,便无法完成项目的审批。比如笔者与泰国交通厅官员讨论将清孔至曼谷段公路升级为高速公路的可行性时,他认真地回答,这个问题需要很长的周期去考察。由此观之,思维方式上存在的巨大差异,必然影响中国和泰国之间的合作,如果沟通不畅很容易造成误解。

2. 对历史上与中国往来的认知偏差容易引发不信任

这个问题体现在两个方面。一方面是中国民众对古代交往史的认知偏差。历史上中国与周边国家的往来,一直被视为发展双边关系与合作的良好基础。历史上中南半岛上的国家要么通过朝贡体系与中国有密切往来,要么与中国有着诸多跨境民族,关系密切,往来频繁,相互了解程度远远超过其他地区。从理论上而言,这些历史基础有助于今天的合作,然而部分企业与投资者带着某种"大国优越感"看待周边国家,甚至带着"天朝上国"心态与周边国家开展合作,这就势必遇到阻碍。前述的无论是在经济合作中排挤泰国商家,还是在旅游和农业合作中的不对等,或多或少受到"天朝上国"心态的影响。这种认知偏差极大地阻碍了中国与泰国等周边国家的交往。这或许是近年来泰国等周边国家出现厌华情绪的缘由之一。

另一方面是周边国家对古代与中国交往史存在认知偏差。湄公河流域的下游国家从历史上就与中国有密切的往来,并受到中国的极大影响。加之,近年来中国经济实力迅速增强，周边国家既希望中国发展，从中国的发展中让自己受益；同时由于中国的超大规模，加之中国对自身发展政策的解读未能得到周边国家的充分理解，造成这些国家对中国的发展抱有矛盾心态，有时甚至充满戒备和不信任。与此同时，20世纪中期，随着民族国家的出现，这些国家的知识精英对古代与中国交往史的个别解读，存在认知偏差。这些认知偏差对今天中国与这些国家开展合作亦造成障碍。如近十年来，湄公河下游国家经常出现的关于"中国移民大量涌入"的谣言，以及在泰国境内经常被媒体无依据发布的"中国在上游建水电站对泰国造成恶劣影响"等谣言，就反映出这些国家对中国的不信任与戒备。

因而，让历史上的交往为今天的合作与往来服务是需要思考的问题。

三 推动昆曼通道发展的思考

尽管昆曼通道的发展受到经济、政治和文化方面的限制，但无论是中国云南，老挝北部还是泰国东北部都是欠发达地区，都需要发展。经济合作的大门一旦被打开，经济需求定能推动区域合作深化。如能进一步找到中泰之间在贸易与投资方面的互补与结合点，降低物流成本，提高物流效率，发掘通道沿线的资源和经济优势，综合考虑三方的发展诉求，定能推动昆曼通道沿线经济的发展，整条通道的发展前景应是广阔的。以下从物流基础设施、相关制度协调和产业发展三个方面尝试提出发展建议。

（一）加强物流基础设施的完善

传统的陆海运输线（昆明经广西防城港或者深圳再经海路至泰国）10~15天才能到达泰国；通过澜沧江—湄公河航道运送，一般也需要陆路2天，再转水路4~5天。而通过昆曼公路，从昆明到曼谷，全程行车和报关共计也不过33小时。经由昆曼公路运输，可比传统的海路运输节省数天时间。

为此，现阶段需要完善物流基础设施，如通过筹资和贷款项目，推进老

挝段和泰国段的道路升级。

在交通法规协调方面，需要建设昆曼公路的综合交通体系，包括逐步推进昆曼公路实现全线高速化，落实2018年签署的大湄公河次区域国家的交通便利化协定的相关内容，实现互认驾驶执照，统一交通标识、信号标准化。

在口岸基础设施建设方面，中国方面应该率先加强磨憨口岸的信息化建设，大力推进电子口岸建设。同时，依据老挝和泰国的需求，对磨丁口岸或清孔口岸的建设给予资金、技术和设备支持，采用高效的现代化通关设施，进一步促进通关便利化。推动中老口岸合作交流，实现电子口岸互通、信息互享，提高通关效率。

在物流基础设施方面，采用先进的技术手段进一步推进通关便利化，大力发展甩挂运输、集装箱运输等高效运输方式。构建互联共享、融合创新、智能协同的跨境物流信息化新体系，大力发展互联网+跨境物流平台。

（二）推进相关制度的协调

如果能够实现"一站式"通关和检验检疫，通过昆曼公路运送货物，能大大降低运输成本，增加货值。为此需要尽快提高昆曼公路三国间通关便利化水平，依据中泰和中老之间的交通运输便利化协定，建立三国协调机制，努力消除运输通关制度上的政策障碍，加强各国海关、边检的沟通协作，对车辆和货物通关、边检等实行"一站式"服务，加快通关速度。

（三）沿线地区的产业发展

加快发展昆明、景洪、磨憨等地多层次的现代商贸流通业，构建布局合理、便捷高效的现代物流体系，加快物流产业发展，建设昆明面向南亚、东南亚的现代物流中心，建设景洪、磨憨面向南亚、东南亚的现代物流分中心。

在昆曼公路沿线地区的产业发展方面，发挥云南省的优势产业高原农业，带动云南省内与老挝北部和泰国东北部的发展。开发沿线地区的咖啡、甘蔗、茶叶和水果等资源，对这些特色农产品进行加工，吸引企业投资，带动沿线地区发展。

尝试构建跨国旅游与人文交流走廊。昆曼公路沿线是一个集多国文化、民族风情、自然景观等特色于一体的旅游线路，各旅游景区相隔 100 多公里，对游客很有吸引力。可以中国老挝磨憨—磨丁跨境经济合作区为试点，推动云南甚至中国旅游企业到合作区开设公司，开发更多昆曼公路沿线的旅游线路，如原生态度假村、森林公园和野生动物园，吸引各方游客。同时，为中国和泰国自驾游游客提供更多出行便利，吸引更多游客。

加强沿线工业园区合作。昆曼公路沿线地区，有多个工业园区和经济发展特区。如中国老挝磨憨—磨丁跨境经济合作区。可以通过中国和泰国之间相关机构联合研究构建昆曼通道沿线各国工业园区合作机制，明确各国能够提供的政策，促进各工业园区之间开展合作，探索共同发展的方式。

附　录
Appendix

B.16
《2018年泰国投资手册》（节译）*

李仁良**译

一　外国人申请工作许可

外国人入境泰国后要按2008年外国人工作法规定申请工作许可，须在泰国境内有居所，或按法律规定持非移民签证入境，不能以旅游和过境签证入境，而且要待登记官批出工作许可证才可工作。

定义

外国人士指非泰籍人士。

工作指用体力或知识去工作以获得报酬或某种利益或其他东西。

---

* 附录翻译了《2018年泰国投资手册》的第2、3、6、7部分。

** 李仁良，博士，泰国国家发展管理研究生院社会发展与环境管理学院讲师，华侨大学泰国研究所暨诗琳通中泰关系研究中心兼职研究员，主要研究方向为中泰关系、公共政策。

可申请工作许可证的外国人

根据 2008 年外国人工作管理条例规定，外国人申请工作许可证的规定如下。

1. 按第 9 条规定，为在境内居住或获得非移民临时居留签证（Non-Immigrant Visa）入境的外国人。

2. 按第 12 条规定，为根据 1977 年投资促进法、1979 年工业园法和 1971 年石化产业法等获准在境内工作的外国人。

未入境但有意工作的外国人

1. 由在境内的雇主代替外国人申请工作许可证，接到登记官通知允许工作后，将批准文件寄给外国人，作为向大使馆申办非移民临时居留签证的文件，以入境国内，按规定的条件和时间申请工作许可证。

2. 外国人与所在国家的泰国大使馆、总领事馆联系，以在护照上加签非移民 B 签证（Non-immigrant B），然后按规定条件和时间入境领取工作许可证才可工作。

申请工作许可证外国人被禁止的情况

2009 年 2 月 5 日劳工部根据 2008 年外国人工作法第 10 条，发布了申请工作许可证外国人禁止情况规定，要求按第 9 条批准工作许可证的外国人不能存有以下情况。

1. 患精神病或精神异常。

2. 患麻风病、危险期结核病、病征明显的象腿病、深度毒瘾、慢性酒瘾和三期梅毒。

3. 在申请工作许可证之前的一年内，出入境法或外国人工作法规定外国人不能有被法庭判处监禁纪录。

批准的许可时间

工作许可证期限不超过 2 年，从签发日起计，除非按第 12 条批准时，可根据法律条文规定时限批准相应的许可时间，而此类工作许可证不能按入境法规定进行延长居留期限。

工作许可证延期/延长时间申请

外国人要在工作许可证到期前申办延期/延长时间，若在规定时间内提出申请，可先边工作，至登记官批准延期/延长工作许可证。申请工作许可

证延期每次不得超过2年时间，或按相应法律规定的时间。

持工作许可证外国人须遵守事项

1. 获工作许可证者，须在工作时间随身携带证件或放置在工作场所以备登记官检查时出示。

2. 获工作许可证者，须按照工作许可证批准的工作类别、雇主、工作区域或地点，或条件工作。若获工作许可证者想变换工作，或增加工作类别、雇主、工作区域或地点，或条件，须经登记官批准。

3. 据第12条获批准工作许可证者按相关法律获得延长工作时间情况，依该法律办理的工作人员要写明延长工作时间情况报告登记官。

4. 工作许可证到期前，持证人有意继续工作，可向登记官提出工作许可证延期/延长时间申请。

5. 工作许可证毁坏或丢失，持证者须在发现证件毁坏或丢失后的15天内申请补发代用证件。

6. 持工作许可证者出现违反规定或不遵守批准条件情况时，登记官有权下令注销其工作许可证。

必要或紧急入境工作

外国人依出入境法临时入境以从事必要和紧急、不超过15天的工作，须提交Dor.Tor.10表格向登记官报告。

相关工作性质如管理和专业工作、技术工作、外国采购工作、法律或案件诉讼、一般事务及厅长或厅长委托工作人员的认为有必要的其他工作。

上诉权

当登记官不签发工作许可证、不批准变换或增加工作许可范围、不予延期/延长工作时间或撤销工作等各种情况时，外国人有权上诉。在签发决定日起的30天内以书面形式向上诉受理委员会提出，委员会的决定视为最终裁定。在上诉不予延期工作许可证情况，上诉人有权继续工作，直至委员会做出裁定。

罚则

外国人出现以下情况

1. 无工作许可证而工作，会被判最高监禁5年，或罚款2000~100000

铢，或监禁与罚款兼处。

2. 工作违反规定，违反要求外国人遵守的工作条件，或类别，或区域，或地点，会被罚款，最高为20000铢。

3. 工作时间工作许可证不携带在身，或放置工作场所，无法向工作人员或登记官出示，会被罚款，最高为10000铢。

4. 不按查询/传唤函件要求去做，或不愿说明实情，或无正当理由而不向登记官/工作人员提供资料文件或证据，会被罚款，最高不超过10000铢。

雇主出现以下情况

1. 招聘外国人工作但无工作许可证，每招一人，会被罚款10000~100000铢。

2. 招聘无工作许可证的外国人为自己工作，或从事超过工作许可证指定区域的工作类别、性质之外的工作，会被罚款，最高不超过10000铢。

3. 不按查询/传唤函件要求去做，或不愿说明实情，或无正当理由而不向登记官/工作人员提供资料文件或证据，会被罚款，最高不超过10000铢。

在签证与工作许可证服务中心申请工作许可证的外国人的资格

1. 根据1977年国家投资促进法、1979年工业园法和1971年石化行业法获得特别权利的外国人管理人员、技术人才或专家。

2. 注资200万铢以上资金投资的外国投资人。

3. 外国人管理人员、技术人才或专家，申请在泰国注册且注册资金到位或经营流动资产在3000万铢以上的公司工作。

4. 获得官方批准入境从事新闻采访的外国人。

5. 民间科学和技术研发学者（外国人）。

6. 外国人是经泰国银行认可的银行人士、国际银行机构人员或外国银行代表。

7. 按照1999年外国人从商法设立的外国法人公司代表处、国际贸易代表处、跨国公司地区总部办公室工作的外国人。

8. 资讯科技专业人士外国人。

9. 地区总部办公室工作的外国人。

10. 内阁公布皇室活动人员名单中的外国人。

11. 申请处理必要紧急事务不超过15天的外国人。

12. 跨国公司总部工作的外国人。
13. 国际贸易公司工作的外国人。

地址：曼谷市巴吞汪区巴吞汪分区帕雅泰路 319 号詹珠里大厦第 18 楼签证工作许可证服务中心

电子邮箱：workpermitchamchuri@gmail.com；电话：0-2209-1100 转 1401 分机；网站：www.doe.go.th。

法规附录表
附表1　1979年禁止外国人从事职业和技术工作法规

(1)	工人	(20)	制作床被用品
(2)	农民、饲养动物、林工或渔业工作，但特殊专业技能或农场管理工作除外	(21)	制作卡片
		(22)	手工制作丝绸制品
(3)	砌砖、木工或其他建筑工种	(23)	制作佛像
(4)	木雕	(24)	制作刀具
(5)	驾驶机动交通工具或驾驶非机动、机械交通工具，但国际航班驾驶工作除外	(25)	制作纸伞或布伞
		(26)	制作鞋子
		(27)	制作帽子
(6)	店面销售	(28)	做中介或代理工作，除国际贸易中介或代理外
(7)	拍卖	(29)	市政工程专业工程师，与建筑设计、估算、系统设计、研究、测试计划、监理等相关工作，或提供咨询。此规定不包括需要特别专业技能情况
(8)	财务监督、审计或服务，除临时的内部审核工作外		
(9)	钻石或宝石研磨、抛光		
(10)	理发、烫发或美容	(30)	与建筑设计专业相关的设计、打价、建筑施工或咨询工作
(11)	手工织布		
(12)	织席子或用水草、藤、麻、稻草或竹篾材料编织用品	(31)	服饰设计制作
		(32)	泥塑或陶瓷制作
(13)	手工造纸手工卷烟卷	(33)	手工卷烟卷
(14)	制作漆器	(34)	导游或安排指导旅游
(15)	制作泰国乐器流动商贩	(35)	流动商贩
(16)	制作灌装机	(36)	手工编排泰国文字印刷铅字
(17)	金饰、银饰或铜合金饰件制作	(37)	手工缫丝、卷丝
(18)	制作石材抛光金属碗	(38)	职员或秘书
(19)	制作泰国布偶	(39)	法律或案件诉讼服务

资料来源：投资促进外国人工作许可证审批处，电话：0-2209-1100。
就业厅外国人经商服务办公室，电话：0-2547-4425-6 或网页 http://www.dbd.go.th。

二 外国人经营活动

1999年外国人经商管理法规定了外国人不能从事的商业活动,在法律附后目录列明,个别经营活动禁止外国人从事,个别经营活动由外国人从事时须取得批准,或要取得经营批文,视具体情况而定。

外国人指哪些人

"外国人"有两类。

1. 自然人,为非泰国国籍一般人。

2. 法人,为没有在泰国注册的法人,包括对泰国注册法人投资持股的非泰国籍人士,或投资资金一半以上没有在泰国注册的法人、合股有限公司或有非泰国籍的合股经理、自然人经理的一般合股公司。

受法律监管的外国人从事的经营活动种类

第一目录 因特殊情况禁止外国人从事的经营活动,包括:报纸、广播电台、电视台、种田、种树或种菜、饲养牲畜、林业、原木加工、在泰国领海和经济海域捕捞水产的渔业、提炼泰草药、泰国古董或具有历史文物价值物品交易和拍卖、制作或塑造佛像、制作卡片、土地买卖。

第二目录 与国家安全和安定相关,或对传统文化习俗和乡村手工生产有影响,或对自然资源和环境有影响的经营活动,外国人可从事但须经部长批准和内阁审定批准。

第一类 与国家安全和安定相关的经营活动,包括:生产、销售和维修枪支、火铳、爆炸物和枪支、火铳、爆炸物、军事武器、飞机或军用交通工具、各种军用器械或器械组件等的零件和组成材料,陆上、水上和空中运输,包括国内航空运输。

第二类 对传统文化习俗、乡村手工生产有影响的经营活动,包括:买卖泰国传统制作的旧物品或文物、制作木雕、养蚕、加工泰丝、织泰丝绸或泰丝绸印花、制作泰国乐器、制作金饰、银饰、金丝镶嵌制品或漆器、制作泰国传统工艺特色的陶瓷杯碗或瓷器。

第三类　对自然资源和环境有影响的经营活动，包括：用甘蔗榨糖、盐田制盐含岩盐采盐、采矿、炸山凿石、原木加工建房用木料和制作日常用品。

第三目录　属泰国人未与外国人竞争的经营活动，外国人可经商业发展厅厅长批准、外国人经商委员会同意后从事经营。

1. 碾米和用大米或经济作物制作淀粉。

2. 渔业，仅限养殖水产。

3. 人造林林业。

4. 生产合板、纤维合成板、胶接板或高强压力合板。

5. 生产石灰。

6. 从事财务服务。

7. 从事法律咨询服务。

8. 从事建筑设计。

9. 从事工程服务。

10. 从事建筑，以下情况例外。

（1）为大众服务使用的公用或交通基础设施、需要使用特别的工具、机械、技术或专业技能进行施工，且外国人拥有最低5亿铢以上资金情况。

（2）国家部规规定种类的建设施工。

11. 中介或代理，以下情况例外。

（1）从事股票交易，或与农产品期货或金融债券产品或股票交易服务的中介或代理。

（2）从事寻找生产制造必要材料，或为集团企业提供服务的采购中介或代理。

（3）从事购买或销售，或在国内外市场寻找市场以销售国内生产或外国进口的产品的中介或代理，为国际经营业务性质，外国人的最低资本要在100万铢。

（4）部规所规定的其他类型中介或代理。

12. 拍卖，以下情况例外。

（1）国际拍卖性质的拍卖，属非旧物品、文物或艺术类旧物件、工艺品或泰国的文物或具有国家历史价值的物品。

（2）部规所规定的其他类型的拍卖。

13. 法律还未明文禁止的产品或地方农产品的国内拍卖，在泰国农产品期货市场进行农产品期货买卖，而没有在国内进行农产品的交付和接受的拍卖例外。

14. 商店总资本少于1亿铢，或每家商店资本少于2000万铢的各类零售业务。

15. 每家商店资本少于1亿铢的各类零售业务。

16. 广告业务。

17. 经营酒店，而酒店管理除外。

18. 导游经营。

19. 销售食品或饮料。

20. 从事作物育种或改良品种事务。

21. 从事其他服务业务，而部规允许的服务业务例外。

外国人申请从事第二目录或第三目录规定业务的经营许可

外国人要从事第二目录或第三目录规定的业务，可向商业部商业发展厅提出申请，地址位于暖武里府商业部办公大厦8楼外国人经商审批处，联系电话：0－2547－4425～6，传真：0－2245－4427。

申请手续费

第二目录：注册资金以每千铢计收10铢，最低收费40000铢，最高收费500000铢。

第三目录：注册资金以每千铢计收5铢，最低收费20000铢，最高收费250000铢。

获批文或认可文件者的最低注册资金要求和遵守的规定如下。

（1）按照泰国政府加入的双边协定或承诺条款审批，获批文或认可文件者的最少资金要求是三年估算总开支年均开支资金的25%，每种经营的

第二目录经营申请的审批程序

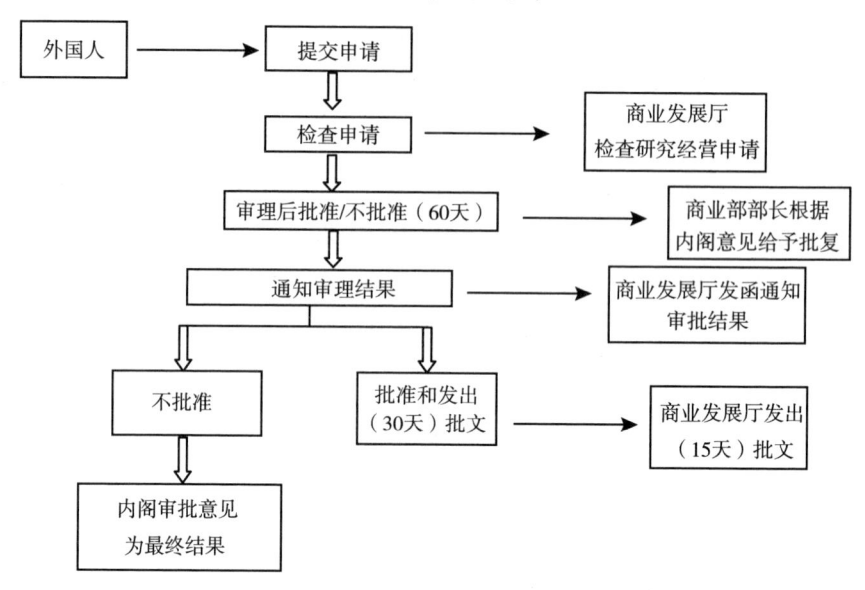

```
外国人 → 提交申请
            ↓
          检查申请 → 商业发展厅检查研究经营申请
            ↓
    审理后批准/不批准（60天） → 商业部部长根据内阁意见给予批复
            ↓
         通知审理结果 → 商业发展厅发函通知审批结果
        ↙       ↘
     不批准    批准和发出（30天）批文 → 商业发展厅发出（15天）批文
       ↓
  内阁审批意见
   为最终结果
```

附图 1

注：若内阁有必要事由无法在规定时间内批复，批复时间可再延长但不超过 60 天。

要求起码有 300 万铢的资金。

（2）按照投资促进证、国家工业园批准而获批文或认可文件者则没有最低资金要求。

（3）获批文者须遵守以下规定。

①为批准经营而贷款的款项须不超过资金的七倍。

②获批准经营的负责人，至少有一人拥有泰国籍。

（4）按照泰国政府加入的双边协定或承诺条款审批，获批文或认可文件者遵守泰国政府所加入的双边协定或承诺条款的规定。

（5）按照投资促进证、国家工业园批准而获批文或认可文件者须执行投资促进证或批准的具体规定。

外国人有权获得经营认可文件而无须提出申请的情况

外国人有权获得在第二目录或第三目录的经营认可文件而无须提出申请有如下情况。

第三目录经营申请的审批程序

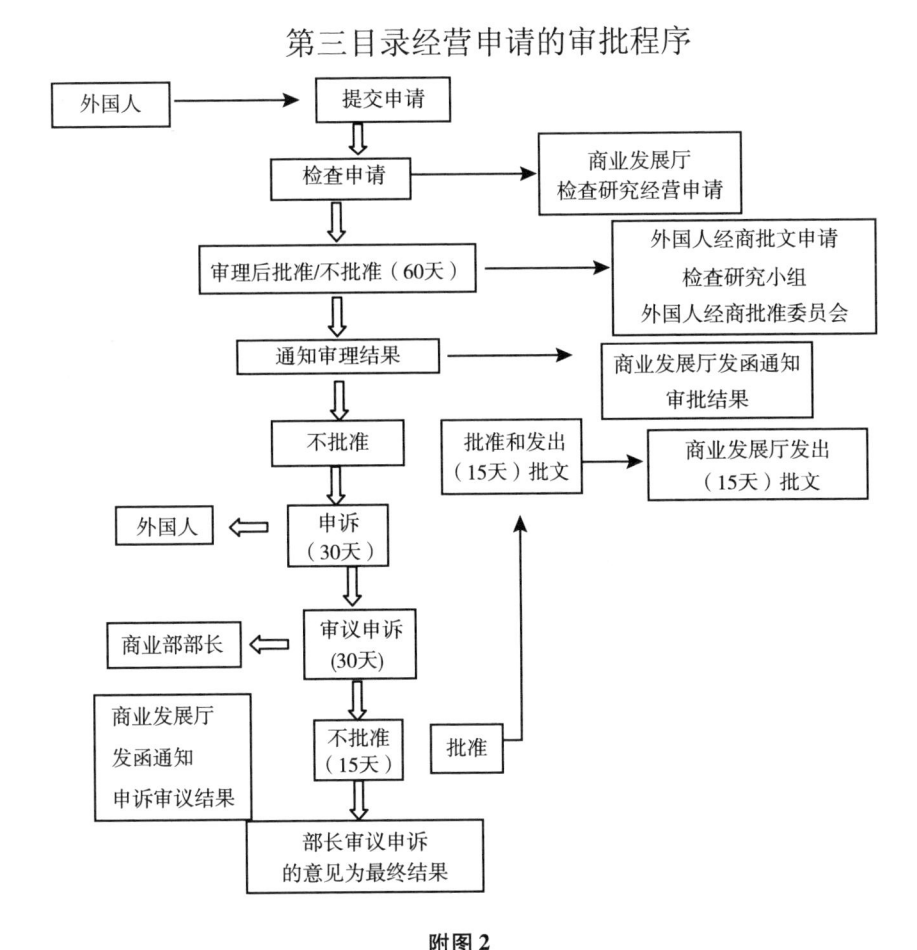

附图2

1. 外国人根据泰国加入的协定或承诺条款的权利，按相关协定或承诺规定条件办理认可文件。

2. 外国人凭投资促进委员会的投资促进证或泰国工业园批准文件而经商。

外国人须向商业发展厅长报告以取得认可文件，厅长将在30天内发出认可文件。

备注：外国人获得投资促进委员会的投资促进证或泰国工业园局的批准经营文件，须进行向商业发展厅报告取得外国人经商批文的操作（第12条

款)。可向商业部商业发展厅外国人经商管理处联系查询详细情况,联系电话:0-2547-4425~6,传真:0-2547-4427。

按第12条款办理外国人经商批文的资格

1. 持有投资促进委员会的投资促进证或泰国工业园局的批准经营文件。

2. 获得投资促进证批准的经营,包括针对个别投资批准的范围的经营,或者国家工业园局批准经营中属于1999年外国人经商法规附后的第二目录或第三目录的经营活动。

3. 外国人获得投资促进证的经营不属于1999年外国人经商法规附后目录规定范围,但若有代工生产投资促进证指定的同类产品,则属于第三目录规定的经营范围,须申请经营许可。但若外国人获制造生产类的投资促进证,可申办代工生产服务的经营认可文件,须经投资促进委员会认可其代工生产服务,同时要办理经营认可文件。

外国人经商许可申请须提供的资料文件

1. 说明申请人名字、住址、公司注册登记号、投资促进证编号、获得投资促进证日期、获得投资促进许可的经营业务、申请许可的经营业务等详细情况的申请函。

2. 公司商业注册认证。

3. 公司股东名单(Bor. Or. Jor. 5表)。

4. 投资促进证或国家工业园批准文件复印件,视具体情况而定。

5. 经营地点示意地图。

6. 投资促进委员会发给的代工生产服务批准文件复印件(如有)。

7. 授权委托书(如有)加授权委托人和被授权委托人证件复印件。

联系地点:外国人经商管理处;联系电话:0-2547-4425~6;

传真:0-2547-4427;电子信箱:foreign@dbd.go.th。

查询信息:商业发展厅外国人经商管理处;联系电话:0-2547-4425~6;

网站:http://www.dbd.go.th。

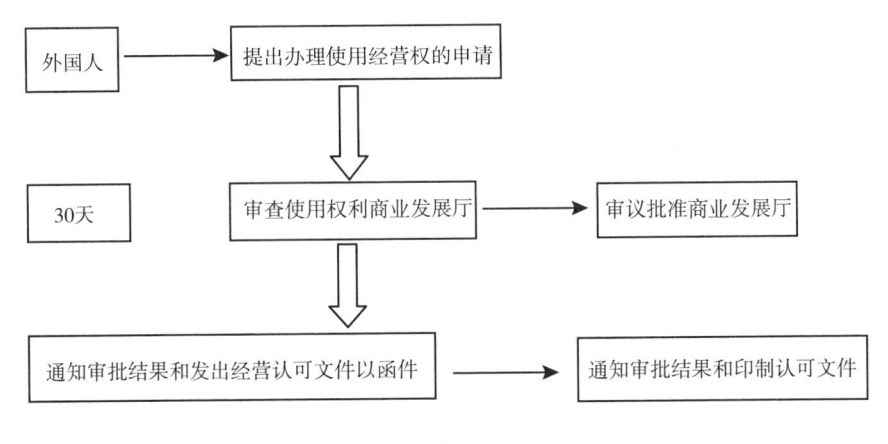

```
┌────────┐      ┌──────────────────────┐
│ 外国人 │─────▶│ 提出办理使用经营权的申请 │
└────────┘      └──────────┬───────────┘
                           │
                           ▼
┌────────┐      ┌──────────────────────┐      ┌──────────────────────┐
│  30天  │      │ 审查使用权利商业发展厅 │─────▶│ 审议批准商业发展厅   │
└────────┘      └──────────┬───────────┘      └──────────────────────┘
                           │
                           ▼
          ┌──────────────────────────────────┐      ┌──────────────────────────┐
          │ 通知审批结果和发出经营认可文件以函件 │─────▶│ 通知审批结果和印制认可文件 │
          └──────────────────────────────────┘      └──────────────────────────┘
```

附图 3

注：1. 按第 12 条款办理经营认可文件的手续费为 2000 铢；
   2. 印制发给认可文件的手续费每份 20000 铢。

三　税制体系

泰国税制是关于向个人、泰国公司或外资公司征税的业务，如下。

·个人所得税　依照 8 项收入类别，向一般个人征收。

·企业所得税　向有限公司或无限责任公司征收。一般情况下，以公司净利润计算，针对部分情况，以未扣除支出的收入，从泰国支出或在泰国的收入或从泰国利润分配的收入计算。

·增值税　向在泰国境内销售商品或提供服务，以及进口商品或服务中征收。

·特别营业税　向特定的行业征收。

·印花税　依照印花税清单，向 28 个种类的文件征收。

企业所得税

哪些企业需要缴纳所得税？

在泰国经营的每家公司都需要纳税，除了法律规定可以豁免的情况，例如：获得投资优惠的公司、在双重征税协定国家注册的公司等。

公司有哪些职责?

·使用法人注册号作为纳税号　当公司成立后,使用商业贸易发展厅出具的法人注册号作为企业纳税号。

·预扣税　当依照法律规定付款时扣取应纳税款,并上缴至税务厅。

·提交预扣税报表　在下个月 7 号前递交。

·提交会计年度企业所得税半年度纳税申报表　并在 2 个月内缴纳税金,自会计年度首 6 个月的最后一日开始计算。

·提交企业所得税年度纳税申报表　并在 150 天内(不是 5 个月)缴纳税金,自会计年度最后一日开始计算。

提交企业所得税纳税申报表和缴纳税金(如有)的渠道

·各地方税务办事处。

·商业银行。

·www.rd.go.th,并通过银行渠道缴纳税金。例如 ATM 柜员机、网银、电话银行、手机银行、电子支付、银行柜台、服务柜台、网上信用卡、ATM 网络。

税率

企业所得税	税率
A. 以公司净利润收取的企业所得税	
(1) 一般公司和在证券市场登记的公司	20%
(2) 小型公司(已缴付注册资本<500 万铢,以及收入<每年 3000 万泰铢)	
·净利润 1~300000 铢	免税
·净利润 300001~3000000 铢	15%
·净利润 3000001 铢以上	20%
(3) 区域经营总部(ROH)、国际总部(IHQ)、国际贸易中心(ITC)	10%
(4) 位于特别开发区内的业务	3%
(5) 国际采购中心(IPC)	15%

B. 以收入收取的企业所得税

    （1）协会和基金会

        · 依照第40（8）条规定的收入　　　　　　　　　2%

        · 其他收入　　　　　　　　　　　　　　　　　10%

    （2）从事国际运输的外国公司　　　　　　　　　　　3%

C. 将收入送出国外的企业所得税

    将利润分配送出泰国　　　　　　　　　　　　　　　10%

D. 不在泰国经营，但在泰国获得收入的外国企业

    （1）分红　　　　　　　　　　　　　　　　　　　10%

    （2）利息　　　　　　　　　　　　　　　　　　　15%

    （3）专家费　　　　　　　　　　　　　　　　　　15%

    （4）出租房产获得的租金收入　　　　　　　　　　15%

    （5）商誉费、专利费或其他权益费　　　　　　　　15%

    （6）服务费　　　　　　　　　　　　　　　　　　15%

个人所得税

谁需要纳税？（有收入时产生纳税责任的人）

· 自然人（无论国籍）。

· 不具备法人地位的普通合伙或团体。

· 在纳税年度内死亡的人。

· 还未分配的遗产。

有收入后要怎么做？

· 在60天之内申请纳税人识别号和纳税证，自有收入之日开始计算。

· 提交年度纳税申报表，每年1次，申报当年1月至12月得到的收入，并在下一年1月1日至3月31日之间缴纳税金（如有）。

· 部分收入须1年提交2次纳税申报表，例如出租房产的租金收入、专业类自由职业的收入、承包工程的收入、商业贸易的收入等。将当年1月至6月（每年前6个月）的收入，在当年7月1日至9月30日之间提交半年度纳税申报表；并在下一年1月1日至3月31日之间提交年度纳税申报表，

上半年缴纳的税金可作为税收抵免（Tax Credit）。

如何提交年度纳税申报表?

·各地方税务办事处（可申报各类情况）。

·通过商业银行申报，并在银行缴纳税金（无法申报需退税的情况）。

·通过邮局挂号信寄送。

·通过网站申报，并在服务柜台，或邮局，或通过商业银行缴纳税金。商业银行渠道例如 ATM 柜员机、网银、电话银行、手机银行、电子支付、银行柜台、网上信用卡、ATM 网络。

备注：纳税申报表有泰文和英文，可以在 www.rd.go.th 查看申报程序。

提交申报表所需材料

·纳税人识别号。

·预扣税证据（当被代扣预扣税时得到的预扣税证明单）。

·针对抵扣项目的收据（人寿保险费、房贷等）。

·家庭方面的证据（结婚照复印件、孩子出生证等）。

有多个国家的收入要如何申报?

·在泰国产生的收入，收入者无论是否在泰国，只要上一个纳税年度在泰国产生收入，就有义务纳税（除非得到法律的豁免）。在泰国的收入来源如下。

1. 在泰国工作。

2. 在泰国经营业务。

3. 雇主的业务在泰国。

4. 在泰国的资产（利息、分红、租金等）。

·在国外产生收入，在上一纳税年度从国外获得的收入，在以下 2 类情况需要在泰国纳税。

1. 收入者在该纳税年度内的一段时间，或多段时间内在泰国居住达到 180 天。

2. 在收入产生的纳税年度，收入者将该收入带入泰国。

附表2 税率（针对2015和2016纳税年度）

单位：铢

净收入	各级净收入段	税率百分之	各级净收入税	各级最高累积税收额
1~150000	150000	免税	—	—
150001~300000	150000	5	7500	7500
300001~500000	200000	10	20000	27500
500001~750000	250000	15	37500	65000
750001~1000000	250000	20	50000	115000
1000001~2000000	1000000	25	250000	365000
2000001~4000000	2000000	30	600000	965000
4000001以上		35	—	—

注：有收入者有义务缴纳个人所得税，不管是持有哪国国籍都须缴纳同比例的税率。个人所得税税率可以会有所改变。

增值税（Value-Added Tax，VAT）

谁在增值税系统中？

销售商品或提供商业服务的业者、个人、个人团体，或不是法人的普通合伙，或各个法人，只要每年销售商品和提供服务的收入超过180万泰铢（收入不到180万泰铢，也可以进行增值税登记），除非是法律规定可以免除的行业。

法律规定获得免缴增值税的业务为：在税务法典第81条规定的销售商品或提供服务。

·销售农作物、有生命或无生命动物、化肥、鱼料、饲料、药品或用于动植物的化学产品、报纸、杂志或教科书等。

·泰国境内的运输服务。

申请登记增值税

自年收入超过180万泰铢之日起，30天内提交登记申请至经营场所所在地的地方税务厅办事处，或 www.rd.go.th。

如果有多个经营场所要如何处理？

仅在企业总部所在地的地方税务厅办事处提交登记申请，税务厅将出具增值税登记证（P.P.20）给每个经营场所。

增值税登记证遗失、被损坏或破损要怎么办?

企业须在 15 天内，在增值税登记地提交补办增值税登记证申请。

已登记增值税的公司的职责

·在经营场所公开悬挂增值税登记证。

·制作进项税、销项税报告以及产品和原料报告。

·提交每月增值税纳税申报表（P. P. 30），在下个月 15 日之前。

·收取增值税，并出具增值税发票给购买商品或使用服务方。

·保留证据和文件不少于 5 年，自递交申报表之日或制作报告之日开始计算。

增值税税率

现行征收的增值税是商品或服务价格的 7%。

增值税计算和退税

在购买与商业相关的原料、商品、服务时被征收的增值税，可以申请退还，这些增值税被称为"进项税"（Input Tax）。

企业向购买方收取，以上缴至税务厅的增值税称之为"销项税"（Output Tax）。

每月提交增值税纳税申报表的计算方法，用销项税减去进项税，即同一个月内销项税和进项税之间的差额（Output Tax-Input Tax），如果哪个月进项税大于销项税，可申请退还该差额部分，或可以当成税收抵免（Tax Credit），用于扣除下个月需要支付的增值税。

缴纳增值税的例子

例如　整个月购买原料金额共 1000000 泰铢

进项税 7% ×1000000 = 70000 泰铢

同一个月销量共 3000000 泰铢

销项税 7% ×3000000 = 210000 泰铢

销项税 – 进项税之间的差额 = 210000 – 70000 = 140000 泰铢

也就是说，下个月 15 日之前要缴纳的增值税为 140000 泰铢。如果计算后，结果为负数（进项税大于销项税），可以申请现金退税，或者作为下个月的税收抵免。

提交增值税纳税申报表的渠道

- 经营场所所在地的地方税务厅办事处。
- www.rd.go.th，并通过商业银行缴纳税金。

预扣税（Withholding Tax）

什么是预扣税？

预扣税（Withholding Tax）是规定个人、合伙企业、公司、会馆或个人团体等支付依照第40条规定应税收入的付款者在每次支付应税收入时，有责任依照扣税规定的原则、条件和法律规定的税率扣除部分所得税。付款者须出具扣除预扣税证明单，同时有责任在下一个月7号前递交预扣税申报表，以及上缴预扣税税款至税务厅。

如果应税收入付款者没有扣税及上缴税金，或者已扣税但数额不正确，付款者须和收入者共同承担责任，上缴没有扣除及上缴的税金，或少缴税金的部分，同时额外缴纳月利率1.5%的滞纳金，或者可能会面临民事和刑事惩罚。

扣税原则要怎么做？

依照法律规定，让个人、合伙企业、公司、会馆或团体等支付40条规定应税收入的付款者有责任在每次付款时依照法律规定的原则、条件和税率扣除预扣税。依照40条规定的应税收入为：工资、酬金、年终奖金、佣金、承揽报酬、广告费、版权费、利息、分红、自由专业收入、工程收入，以及营业获得的收入。依据各类别收入乘以税率就可以得到预扣税额。

哪类收入无须扣除预扣税？

1. 支付购买商品的费用。
2. 支付公共运输的车票。
3. 支付人寿保险的费用。
4. 在销售商品或服务时的立减降价费用。

特殊营业税

什么行业需要缴纳特殊营业税？

- 银行。
- 资本商业、资产商业、不动产信贷企业。
- 人寿保险。
- 典押行。
- 与银行类似的企业,例如贷款担保,外币兑换,出具、购买或出售汇票,或通过各种方式进行国际汇款。
- 房地产企业。
- 销售资产。
- 依照法律规定的其他行业。

需要缴纳特殊营业税的公司的职责

- 自开始经营之日起的 30 天内,在经营场所所在地的地方税务厅办事处,或 www.rd.go.th 进行特殊营业税登记。
- 在经营场所公开悬挂特殊营业税登记证。
- 制作扣除支出前的收入报表。
- 提交每月特殊营业税纳税申报表(P.T.40),在下个月 15 日之前。
- 保留证据和文件不少于 5 年,自递交申报表之日或制作报告之日开始计算。

如果有多个经营场所要如何处理?

仅在企业总部所在地的地方税务厅办事处提交登记申请,税务厅将出具特殊营业税登记证(P.T.20)给每个经营场所。

增值税登记证遗失、被损坏或破损要怎么办?

企业需要在 15 天内,在特殊营业税登记地提交补办特殊营业税登记证申请。

税率

依据行业类别征收税率为 0.1%~3%,同时还需缴纳为特殊营业税 10% 的地方税。

提交特殊营业税纳税申报表的渠道

- 经营场所所在地的地方税务厅办事处。

- 针对贸易或寻求利润的房地产出售行业，在土地局提交申报表。
- www.rd.go.th，并通过商业银行缴纳税金。

印花税

什么时候要缴纳印花税？

在制作税务法印花税附表中规定的文书时，要缴纳印花税。目前对有28类文书征收印花税，例如：土地出租合同、住房出租合同、资产租购、雇佣合同、借款等。

谁有义务缴纳印花税？

- 出租方。
- 转让方。
- 贷款方。
- 承保人。
- 针对在国外制作的文书，在泰国第一个使用该文书的人须缴纳印花税。
- 用于支付的有价证券，如果没有足够面额的印花税，接受有价证券者须负责缴纳印花税。

避免双重征税协定

国际双重征税的产生，是因为两个国家依据自己的税收管辖权就同一收入进行同时征税，因此，产生对同一收入征税超过1次，或同一收入被用于纳税计算超过1次的情况。

为了避免上述双重征税的产生，国家间签署"对所得避免双重征税和防止偷漏税协定"（Convention for the Avoidance of Double Taxation and the Prevention of Fiscal Evasion with Respect to Taxes on Income），通常简称为"避免双重征税协定"。泰国也有签署避免双重征税协定，现今仍有效。

- **公司将得到的好处**

公司所属国家与泰国已签署避免双重征税协定，该公司到泰国投资，在泰国产生收入并已经在泰国纳税，如将该收入拿回自己国家，针对已经在泰国缴纳的税额可在自己国家作为税收抵免,避免重复征收。

泰国和各个国家签署的避免双重征税协定在内容、条件和方法等细节上有些不同,如得到税收抵免权益者的条件、享有权益的商业类别等。此外,在避免双重征税协定下使用权益有很多细节,应该向自己国家的税务专家进行咨询。

·与泰国签署避免双重征税协定并已生效的国家

共有 60 个国家和地区,包括:韩国、加拿大、科威特、中国、智利、捷克共和国、塞舌尔共和国、塞浦路斯、日本、丹麦、中国台湾、土耳其、塔吉克斯坦、挪威、新西兰、荷兰、尼泊尔、巴林、孟加拉国、保加利亚、比利时、白俄罗斯、巴基斯坦、波兰、法国、缅甸、芬兰、菲律宾、毛里求斯、马来西亚、乌克兰、德国、俄罗斯、罗马尼亚、卢森堡、老挝、越南、斯里兰卡、西班牙、瑞士、瑞典、美国、新加坡、斯洛文尼亚、澳大利亚、奥地利、英国、亚美尼亚、意大利、印度、印度尼西亚、以色列、乌兹别克斯坦、阿联酋、爱沙尼亚、南非、冰岛、阿曼苏丹国、匈牙利、中国香港。(针对日本的开始生效日期是 1990 年 8 月 30 日)

备注

1. 上述税务信息为更新至 2016 年 2 月 8 日的信息。
2. 更多信息资源请登录网站 www.rd.go.th 或拨打热线 1161。

四 与经营管理相关的劳工法

每家公司不管是泰国或外资公司,只要有 1 名以上雇员,雇主就要依据以下劳工相关法律执行。

· 《民商法典 3 部 6 个雇佣形式》

· 《1998 年劳工保护法》

· 《2010 年家庭工作者保护法》

· 《1975 年劳动关系法》

· 《2010 年社会保险法》

- 《2011年职业安全、健康和工作环境法》
- 《2002年劳工技能促进法》
- 《1994年补偿金法》
- 《1979年成立劳工法庭和审判劳工案件法》
- 《1991年恢复残疾人能力法》
- 《1987年公积金法》
- 《1985年求职和求职者保护法》

本投资者手册将大致介绍与投资者关系密切的主要法律的框架，包括：劳工保护法、劳动关系法、社会保险法和补偿金法。

1998年劳工保护法

《泰国劳工法》是关于雇主与雇员之间权益和职责的法律，规定使用一般劳工、使用女性劳工、使用童工、工作报酬、福利、停止雇佣赔偿金，以及员工福利基金的最低标准，同时还包括规定雇员的工作执行、为雇员提供保障的工作人员。以达到双方公平、为雇员提供良好的卫生健康环境，这些将会对雇主、雇员乃至国家社会发展产生最大好处。

此法律适用于所有雇用公司的雇主、雇员，不管从事何种业务、不管有几名雇员。

但此法律不适用于以下人员。

1. 首都、各府、各地区的政府公务员。
2. 国营企业劳工关系法规定的国营企业。
3. 部级法律规定的特殊类别雇主。

当产生雇用时，雇主应该怎么做？

· 雇用合约，书面合约或口头协定均可。

· 有1个职员以上的雇主，依照社会保险法和劳工补偿基金法的规定，雇主必须在30天内进行雇主登记和被保险人登记；雇员须向基金会支付储蓄金，同时雇主也须将补助金支付给基金会。

· 有10名以上雇员，须制定工作规章制度。

依据劳工保护法须制作的雇佣文件类别

1. 工作规章制度。

2. 职工登记，至少要包含以下项目。

　　（1）姓名。

　　（2）性别。

　　（3）国籍。

　　（4）出生日期或年龄。

　　（5）现居住地址。

　　（6）入职日期。

　　（7）职务或工作职责。

　　（8）工资，以及雇主答应支付给雇员的其他福利。

　　（9）雇用截止日期。

自雇员入职日后的15天内，雇主须完成雇员资料登记。用泰语进行登记，并放在雇主经营场所内，可让劳工检查人员在工作时间内随时进行检查。

3. 关于支付工资、延时加班费、假期工作费和假期延时加班费的文件。

工作规章制度

工作规章制度相当于"机构内部法律"，用于雇主和雇员之间。当雇主有10名以上雇员必须制定工作规章制度，并有如下要求。

1. 为泰文版本。

2. 依据法律规定，要有8大项目的详细规定。

3. 在15天内公布使用工作规章制度，自雇主有10名雇员之日开始计算。

4. 将工作规章制度副本放在经营场所内，或雇主办事处内。

5. 在7天内将工作规章制度副本上呈给劳工福利和保护厅厅长，自工作规章制度公布使用之日开始计算。

6. 依照劳工福利和保护厅厅长或厅长授权者的要求，在规定时间内，修改与法律相冲突的工作规章制度条例。

7. 在雇员的工作场所公开、宣传工作规章制度，让雇员悉知并能方便看到。

8. 当修改工作规章制度后，要在 7 天内公布新的工作规章制度，自公布使用新规章制度之日开始计算。

工作规章制度的提纲

1. 工作日、正常工作时间和休息时间。

2. 节假日。

3. 延时加班和假日上班的准则。

4. 支付工资、延时加班费、假日上班费和假日延时加班费的日期和地点。

5. 请假日和请假的准则。

6. 纪律和处罚。

7. 诉苦。

8. 解雇、赔偿金和特别赔偿金。

雇用雇员的规定

·正常工作日，如果是一般性质的工作，禁止雇主让雇员每天工作超过 8 小时，每周累积不超过 48 小时，如果每天的工作时间少于 8 个小时，雇主和雇员可以共同决定将剩余的工作时间加到其他工作日中，但是每天不能超过 9 个小时。

·对雇员身体健康或人身安全有影响的工作，每天工作时间不能超过 7 个小时，每周累积不超过 42 个小时。

·休息时间，在雇员连续工作不超过 5 个小时前，雇主要安排雇员在工作期间小休，休息时间不少于 1 个小时；或者双方协定每次休息少于 1 个小时也可，但是每天休息时间累积不能少于 1 个小时。

·延时加班 2 个小时以上，在超时工作之前，雇主要安排雇员休息至少 20 分钟。

·假日，依据法律规定的节假日，雇主必要安排雇员有每周休息日、节日休息，以及年假。

请假

·病假，雇员有权按实情请病假，带薪病假每年不超过30天，连续请3个工作日以上病假，雇主可以要求雇员出示医生证明。

·节育假。

·必要事假，依据工作规章制度进行请假。

·军事假，为带薪假期，但每年不超过60天。

·技术培训假，或为了提升自身知识能力而请假。

·产假，不超过90天，雇主将支付工资45天（社保支付45天），产假包括请假期间的节假日。

年假

·当雇员工作满1年之后，有权请至少6天的年假，雇主可提前规定职员的休息日，或者由双方协定。

·雇主和雇员可以提前协定，将当年未使用的年假累积加入下一年度。

·针对雇员工作未满1年的情况，雇主可以依据工作时间长短来规定雇员应有的年假天数。

·没有年假，或年假少于规定，或没有累积年假，以及没有将当年年假推延到下一年使用的情况，让雇主将休息日工作的工资支付给雇员。

按照风俗习惯的公共假期

雇主须提前1年公布依照风俗习惯的公共假日，一年内公共假日不得少于13天，包括五一国际劳动节。

支付工资的原则

·雇主和雇员双方共同协定工资金额。

·工资作为依照聘雇合约在正常工作时间内的工作报酬。

·工资必须为金钱，每月支付不少于1次。

聘雇合约

聘雇合约是指不管是书面合同或口头约定，明确指出或双方了解，其中一方为"雇员"决定为称之为"雇主"的另一方工作，而且"雇主"同意在工作期间内支付工资。

支付延时加班费、假日上班费和假日延时加班费

当雇员延时工作，雇主支付报酬的原则如下。

·正常工作日内的延时工作，雇主须支付不低于1.5倍（工作日内平均时薪）的加班费。

·假日上班费，对于有权获得假日工资的雇员（月聘），雇主须加付不少于正常工作日1倍工资的假日上班费；对于无权在假日领薪的雇员（日雇），雇主须加付不少于正常工作日2倍工资的假日上班费。

·假日延时加班费，雇主须支付不少于正常工作日时薪的3倍加班费。

不享有超时加班费和假日加班费的限制情况

·代替雇主行使雇聘、发放退休金和解雇等工作职责的雇员。

·兜售或推销商品，雇主向雇员支付出售商品的佣金；或者其他依据法律规定的工作。

支付最低工资的原则

·雇主支付的工资不能低于最低工资标准，而且必须在雇员的工作场所，以及双方协定的时间内，以泰铢方式支付。否则，在违约期间雇主须支付年利息15%的利息给雇员。如果违约是雇主故意造成的，缺乏合理原因，雇主须每满7天加付所欠款额的15%作为赔偿金。

雇员的福利和安全

·雇主须在工作场所内为雇员提供关于安全的福利和器材。

雇用女性职工和童工

·不允许雇主聘雇15岁以下儿童作为雇员。

·聘雇18岁以下儿童作为雇员，雇主须执行以下法规。

·自童工开始工作后的15天内，将聘雇童工呈报给劳工检查员。

·如原先的聘雇情况发生改变，须进行记录。

·如停止聘雇童工，须在童工离职后7天内呈报给劳工检查员。

·雇主禁止让18岁以下的童工在工作日加班或者在假日上班，并依照法律规定禁止让童工从事部分类型的工作或在部分场所工作。

产生劳动纠纷争执时，雇主和雇员的权力

· 雇主有权停止经营，是指因为劳动纠纷，雇主暂时拒绝让雇员进行工作。

· 雇员有权相约罢工，是指因为劳动纠纷，雇员联合起来暂时停止工作。

· 雇主和雇员有权力成立雇主协会和劳工联盟，成立雇员委员会，并依照 1975 年劳动关系法和其他重要相关劳动法执行。

书面警告和处罚

· 书面警告是在工作规章制度中处罚的一种方式。

· 对违反工作规章制度的雇员进行处罚。

· 雇员在违反规章得到书面警告的 1 年内，如果再犯同样错误，雇主可以解雇，并无须支付补偿金。

解雇

解雇没有明确雇用期限的雇员，如果雇主要合法解雇雇员，雇主须执行以下职责。

· 提前至少 1 个发薪周期通知解雇。如果雇主需要让雇员马上离开，或没有提前通知，雇主须支付酬金，以代替提前通知解雇。

· 依据法律规定的比例，支付赔偿金给予雇员。

在试用期间解雇

雇主须提前通过书面（或口头）的方式通知职员取消雇用合同，以让该雇用合同在下次支付工资期满时失效。

以下解雇情况雇主无须支付赔偿金给雇员

1. 雇员有贪污行为，或对雇主犯了刑事罪。

2. 雇主故意造成雇主的损失。

3. 雇员因粗心大意造成雇主严重损失。

4. 雇员违反工作规章或纪律或雇主合法公平的命令，而且雇主已作过书面警告（自雇员违反之日起，书面警告有效期不超过 1 年）。若是重大过失，雇主可不必预先做出任何警告。

5. 没有适当理由而连续旷职 3 个工作日，无论期间是否有假日相隔。

6. 被法庭最后判决为坐牢，或者是粗心大意所造成的错误或仅被判为轻罪，但对雇主造成损失。

上述解雇可不付赔偿金，但如果雇主没有明确将真实解雇理由注明在解雇通知书上，或在解雇时没有向雇员告知理由，雇主在日后再提出引证则无效。

附表3 解雇须支付的补偿金比例

连续工作的工龄	赔偿金比例
120天但不超过1年	30天
1年但不超过3年	90天
3年但不超过6年	180天
6年但不超过10年	240天
10年以上	300天

社会保险法

社会保险法规定在社会保险委员会中成立一个基金，为被保险人提供保障，当被保险人非因公受伤、患病、残疾或死亡时，以及在生育、儿童福利、养老和失业时享有获得赔偿金的权益。

·规定向雇主、雇员和政府收取社保金。

·规定雇主有1名以上雇员时，须进行雇员登记，并向社会保险基金交纳社保金。

·社保金缴纳比例：雇主和雇员各缴纳雇员工资的5%。

联系咨询：社会保险委员会；热线电话：1506；邮箱：info@sso.go.th；电话：0-2956-2345；网址：www.sso.go.th。

1975年劳动关系法

劳动关系法（Labour Relations Law）是规定雇主与雇员双方之间履行方式的法律，以让双方彼此更好的相互理解，可以制定共同工作的权力、职责和利益协定。同时，规定解决劳工争议或争端的办法，让争议或争端得到公平、快速的解决，并让双方获得最大程度的满意。

适用范围

劳工关系法适用于各类别业务的雇主与雇员，除了首都、各府、各地区的政府公务员，包括曼谷和芭提雅的公务员，以及国营企业。

1975年劳工关系法的主要内容规定，有20名以上雇员的各类型企业，须有雇聘条件书面协定。如果不确定企业是否有雇聘条件协定，则雇主依照劳工保护法规定制作的工作规章视为雇用条件协定。雇用条件书面协定至少包含以下内容。

1. 雇用或工作的条件。
2. 规定工作日期和时间。
3. 工资。
4. 福利。
5. 解雇。
6. 诉苦申诉。
7. 对雇用原则条件协定进行修改，或延长使用期限。

雇用条件协定在雇主和雇员共同协定的期限内生效，但是有效期不能超过3年。如果没有规定有效期，则视为该雇用条件协定的有效期是1年，自雇主和雇员协定之日开始计算，或自雇主雇用雇员之日开始计算。

本劳工关系法适用于各类别业务的雇主与雇员，除了首都、各府、各地区的政府公务员，包括曼谷和芭提雅的公务员，以及国营企业。

赔偿基金

雇员保护法规定在社会保险委员会中成立赔偿基金，当被保险人在工作时或为维护雇主利益或执行雇主命令时受伤或死亡；或者因为工作性质或环境或为雇主工作而引发病死亡时，为雇员提供必要的抚恤金。

赔偿金法适用于有1名以上雇员的各类别企业，以下情况除外。

1. 首都、各府、各地区的政府公务员。
2. 国营企业劳工关系法规定的国营企业。
3. 依照私立学校法设立的私立学校雇主，仅限于老师和校长。
4. 不以营利为目的的雇主。
5. 部级法律规定的特殊类别雇主。

支付赔偿金的原则

1. 受伤生病的情况。

·对于每次生病或受伤，依据实付医院治疗费支付赔偿金不超过50000泰铢，如果超过，依据部级法律规定的原则申请增加不超过1000000泰铢。

·如果医生让雇员停工修养连续超过3天，但不超过1年，每月赔偿金比例为雇员工资的60%。

2. 失去器官的情况。

依照失去器官的类别和规定的时间，每月补偿金比例为雇员工资的60%。如果雇员需要获得恢复，可得到社会保险委员会劳工康复中心的恢复权益，如下。

·依据实际支付的医生复健费和职业恢复培训费，不超过24000泰铢。

·支付为恢复工作能力进行手术的赔偿金不超过40000泰铢，如果超过，依据部级法律规定的原则申请增加不超过110000泰铢。

·病理康复的材料和设备费，每类支付不超过部级法律规定的比例，而且合计不超过160000泰铢。

3. 残疾的情况。

·赔偿金为工资的60%，支付时间不超过15年。

4. 死亡或失踪的情况。

·支付给葬礼处理人的葬礼费为最低薪资最高额度的100倍。

·支付给子女的每月赔偿金为工资的60%，支付时间8年。

向赔偿基金缴纳救济金

·雇主有1名以上雇员，有义务依据业务风险类别，单方向赔偿基金缴纳救济金。

·救济金比例为全年工资的0.2%~1.0%。

·依据业务类别的危害历史纪录，来提高或降低救济金缴纳额。

联系咨询：社会保险委员会；热线电话：1506；邮箱：info@ sso. go. th；电话：0 - 2956 - 2345；网址：www. sso. go. th。

Abstract

Thailand is an important member and the second largest economy of ASEAN. For a long time, Thailand actively participates in ASEAN and Asia regional cooperation and is an important force for maintaining regional peace, development and cooperation. China and Thailand are close neighbors and trustworthy friends. Over the past 43 years, China and Thailand have always maintained mutual trust, two country's relationship has exceeded the bilateral level, has played a guiding role in the development of China's relations with the 10-member Association of Southeast Asian Nations (ASEAN) as a whole. Annual report on research of Thailand (2018) is made up of General Report, Topical Report and Appendix, it's publication will make a wide cross-section of society pay more attention to Thailand, and contribute wisdom and strength to the development of friendly relations between China and Thailand.

General Report appraises the Current Situation in Thailand and Sino-Thai relations. It points out: In the past one year, remarkable progress and changes have been reached in political and economic development in Thailand and Sino-Thai relations. It is attempted in this paper to sum up and analyze reasons and impacts. In the politics the Junta continued political reform and expelled Thaksin's family members from Thailand and continued to work on making of series of laws after the Constitution had been in effect. Because, however, election laws for parliament have not been completed yet for long time the national election had been postponed again and again, so as to lead to people's discontent and protests against the government. In economic aspect a strong growing trend of economy has been appeared since the military came to power in 2014. The major driving forces for the growth are from increasing of export, expanding of investment and large amount income of tourism. Growth of investment mainly came from a few major projects in infrastructures in the East Economy Corridor. In Sino-Thai relations, besides great development in bilateral cooperation and exchange in economy, trade, humanity and technology, General Report particularly pays attention to some negative factor under mainstream of China-Thailand one family, which is that the Thai public still has some misgiving and distrust towards China. China's government must pay great attention to deal with the problem.

Report on Domestic Issues concentrate on Industrial Division System, Party politics, Maritime Strategy, Environmental Policy, culture industry and Chinese Education of Thailand. Research shows that although the industrial specialization index in various regions of Thailand is not high now, the industry division system with Bangkok as the core has been initially established, the trend of industrial system reconstruction and local division of labor has emerged. The sign is that manufacturing is continuing to spread from Greater Bangkok to Thailand's inland areas, but its diffusion is obviously constrained by geographical factors. In the process, the construction of transportation facilities will help to weaken the obstacles of geographical factors to industrial diffusion and balanced development of different regions in Thailand.

Regarding party politics, Thailand's organic law on political parties was formally enacted in October, 2017. By improving the conditions of party registration, standardizing the construction of Party organizations and limiting the scope of party policy, the new party law promoted the establishment of large national scale political party which representing the benefits of all regions. Meanwhile, the new constitution and the organic law on political parties also are used as the tools for political struggle of military group. By increasing the authority of the Upper House, revising the electoral system of the House of

Commons and prime minister, the political power and stability of parties have been weakened, the subsistence space of the party is compressed, and the influence of politicians' group in representative democracy system has been reduced. At the same time, the introduction of the new party law will also help to prompt Thailand into the new round electoral process of the House of Commons, return to the government which elected by civilian, governed by literati.

As to environmental policy, Thailand promulgated Enhancement and Conservation of the National Environmental Quality Act in 1992, which became the fundamental law for environmental protection. In recent years, Ministry of Natural Resource and Environment has issued a number of regulations, setting standards of soil pollution, waste and hazardous material emissions. The establishment of legislation for environmental protection has become increasingly perfect, and the people's awareness of environmental protection has also increased significantly. However, with the continuous development of economy and industry, Thailand is facing increasing environmental pressure. Air pollution, water pollution, solid waste management and other issues have become problems that need to be solved. The "Belt and Road Initiative" green development concept helps countries along the route, including Thailand, and even countries around the world to cope with environmental challenges.

Report on Foreign Relations evaluate the diplomatic exchanges of the Prayuth government, and also explore the Sino-Thai relations, U. S. -Thailand relations, Immigration Situation, ethnic Chinese communities and Kunming - Bangkok Channel.

The Prayuth government's foreign relations guidelines can be summarized as: taking the national interests as the core, revitalizing Thailand as its mission, taking good-neighborliness as the premise, regarding economic cooperation as the driving force, relying on regional organizations. Summit diplomacy, economic diplomacy and multilateral diplomacy are the main diplomatic ways of Thailand, which adopt different strategies for different diplomatic objects. The Prayuth government has achieved certain results in diplomacy, but its diplomatic achievements are not conspicuous due to various factors.

Contrary to the uncertainty of the evolution of the Asia-Pacific order, China-Thailand relationship shows strong mutual trust and resilience, facing new opportunities and challenges. With the belief that "China and Thailand are kith and kin", we should understand and promote the Belt and Road Initiative (BRI) cooperation comprehensively, enhance communication and mutual support in the international and regional multilateral mechanisms, reinforce risks control and crisis management in the people-to-people exchanges, strengthen the IR studies on China-Thailand relations, so as to make their relationship go steady and far for the stability and prosperity of the region.

At present, the relationship between the United States and Thailand has stabilized after the ups and downs, but there is a lack of driving forces and means for its further improvement. The main factors that restrict the U.S.-Thailand relationship include the diplomatic traditions and domestic politics of Thailand, the China factors, and the South China Sea issues. In the future, as an indispensable part of the U.S. alliance system, the U.S.-Thailand alliance will continue to be maintained, but meanwhile it is difficult for the alliance to be restored to the close ties during the Cold War.

For quite some time, Ethnic Chinese have a stronger sense of identity to Thailand and a deeper degree of integration and harmonious relationship with other ethnic groups in the country. With the evolution of China and Thailand's domestic political and economic situation and strengthening of bilateral relations between two countries, especially in the context of the reform and opening up policies adopted by Chinese government and the rapid development of economy in China, in addition to the deepening of Sino-Thai relations in politics, economy and culture, there are some new phenomena happened in the Chinese overseas community of

Thailand. The most obvious characteristics are: firstly, the overseas Chinese in Thailand, especially the new generation enhanced further their relations with China; secondly, since the reform and opening up of China, a large number of new immigrants from China to Thailand have become the newest groups of Thai overseas Chinese communities, and their sense of existence and influence have been strengthened gradually in the country.

Appendix is *Thailand Investment handbook in 2018* (abridged translation) publish by Thailand Board of Investment. The contents of the handbook include foreigner work permit, foreign business activities, tax system and labor law etc.

Keywords: Thailand; Foreign Relations; Sino-Thai Relations

Contents

I General Report

B.1 Development of Thai Politics and Economy and Sino-Thai
Relations　　　　　　　　　　　　　　　　*Zhang Xizhen* / 001

Abstract: In the past one year, remarkable progress and changes have been reached in political and economic development in Thailand and Sino-Thai relations. It is attempted in this paper to sum up and analyze reasons and impacts. In the politics the Junta continued political reform and expelled Thaksin's family members from Thailand and continued to work on making of series of laws after the Constitution had been in effect. Because, however, election laws for parliament have not been completed yet for long time the national election had been postponed again and again, so as to lead to people's discontent and protests against the government. In economic aspect a strong growing trend of economy has been appeared since the military came to power in 2014. The major driving forces for the growth are from increasing of export, expanding of investment and large amount income of tourism. Growth of investment mainly came from a few major projects in infrastructures in the East Economy Corridor. In Sino-Thai relations, besides great development in bilateral cooperation and exchange in economy, trade, humanity and technology, the paper particularly pays attention to some negative factor under mainstream of China-Thailand one family, which is that the Thai public still has some misgiving and distrust towards China. China's government must pay great attention to deal with the problem.

Keywords: Thailand; Prayuth Government East Economic Corridor; E-commerce; Sino-Thai Relations

II Domestic Issues Reports

B.2 Research on the Industrial Division System in Thailand:
Status and Prospects   *Lin Hongyu, Zhang Shuai* / 046

Abstract: Research shows that although the industrial specialization index in various regions of Thailand is not high now, the industry division system with Bangkok as the core has been initially established, the trend of industrial system reconstruction and local division of labor has emerged. The sign is that manufacturing is continuing to spread from Greater Bangkok to Thailand's inland areas, but its diffusion is obviously constrained by geographical factors. In the process, the construction of transportation facilities will help to weaken the obstacles of geographical factors to industrial diffusion and balanced development of different regions in Thailand. The China-Thailand Railway started construction in December 2017 can have an positive economic impact on the perfection of Thailand's industrial division of labor system and the balanced development of the regional economy. The characteristics of the "network economy" and "density economy" of the transportation industry have also determined that the Sino-Thai Railway can only be linked to the China-Laos Railway and even to the Pan-Asian Railway to maximize its advantages. China and Thailand can rely on the B&R initiative and take the China-Thailand Railway as an entry point to push the economic cooperation between the two countries to a new height.

Keywords: Industrial Specialization; Sino-Thai Railway; The Belt and Road

B. 3　The Introduction and Interpretation of the New Political

　　　Parties Laws of Thailand　　　　　　　　*Chang Xiang* / 064

Abstract: After the military coup in 2014, Thailand government promulgated "The new Thai Constitution 2017" formally on 6th April, 2017. The accessory law was drafted and deliberated continually by Constitution Drafting Committee and National Legislative Assembly. Thailand's organic law on political parties was formally enacted on 7th October, 2017, has become the seventh political party law promulgated since the implementation of the constitutional monarchy system in Thailand in 1932. The new party law has amended the problems in the development of political parties since the promulgation of the constitution of Thailand in 1997. By improving the conditions of party registration, standardizing the construction of Party organizations and limiting the scope of party policy, the new party law promoted the establishment of large national scale political party which representing the benefits of all regions. Meanwhile, the new constitution and the organic law on political parties also be used as the tools for political struggle of military group. By increasing the authority of the Upper House, revising the electoral system of the House of Commons and prime minister, the political power and stability of parties have been weakened, the subsistence space of the party is compressed, the influence of politicians' group in representative democracy system has been reduced. At the same time, the introduction of the new party law will also help to prompt Thailand into the new round electoral process of the House of Commons, return to the government which elected by civilian, governed by literati.

Keywords: Thailand; New Party Law; Political Party

B. 4　The Construction Mechanism of Religion on Thailand's

　　　Political Culture　　　　　　*Lin Jianyu*, *Wang Zhenli* / 094

Abstract: In Thailand, the Theravada Buddhism has an indirect and profound influence on the construction of political culture from the individual level, the group level and the national level. The Buddhist ethical morality, the legitimate concept of political power and the traditional cultural concept in Thailand society have commonly shaped the contemporary political and culture of Thailand; Buddhist faith, doctrine and monk's special status have played a certain role in promoting or balancing the political election, the state policy making and the stability of the country. Thus, the practical significance of Buddhism to Thailand's political activities has been becoming more and more significant. With the historical evolution, Buddhist doctrines have gradually formed the core connotation of Thai political culture. During the actual governance, the political appeals of the public and political parties have helped the secularization of Buddhism.

Keywords: Thailand; Theravada Buddhism; Political Culture

B. 5 Analysis of the Formation, Contents and Polities of Thailand Maritime Strategy　　*Lei Xiaohua, Tang Hui* / 107

Abstract: First, this paper points out that the formation of Thailand's maritime strategy is deeply influenced by Thailand's unique geopolitical characteristics, historical and cultural traditions as well as realistic political and economic interests, and constantly adjusts and changes with the changes of the times. Second, the main contents of Thailand's marine strategy concern two hierarchies: Politics and economy. Third, in tactics, both inside and outside should be combined to strengthen their own strength and cooperate with external security cooperation. Last, Give the Scientific suggestions of marine cooperation between China and Thailand.

Keywords: Maritime Strategy; Balance of Great Powers; Navy Modernization

Contents

B.6 Thailand's Environmental Policy and Sino-Thai Environmental Cooperation from Perspective of The Belt and Road Initiative
Du Xiaojun / 123

Abstract: Thailand promulgated Enhancement and Conservation of the National Environmental Quality Act in 1992, which became the fundamental law for environmental protection. In recent years, Ministry of Natural Resource and Environment has issued a number of regulations, setting standards of soil pollution, waste and hazardous material emissions. The establishment of legislation for environmental protection has become increasingly perfect, and the people's awareness of environmental protection has also increased significantly. However, with the continuous development of economy and industry, Thailand is facing increasing environmental pressure. Air pollution, water pollution, solid waste management and other issues have become problems that need to be solved. China's "Belt and Road Initiative" advocates a green, low-carbon, cyclical and sustainable production and lifestyle, which will greatly promote the green development of countries along the route. The "Belt and Road Initiative" green development concept helps countries along the route, including Thailand, and even countries around the world to cope with environmental challenges. China and Thailand can carry out environmental information sharing and environmental protection industry cooperation between cities and enterprises.

Keywords: Thailand; Environmental Policy; The Belt and Road; Sino-Thai Environmental Cooperation

B.7 The Development and Present Situation of Tourism Culture Industry in Thailand
Duan Lisheng, Deng Lina / 137

Abstract: Culture and tourism industry is a new green industry, which is very important to the development of national economy. It can pull traditional industry, form new industrial chain, optimize social industrial structure.

This paper discusses the development course and present situation of Thai culture and tourism industry from the aspects of book and newspaper publishing, film and television industry, creative industry and tourism industry: Although the book and newspaper publishing industry in Thailand started earlier, but formed the industrial scale later, so far has not reached enough large scale; Thailand's film and television industry has developed rapidly in the past decade and has become one of the Asian film brands with international competitiveness, but there is still much room for expansion; The creative industry is in a leading position; Tourism industry has a congenital development advantage, coupled with the government's attention and support, has basically reached the level of industrialization. Through the analysis of Thai culture and tourism industry, it can be a part of our comprehensive understanding of Thailand's national conditions, and take this as a lesson to develop China's tourism and cultural industries.

Keywords: Thai Culture and Tourism Industry; Sunrise Industry in the 21st Century; Publication of Books and Newspapers; Film and Television Creative Industry

B. 8 A Study of Current Situation of Chinese Education in Thailand and Education Service Needs in the Future

Feng Zhiwei, Xu Honggang / 152

Abstract: China and Thailand are close neighbors. Since ancient times, both countries have built a long and friendly relationship. After the early Chinese immigrants moved to Thailand, Chinese language academy had been founded to teach Chinese language and disseminate Chinese culture. Because of political reasons in history, many Chinese language academy were forced to close or stop teaching, until 1992 reopened Chinese teaching. In recent years, with the cooperation of Chinese and Thai governments, Chinese language education continues to expand

and deepen. The implementation of Chinese volunteer teachers, cooperation in building Confucius institutes, Confucius classrooms, co-authored teaching materials and assistance to local teachers in Thailand has made Chinese teaching achieve rapid growth in Thailand. With the rapid growth of Chinese language education, there are also many problems appeared, especially how to further improve the quality of Chinese language education.

This paper adopts the method of qualitative and quantitative research a pproach, through literature review and in-depth interview to study the current situation, problems, influencing factors and social needs of Chinese language education in Thailand. On the basis of facts, the countermeasures and suggestions for further improvement of Chinese language education are put forward.

Keywords: Thailand; Chinese Language Education; Service Needs

Ⅲ Foreign Relatons Reports

B. 9 Analysis on Thailand's Foreign Relations after the Prayuth Government *Ma Yinfu* / 169

Abstract: This paper takes a series of major diplomatic activities of the Prayuth government since the coup d'at in 2014 as the main content, and uses the analytic hierarchy process to analyze Thailand's foreign relations from three aspects: neighboring countries, regional powers and international (regional) organizations. It is believed that after the coup, Thailand adopted different diplomatic strategies for different diplomatic targets. Although it has achieved certain achievements, it is constrained by the strength and internal affairs of itself and its neighboring countries, and the diplomatic achievements of the Prayuth government are limited.

Keywords: Thailand; The Prayuth Government; Foreign Relations

B.10 The Evolution of the Asia-Pacific Order and China-Thailand Relations
　　　　　　　　　　　　　　　　　　　　　　Chen Zhirui / 194

Abstract: The current Asia-Pacific order is undergoing a profound change. The Asia-Pacific strategy of the Trump Administration has been redirected. Under the guidance of the statecraft "America First", the U.S. raised the banner of unilateralism and trade protectionism, accentuating the preponderance of its military forces and the deterrent effect, and attempting to break the international multilateral trade system and rules and to launch a trade war with China. It brings greater and more uncertainty not only to its Asia-Pacific allies, but also to the security situation of the whole Asia-Pacific. The U.S. and other important actors of the region, such as India, Japan and Australia, have participated in and initiated various regional security and development agendas based on their respective abilities and interests. The development and evolution of "Indo-Pacific" is shifting the geopolitical pattern and situation of the region. In Southeast Asia, due to the differences in national conditions and endowments, there is a tension of competition and cooperation between domestic and foreign policies in each country. Contrary to the uncertainty of the evolution of the Asia-Pacific order, China-Thailand relationship shows strong mutual trust and resilience, facing new opportunities and challenges. With the belief that "China and Thailand are kith and kin", we should understand and promote the Belt and Road Initiative (BRI) cooperation comprehensively, enhance communication and mutual support in the international and regional multilateral mechanisms, reinforce risks control and crisis management in the people-to-people exchanges, strengthen the IR studies on China-Thailand relations, so as to make their relationship go steady and far for the stability and prosperity of the region.

Keywords: Asia-Pacific Order; China-Thailand Relations; China-U.S. Trade War; Indo-Pacitic; Southeast Asian Countries

B. 11　Sino-Thai Military Exchanges and Defence Cooperation in

　　　　the Context of New Situation　　　　*Zhu Zhenming* / 207

Abstract: Sino-Thai military exchange and defence cooperation are important components in Sino-Thai relations. Since entering into the 21th century, Sino-Thai military exchanges and defence cooperation have developed in depth and breadth and become a highlight in Sino-Thai relations. There are some characteristics of Sino-Thai military exchanges and defence cooperation, such as frequent exchanges in high-level military officials between two sides, multi-fields and multiform defence cooperation; growing military equipment cooperation. Compared with ASEAN members, Sino-Thai military exchanges and defence cooperation have been ahead of other ASEAN members.

Sino-Thai military exchanges and defence cooperation plays active and irreplaceable role in improving Sino-Thai political mutual trust, expanding exchanges between two-sides' military units , maintaining stability and peace in Southeast Asia. The progresses of Sino-Thai military exchanges and defence cooperation have promoted substantially development of Sino-Thai relations. Defense cooperation between China and Thailand has great potential and broad prospect. Facing profound and complex changes in today' world, two sides should further jointly tap potentials and increase military exchanges, expand defence cooperation, make greater contributions to peace, stability and development in Southeast Asia and Asia.

Keywords: Chinese-Thai Relations; Military Communication; Defense Cooperation

B. 12　Current U. S. -Thailand Security Relations: Status,

　　　　Challenges and Prospects　　　　*Wang Yinghui* / 219

Abstract: Built on the U. S. -Thailand alliance, the U. S. -Thailand security relations are the core element of the U. S. -Thailand bilateral relations. However, after the end of the Cold War, the U. S. -Thailand alliance has always been a weak link in the U. S. alliance system, playing a relatively limited role. At present, the relationship between the United States and Thailand has stabilized after the ups and downs, but there is a lack of driving forces and means for its further improvement. The main factors that restrict the U. S. -Thailand relationship include the diplomatic traditions and domestic politics of Thailand, the China factors, and the South China Sea issues. In the future, as an indispensable part of the U. S. alliance system, the U. S. -Thailand alliance will continue to be maintained, but meanwhile it is difficult for the alliance to be restored to the close ties during the Cold War. The current U. S. -Thailand alliance can be aptly called an "allied partnership".

Keywords: Thailand; United States; Security Relations; Security Alliance

B. 13 Some New Characteristics of Chinese Communities in Thailand: Evolution and Development *Yang Baoyun* / 236

Abstract: Among the overseas Chinese groups in the world, The overseas Chinese communities in Thailand have their specific characteristics. They have a higher social status in the country, a stronger sense of identity to the country of residence, and a deeper degree of integration and harmonious relationship with other ethnic groups in the country. With the evolution of China and Thailand's domestic political and economic situation and strengthening of bilateral relations between two countries, especially in the context of the reform and opening up policies adopted by Chinese government and the rapid development of economy in China, in addition to the deepening of Sino-Thai relations in politics, economy and culture, there are some new phenomena happened in the Chinese overseas community of Thailand. Some new features have arisen and new development has made in the overseas Chinese communities of the country. The most obvious characteristics are: firstly, the overseas Chinese in Thailand, especially the new generation enhanced further their relations with China; Secondly, since the reform and opening up of China, a large number of new immigrants from China to Thailand have become the newest groups of Thai overseas Chinese communities, and their sense of existence and influence have been strengthened gradually in the country.

Keywords: Thailand; Overseas Chinese; New Generation; New Immigrants

B. 14 Thailand's Current Immigration Situation and Its Countermeasures
Song Qingrun, Liu Qian / 258

Abstract: Immigration is both a cause and effect of broader development processes and an intrinsic feature of our ever globalizing world. As a country of origin, transit and destination for large numbers of migrants from across the region and throughout the globe, Thailand immigration flows are dynamic and complex. In recent decades, we have seen that Thailand has evolved into one of the world's major hubs for migrants. The growing complexity of migratory patterns, its intertwining with extremism and terrorism in Thailand, have all contributed to international migration issue becoming a priority for the Thai government and society. And Thailand government has taken several measures to deal with this issue.

Keywords: Thailand; Immigration; Migrant Workers

B.15　An Analysis of the Containing Factors on the Great Mekong Sub-regional Cooperation (GMS)
　　——*A Case study of Kunming-Bangkok Channel*

Zhao Shulan / 270

Abstract: The Greater Mekong Subregion (GMS) cooperation based on the demand of regional development is restricted by political, economic and cultural factors in the process of promotion. Kunming-Bangkok Channel is the central line of the south-north economic corridor of GMS, which was jointly promoted by the Asian Development Bank and China to connect China and ASEAN (the Association of Southeast Asian Nations). But since its opening in 2013, it has been difficult to break through the bottleneck of development. The restrictions on the development of Kunming - Bangkok Channel reflect the universality of GMS development from one side. Moreover, the different demands and institutional differences of various countries on the Mekong River are the political factors that restrict the GMS development. The gap between countries in the level of economic development is difficult to form complementarity, resulting in a long-term stagnation of regional cooperation at this stage. Different understandings of the development of different countries make it difficult for regional forces to coordinate and integrate. Although there are various constraints, economic demand will break through layers of constraints, and promote the deepening of regional cooperation, once the door to economic cooperation is opened. There are still broad prospects for development of Kunming - Bangkok Channel between China and Thailand.

Keywords: Kunming-Bangkok Chann; GMS; Structural Problems; Mutual Complements in Economy; Cultural Difference

Ⅳ　Appendix

B.16　*Thailand Investment Handbook2018* (Abridged Translation)

translated by Li Renliang / 290

社会科学文献出版社　　　　　　　　　　**皮书系列**

❖ 皮书起源 ❖

"皮书"起源于十七、十八世纪的英国,主要指官方或社会组织正式发表的重要文件或报告,多以"白皮书"命名。在中国,"皮书"这一概念被社会广泛接受,并被成功运作、发展成为一种全新的出版形态,则源于中国社会科学院社会科学文献出版社。

❖ 皮书定义 ❖

皮书是对中国与世界发展状况和热点问题进行年度监测,以专业的角度、专家的视野和实证研究方法,针对某一领域或区域现状与发展态势展开分析和预测,具备原创性、实证性、专业性、连续性、前沿性、时效性等特点的公开出版物,由一系列权威研究报告组成。

❖ 皮书作者 ❖

皮书系列的作者以中国社会科学院、著名高校、地方社会科学院的研究人员为主,多为国内一流研究机构的权威专家学者,他们的看法和观点代表了学界对中国与世界的现实和未来最高水平的解读与分析。

❖ 皮书荣誉 ❖

皮书系列已成为社会科学文献出版社的著名图书品牌和中国社会科学院的知名学术品牌。2016年,皮书系列正式列入"十三五"国家重点出版规划项目;2013~2018年,重点皮书列入中国社会科学院承担的国家哲学社会科学创新工程项目;2018年,59种院外皮书使用"中国社会科学院创新工程学术出版项目"标识。

中国皮书网

（网址：www.pishu.cn）

发布皮书研创资讯，传播皮书精彩内容
引领皮书出版潮流，打造皮书服务平台

栏目设置

关于皮书：何谓皮书、皮书分类、皮书大事记、皮书荣誉、
皮书出版第一人、皮书编辑部

最新资讯：通知公告、新闻动态、媒体聚焦、网站专题、视频直播、下载专区

皮书研创：皮书规范、皮书选题、皮书出版、皮书研究、研创团队

皮书评奖评价：指标体系、皮书评价、皮书评奖

互动专区：皮书说、社科数托邦、皮书微博、留言板

所获荣誉

2008年、2011年，中国皮书网均在全国新闻出版业网站荣誉评选中获得"最具商业价值网站"称号；

2012年，获得"出版业网站百强"称号。

网库合一

2014年，中国皮书网与皮书数据库端口合一，实现资源共享。

权威报告·一手数据·特色资源

皮书数据库
ANNUAL REPORT(YEARBOOK) DATABASE

当代中国经济与社会发展高端智库平台

所获荣誉

- 2016年,入选"'十三五'国家重点电子出版物出版规划骨干工程"
- 2015年,荣获"搜索中国正能量 点赞2015""创新中国科技创新奖"
- 2013年,荣获"中国出版政府奖·网络出版物奖"提名奖
- 连续多年荣获中国数字出版博览会"数字出版·优秀品牌"奖

成为会员

通过网址www.pishu.com.cn访问皮书数据库网站或下载皮书数据库APP,进行手机号码验证或邮箱验证即可成为皮书数据库会员。

会员福利

- 使用手机号码首次注册的会员,账号自动充值100元体验金,可直接购买和查看数据库内容(仅限PC端)。
- 已注册用户购书后可免费获赠100元皮书数据库充值卡。刮开充值卡涂层获取充值密码,登录并进入"会员中心"—"在线充值"—"充值卡充值",充值成功后即可购买和查看数据库内容(仅限PC端)。
- 会员福利最终解释权归社会科学文献出版社所有。

数据库服务热线:400-008-6695
数据库服务QQ:2475522410
数据库服务邮箱:database@ssap.cn
图书销售热线:010-59367070/7028
图书服务QQ:1265056568
图书服务邮箱:duzhe@ssap.cn

卡号:292658747188
密码:

S 基本子库
SUB DATABASE

中国社会发展数据库（下设12个子库）

全面整合国内外中国社会发展研究成果，汇聚独家统计数据、深度分析报告，涉及社会、人口、政治、教育、法律等12个领域，为了解中国社会发展动态、跟踪社会核心热点、分析社会发展趋势提供一站式资源搜索和数据分析与挖掘服务。

中国经济发展数据库（下设12个子库）

基于"皮书系列"中涉及中国经济发展的研究资料构建，内容涵盖宏观经济、农业经济、工业经济、产业经济等12个重点经济领域，为实时掌控经济运行态势、把握经济发展规律、洞察经济形势、进行经济决策提供参考和依据。

中国行业发展数据库（下设17个子库）

以中国国民经济行业分类为依据，覆盖金融业、旅游、医疗卫生、交通运输、能源矿产等100多个行业，跟踪分析国民经济相关行业市场运行状况和政策导向，汇集行业发展前沿资讯，为投资、从业及各种经济决策提供理论基础和实践指导。

中国区域发展数据库（下设6个子库）

对中国特定区域内的经济、社会、文化等领域现状与发展情况进行深度分析和预测，研究层级至县及县以下行政区，涉及地区、区域经济体、城市、农村等不同维度。为地方经济社会宏观态势研究、发展经验研究、案例分析提供数据服务。

中国文化传媒数据库（下设18个子库）

汇聚文化传媒领域专家观点、热点资讯，梳理国内外中国文化发展相关学术研究成果、一手统计数据，涵盖文化产业、新闻传播、电影娱乐、文学艺术、群众文化等18个重点研究领域。为文化传媒研究提供相关数据、研究报告和综合分析服务。

世界经济与国际关系数据库（下设6个子库）

立足"皮书系列"世界经济、国际关系相关学术资源，整合世界经济、国际政治、世界文化与科技、全球性问题、国际组织与国际法、区域研究6大领域研究成果，为世界经济与国际关系研究提供全方位数据分析，为决策和形势研判提供参考。

法律声明

"皮书系列"(含蓝皮书、绿皮书、黄皮书)之品牌由社会科学文献出版社最早使用并持续至今,现已被中国图书市场所熟知。"皮书系列"的相关商标已在中华人民共和国国家工商行政管理总局商标局注册,如 LOGO( )、皮书、Pishu、经济蓝皮书、社会蓝皮书等。"皮书系列"图书的注册商标专用权及封面设计、版式设计的著作权均为社会科学文献出版社所有。未经社会科学文献出版社书面授权许可,任何使用与"皮书系列"图书注册商标、封面设计、版式设计相同或者近似的文字、图形或其组合的行为均系侵权行为。

经作者授权,本书的专有出版权及信息网络传播权等为社会科学文献出版社享有。未经社会科学文献出版社书面授权许可,任何就本书内容的复制、发行或以数字形式进行网络传播的行为均系侵权行为。

社会科学文献出版社将通过法律途径追究上述侵权行为的法律责任,维护自身合法权益。

欢迎社会各界人士对侵犯社会科学文献出版社上述权利的侵权行为进行举报。电话:010-59367121,电子邮箱:fawubu@ssap.cn。

社会科学文献出版社